"十三五"高职高专会计专业精品系列规划教材

财务报表分析

主　编　毛金芬
副主编　蒋冰丹　凌鉴宇　陆正艳　陆莉鋆

图书在版编目(CIP)数据

财务报表分析 / 毛金芬主编. —苏州：苏州大学出版社, 2020.6(2022.7重印)
ISBN 978-7-5672-3162-7

Ⅰ. ①财… Ⅱ. ①毛… Ⅲ. ①会计报表－会计分析 Ⅳ. ①F231.5

中国版本图书馆 CIP 数据核字(2020)第 075534 号

财务报表分析

毛金芬　主编

责任编辑　施小占

苏州大学出版社出版发行
(地址：苏州市十梓街1号　邮编：215006)
常州市武进第三印刷有限公司印装
(地址：常州市武进区湟里镇村前街　邮编：213154)

开本 787 mm×1 092 mm　1/16　印张 16　字数 390 千
2020 年 6 月第 1 版　2022 年 7 月第 3 次印刷
ISBN 978-7-5672-3162-7　定价：48.00 元

若有印装错误,本社负责调换
苏州大学出版社营销部　电话：0512-67481020
苏州大学出版社网址　http://www.sudapress.com
苏州大学出版社邮箱　sdcbs@suda.edu.cn

前言

随着会计职能由"核算型"向"管理型"转变,"财务报表分析"课程的作用与地位越发得到重视。本书以培养学生掌握财务报表分析的基本理论、具备实际工作中阅读与分析财务报表的能力为目标,以财务报表分析中常用的方法分析案例企业的财务报表,具有较强的针对性和实战性。

本书共有10个项目,分别为:财务报表分析概述、资产负债表阅读与分析、利润表阅读与分析、现金流量表与股东权益变动表阅读与分析、企业营运能力分析、企业盈利能力分析、企业偿债能力分析、企业发展能力分析、综合财务分析、财务报表的粉饰与识别。

在编写中,本书突出了以下特点:

1. 任务驱动,项目导向

本书基于财务报表岗位工作能力要求选取教学内容,以案例为载体,设计学习项目和学习任务。在每个实训任务中,明确实训内容,采用先操作、再从操作中总结理论的思路,设计每个模块的学习,强调会计知识与技能的结合,融"教、学、做"于一体,以实现高职高专会计职业教育的目标。

2. 操作性好,系统性强

本书内容结构完整、前后连贯,实训内容具有实践性、启发性、应用性的特点,难度和强度适中,突出知识的落实和技能的掌握,力求做到学以致用。

3. 教学资源多元化

为方便教师教学,本书配有丰富的教学资源,本书每个任务都有二维码导学视频,全书共有30多个导学视频,另外配有教学课件、电子教案、思考与练习的答案等。为提升学习效果,增强学生学习的积极主动性,书中还增加了知识链接。

4. 博采众长,校企合作开发

在本书编写过程中,我们选择具有代表性的会计专业校外紧密型实训基地为合作方,认真咨询了校外专家的指导意见,同时听取了从事会计工作的往届毕业生的建议,使本书更具实用性和针对性。

本书由毛金芬任主编,蒋冰丹、凌鉴宇、陆正艳、陆莉銮任副主编,编写分工如下:项目一、项目二、项目三、项目九由江苏信息职业技术学院毛金芬编写,项目四由苏州高博软件职业学院陆莉銮编写,项目五由江苏信息职业技术学院陆正艳编写,项目六由无锡南洋职业技术学院蒋冰丹编写,项目七、项目八由无锡南洋职业技术学院凌鉴宇编写。毛金芬负责全书的修改、整理和定稿。

本书在编写过程中,得到了无锡诚章财务管理有限公司经理章健及苏州大学出版社的大力支持,在此表示诚挚的感谢!

由于编者水平有限,书中难免存在疏漏之处,敬请广大读者批评指正。

编　者

2020.1

目 录 Contents

项目一　财务报表分析概述 …………………………………………………… 001

　　任务一　财务报表分析的含义 ………………………………………………… 002
　　任务二　财务报表分析的目的 ………………………………………………… 006
　　任务三　财务报表分析的基本方法 …………………………………………… 008
　　任务四　财务报表分析的基本步骤 …………………………………………… 013
　　项目一小结 ……………………………………………………………………… 013
　　思考与练习 ……………………………………………………………………… 014

项目二　资产负债表阅读与分析 ……………………………………………… 018

　　任务一　资产负债表结构分析 ………………………………………………… 020
　　任务二　资产负债表水平分析 ………………………………………………… 034
　　任务三　资产负债表垂直分析 ………………………………………………… 037
　　任务四　资产负债表主要项目分析 …………………………………………… 040
　　项目二小结 ……………………………………………………………………… 058
　　思考与练习 ……………………………………………………………………… 058

项目三　利润表阅读与分析 …………………………………………………… 061

　　任务一　利润表结构分析 ……………………………………………………… 062
　　任务二　利润表水平分析 ……………………………………………………… 066
　　任务三　利润表垂直分析 ……………………………………………………… 068
　　任务四　利润表主要项目分析 ………………………………………………… 069
　　项目三小结 ……………………………………………………………………… 073
　　思考与练习 ……………………………………………………………………… 073

项目四　现金流量表与股东权益变动表阅读与分析 ……… 075

　　任务一　现金流量表结构分析 ………………………………………………… 076

任务二　现金流量表主要项目分析 …… 081
　　任务三　股东权益变动表结构分析 …… 086
　项目四小结 …… 091
　思考与练习 …… 091

项目五　企业营运能力分析 …… 107
　　任务一　总资产周转率分析 …… 108
　　任务二　流动资产周转率分析 …… 110
　　任务三　应收账款周转率分析 …… 113
　　任务四　存货周转率分析 …… 117
　　任务五　固定资产周转率分析 …… 121
　项目五小结 …… 126
　思考与练习 …… 126

项目六　企业盈利能力分析 …… 131
　　任务一　净资产收益率分析 …… 132
　　任务二　总资产收益率分析 …… 138
　　任务三　销售净利率分析 …… 142
　　任务四　销售毛利率分析 …… 144
　　任务五　销售收入现金含量分析 …… 145
　　任务六　净利润现金含量分析 …… 148
　项目六小结 …… 153
　思考与练习 …… 153

项目七　企业偿债能力分析 …… 159
　　任务一　短期偿债能力分析 …… 160
　　任务二　长期偿债能力分析 …… 170
　项目七小结 …… 178
　思考与练习 …… 178

项目八　企业发展能力分析 …… 183
　　任务一　企业发展能力分析认知 …… 185
　　任务二　企业发展能力分析指标 …… 186
　项目八小结 …… 200
　思考与练习 …… 201

项目九　综合财务分析 …… 204
　　任务一　综合财务分析认知 …… 206
　　任务二　综合财务分析方法 …… 209

任务三　财务分析报告的撰写 ·· 217
　　项目九小结 ··· 223
　　思考与练习 ··· 223

项目十　财务报表的粉饰与识别 ··· 226
　　任务一　财务报表粉饰的动机 ·· 227
　　任务二　财务报表粉饰的手段 ·· 229
　　任务三　财务报表粉饰的识别 ·· 232
　　项目十小结 ··· 237
　　思考与练习 ··· 238

部分习题参考答案 ·· 239

参考文献 ··· 248

项目一　财务报表分析概述

任务描述

本项目的任务是了解财务报表分析的概念、意义、内容和要求,理解财务报表分析的目的,掌握财务报表分析的程序和基本方法,了解财务报表分析的信息种类及其来源渠道,为以后各项目学习奠定基础。

学习任务

1. 理解财务报表分析的意义;
2. 知道财务报表的组成内容;
3. 理解财务报表分析的服务对象;
4. 掌握财务报表分析所需的基础理论;
5. 了解财务报表分析的常用方法。

技能目标

1. 知道不同报表使用人看财务报表最关心哪些问题;
2. 透过三张财务报表能看见什么。

知识目标

1. 财务报表分析的意义;
2. 财务报表的构成要素;
3. 财务报表分析的要求;
4. 财务报表分析的目的;
5. 财务报表分析的程序;
6. 财务报表分析的基本方法。

项目导入

一份财务报表每个人关心的目的和重心各不相同:

(1) 政府职能部门：统计、监管、税收；
(2) 上级公司：计划、预算、决策；
(3) 本企业：总结、检讨、调整；
(4) 金融机构：评估、信贷；
(5) 股东：财务状况、经营业绩、投资回报；
(6) 公众（证券市场的潜在投资者）：分析、预测、投资；
(7) 保险公司：承保、理赔。

☞ 请思考：

1. 比较各财务报表使用者的目的有何不同。
2. 上市公司的老总拿到一份财务报表后最关心哪些指标？

任务一　财务报表分析的含义

一、财务报表分析的概念

财务报表分析又称财务分析，是通过收集、整理企业财务会计报告中的有关数据，并结合其他有关补充信息，对企业的财务状况、经营成果和现金流量进行综合比较和评价，为财务会计报告使用者提供管理决策和控制依据的一项管理工作。财务报表分析的对象是企业的各项基本活动。财务报表分析就是从财务报表中获取符合报表使用人分析目的的信息，认识企业活动的特点，评价其业绩，发现其问题。

二、财务报表分析的意义

财务报表能够全面反映企业的财务状况、经营成果和现金流量情况，但是单纯从财务报表上的数据还不能直接或者全面说明企业的财务状况，特别是不能说明企业经营状况的好坏和经营成果的高低。只有将企业的财务指标与有关的数据进行比较才能说明企业财务的实际状况究竟如何，因此要进行财务报表分析工作。做好财务报表分析工作，可以正确评价企业的财务状况、经营成果和现金流量情况，揭示企业未来的报酬和风险，可以检查企业预算的完成情况，考核经营管理人员的业绩，为建立健全合理的激励机制提供帮助。具体来说，财务报表分析的意义主要有：

(1) 与财务部门进行卓有成效的沟通，有利于企业内部的经营管理。企业的管理人员可以利用财务报表提供的资料，检查、分析企业财务计划的完成情况，找到经营管理上的薄弱环节，制定改进措施；同时，企业的管理人员还可以利用财务报表提供的实际数据，预测未来，为企业决策提供必要的数据，为编制下期财务计划提供必要的参考资料。

(2) 可以对企业管理人员的经营绩效做出正确的评估。一般而言，投资者投入企业的经济资源由专职的经营管理人员控制和使用，投资者往往不直接管理企业的生产经营活动，但他可以通过考核和监督经营管理人员的业绩和受托责任的履行情况来维护自身的经济利益，这就需要借助财务报表了解企业的资产是否发生减值和毁损、资本是否实现保值和增值、盈利能力是否达到预定目标等问题。财务报表可以揭示企业的财务状况和会计期间内的经营业绩、现金流量的有关信息,从而对企业管理人员的经营绩效做出正确的评估。

(3) 从财务角度出发,为决策者提供支持,帮助其进行投资和信贷决策。在市场经济条件下,企业生产经营所需的各项资金主要来自投资者的投资和债权人的贷款,投资和信贷都伴随着与其收益相当的风险。投资者在做出投资决策前,必须了解企业的资金运用情况,合理预测企业的经营前景与盈利能力,保证获得合理的投资回报。债权人在做出贷款决策前,必须预测企业的短期和长期偿债能力与支付能力,保证到期能及时、全额收回本息。投资者和债权人获得上述信息的最有效的方法就是利用企业编制的财务报表。

(4) 可以快速识别财务数据中可能存在的造假成分,加强对企业的领导和监督。企业的主管部门可以利用财务报表掌握企业的经营情况,检查企业对国家有关法规、方针政策的执行情况,引导企业发展,适度地对企业进行间接调控;财税部门可以利用财务报表检查企业税款的计算是否正确,是否及时、足额上缴国家;银行部门可以利用财务报表检查、分析企业贷款的使用情况,判断企业是否能到期足额偿还本息。

(5) 从现金流量表来分析企业的利润水平,可以了解和评价公司获取现金和现金等价物的能力,并据以预测公司未来现金流量。

(6) 分析资产负债表,可以了解公司的财务状况,对公司的偿债能力、资本结构是否合理、流动资金是否充足等做出判断。

(7) 通过分析损益表,可以了解公司的盈利能力、盈利状况、经营效率,对公司在行业中的竞争地位、持续发展能力做出判断。

三、财务报表分析的内容

(一) 财务报表分析

财务报表是企业财务状况、经营成果和现金流量的结构性描述,它提供了最重要的财务信息,但是财务报表分析绝不是直接使用报表上的数据计算一些比率,然后得出分析结论,而应当先尽力阅读财务报表及其附注,明确每个项目数据的含义和编制过程,掌握报表数据的特性和结构。对财务报表的分析一般分为三个部分:

(1) 财务报表质量分析。财务报表质量分析就是对财务状况质量、经营成果质量和现金流量质量进行分析,关注报表中数据与企业实际经营状况的吻合程度、不同期间数据的稳定性、不同企业数据总体的分布状况等。

(2) 财务报表趋势分析。在取得多期比较财务报表的情况下,可以进行趋势分析。趋势分析是企业依据其连续期间的财务报表,以某一年或某一期间(称为基期)的数据为基础,计算每期各项目相对基期同一项目的变动状况,观察该项目数据的变化趋势,揭示各期企业经济行为的性质和发展方向。

(3) 财务报表结构分析。财务报表结构是指报表各内容之间的相互关系。通过结构分析,可以从整体上了解企业财务状况的组成、利润形成的过程和现金流量的来源,深入探究企业财务结构的具体构成因素及原因,有利于更准确地评价企业的财务能力。例如,通过观察流动资产在总资产中的比率,可以了解企业当前是否面临较大的流动性风险,是否对长期投资投入过少,是否影响了资产整体的盈利能力等。

(二) 偿债能力分析

企业偿债能力是关系企业财务风险的重要内容,企业使用负债融资,可以获得财务杠杆利益,提高净资产收益率,但随之而来的是财务风险的增加,如果陷入财务危机,企业相关利益人都会受到损害,所以应当关注企业的偿债能力。企业的偿债能力分为短期偿债能力和长期偿债能力,两者的衡量标准不同,企业既要关注即将到期的债务,还应对未来的远期债务有一定的规划。另外,企业的偿债能力不仅与债务结构相关,而且还与企业的未来收益能力联系紧密,所以在分析时应结合其他部分的能力分析。

(三) 盈利能力分析

企业盈利能力也称获利能力,是指企业赚取利润的能力。首先,利润的大小直接关系到企业所有相关利益人的利益,企业存在的目的就是最大限度地获取利润,所以盈利能力分析是财务报表中最重要的一个部分;其次,盈利能力还是评估企业价值的基础,可以说企业价值的大小取决于企业未来的盈利能力;最后,企业盈利能力指标还可以用于评价内部管理层业绩。

在盈利能力分析中,应当明确企业盈利的主要来源和结构、盈利能力的影响因素、盈利能力的未来可持续状况等。

(四) 营运能力分析

企业营运能力主要是指企业资产运用、循环的效率高低。如果企业资产运用效率高、资产循环快,则企业可以较少的投入获取较多的收益,减少资产的占用和积压。营运能力分析不仅可以影响企业的盈利能力,还可以反映企业生产经营、市场营销等方面的情况,通过营运能力分析,可以发现企业资产利用效率的不足,挖掘资产潜力。一般而言,营运能力分析包括流动资产营运能力分析、固定资产营运能力分析和总资产营运能力分析。

(五) 发展能力分析

企业发展的内涵是企业创造价值的潜力,是企业通过自身的生产经营,不断扩大积累而形成的发展潜能。企业发展不仅仅是规模的扩大,更重要的是企业收益能力的上升,一般认为是净收益的增长。同时,企业发展能力还受到企业的经营能力、制度环境、人力资源、分配制度等诸多因素的影响,所以在分析企业发展能力时,还需要测度这些因素对企业发展的影响,将其变为可量化的指标进行表示。总之,对企业发展能力的评价是一个全方位、多角度的评价过程。

(六) 财务综合分析

在对企业各个方面进行深入分析的基础上,最后应当给企业相关利益人提供一个总体的评价结果,否则仅仅凭借某个方面的优劣难以评价一个企业的总体状况。财务综合分析就是解释各种财务能力之间的相互关系,得出企业整体财务状况及效果的结论,说明企业总体目标的事项情况。财务综合分析采用的具体方法有杜邦分析法等。

四、财务报表分析的要求

企业财务信息是进行财务报表分析的基础,没有及时、完备、准确的信息,要保证财务报表分析的正确性是不可能的。为了保证财务报表分析的质量与效果,企业财务信息必须满足以下要求:

(一) 财务信息的真实性、可靠性

企业应当以实际发生的交易或者事项为依据进行会计确认、计量和报告,如实反映符合确认和计量要求的各项会计要素及其他相关信息,保证会计信息真实可靠、内容完整。企业

提供的会计信息应当与财务报告使用者的经济决策需要相关,有助于财务报告使用者对企业过去、现在的情况做出评价,对企业未来的情况做出预测。企业提供的会计信息应当清晰明了,便于财务报告使用者理解和使用。企业提供的会计信息应当具有可比性:同一企业不同时期发生的相同或者相似的交易或者事项,应当采用相同的会计政策,不得随意变更,确需变更的,应当在附注中说明;不同企业发生的相同或者相似的交易或者事项,应当采用规定的会计政策,确保会计信息口径一致、相互可比。企业应当按照交易或者事项的经济实质进行会计确认、计量和报告,不应仅以交易或者事项的法律形式为依据。企业提供的会计信息应当反映与企业财务状况、经营成果和现金流量等有关的所有重要交易或者事项。企业对交易或者事项进行会计确认、计量和报告时,应当保持应有的谨慎,不应高估资产或者收益,低估负债或者费用。

(二) 财务信息的完整性、系统性

所谓财务信息的完整性,是指财务信息必须在数量上和种类上满足财务报表分析的需要。缺少分析所需要的某方面信息,势必影响分析结果的正确性。财务信息的系统性,一方面是指财务信息要具有连续性,尤其是定期财务信息,一定不能当期分析结束后就将信息丢掉,而应保持信息的连续性,为趋势分析奠定基础;另一方面是指财务信息的分类和保管要有科学性,以方便不同目的的财务分析的需要。

(三) 财务信息的准确性、及时性

财务信息的准确性是保证财务分析结果正确性的关键,分析者基本上不可能从不准确的财务信息中得出正确的分析结论。财务分析的正确性既受信息本身准确性的影响,又受资料整理过程准确性或信息使用准确性的影响。分析者尤其要对企业外部信息的范围、计算方法等有全面准确的了解,在分析时应结合企业具体情况进行数据处理,否则可能影响分析的质量。财务信息的及时性,是指根据不同的财务分析目的和要求,能及时提供分析所需的信息。定期财务信息的及时性决定着定期财务分析的及时性。企业对于已经发生的交易或者事项,应当及时进行会计确认、计量和报告,不得提前或者延后。只有及时编报财务报表,才能保证财务报表分析的及时性。对于不定期财务信息也要注意及时收集和整理,以便在需要时能及时提供,保证满足临时财务分析的需要。特别是对有关决策性的分析而言,财务分析的及时性尤其重要,因为如果错过了时机,分析就失去了意义。

(四) 财务信息披露的充分性、相关性

企业对外披露的会计信息具有某些类似"公共产品"的性质,而公共产品往往存在市场供给不足或市场短缺的问题,解决这一问题的途径便是通过监管加以干预。在会计信息披露过程中,居于主导地位、常为人们所关注的是作为供给方的企业,但在规范企业财务报告行为的同时,也不能忽视会计信息使用者的需求。来自需求方的反馈信息不但为强制披露指明了方向,而且也会影响企业自愿披露的会计信息的内容和数量。只有把供给方和需求方联合起来加以考虑,才能使输出的会计信息是有效信息,也就是说,会计信息披露的第一要求是解决会计信息的供给与需求,会计信息披露的第二要求是考虑有效信息的收益与成本原则。有效信息的收益一是针对资本市场,也就是说有效信息能够改善资本配置的效果,使用户重新快速地配置资源,从而提高整个社会的福利;二是保护消费者和公众的利益,有利于社会,有利于考核一个企业对受托社会责任的履行情况。有效信息的成本,是指披露信息的企业成本,包括处理和提供信息的成本、诉讼、成本劣势竞争的影响等。完善的信息披

露制度、体制是搞好财务报表分析的重要前提条件,因此,要建立、健全信息市场,完善信息网络,使财务信息使用者能充分、及时地取得各种会计信息。

财务信息的相关性包含两层含义:一是知道各种财务信息的用途,如资产负债表能提供哪些信息,用这些信息可进行什么分析,利润表的信息可用于何种分析等;二是知道要达到一定的分析目的需要什么信息,如进行企业偿债能力分析需要的主要信息是资产负债表,进行盈利能力分析需要的主要信息是利润表。只有明确了这两点,才能保证会计信息收集与整理的准确性、及时性。

任务二　财务报表分析的目的

从财务报表分析中受益的主要是报表使用者,即企业的利益关系人。他们拿到报表后,要进行分析,获得对自己有用的信息。财务报表的使用者很多,包括权益投资人、债权人、经理人员、政府机构和其他与企业有利益关系的人。他们使用财务报表的目的不同,因而需要不同的信息,采用不同的分析程序。

一、投资者分析财务报表的目的

这里的投资者是指企业的权益投资人,即普通股股东。企业对权益投资人并不存在偿还的承诺。普通股股东投资于企业的目的是增加自己的财富,他们的财富表现为所有者权益的价格,即股价。影响股价的因素很多,都是他们所关心的,包括偿债能力、收益能力以及风险等。按照企业法的规定,普通股股东是剩余权益的所有者,企业偿付各种债务之后的一切收益都属于普通股股东。正因为如此,企业要由普通股股东或其代理人来管理和控制。与此同时,普通股股东也是企业风险的最后承担者。在正常经营过程中,企业只有在支付债权人的利息和优先股股利之后,才能分配普通股股利。一旦企业清算,其资产必须先用来清偿债务及保障优先股股东的权益,然后才能分配给普通股股东。普通股股东不但要承担企业的一切风险,而且是债权人和优先股股东的屏障。

权益投资人的主要决策包括:决定是否投资于某企业;决定是否转让已经持有的股权;考查经营者业绩以决定是否更换主要的管理者;决定股利分配政策。由于普通股股东的权益是剩余权益,因此他们对财务报表分析的重视程度会超过其他利益关系人。权益投资人进行财务报表分析,是为了在竞争性的投资机会中做出选择。他们进行财务报表分析,主要是了解企业当前和长期的收益水平高低,企业收益是否容易受重大变动的影响,企业当前的财务状况如何,企业资本结构决定的风险和报酬如何,与其他竞争者相比企业处于何种地位。

二、债权人分析财务报表的目的

债权人是指借款给企业并得到企业还款承诺的人。借款都是有时间限制的,或者说借款只是"暂时"的融资来源。债权人期望企业在一定期限内偿还其本金和利息,自然关心企业是否具有偿还债务的能力。债权人有多种提供资金的方式,其提供贷款的目的也不尽相同。债权人大体上可以分为两种:一种是提供商业信用的赊销商,另一种是提供融资服务的金融机构。

商业债权人在向企业提供商品或服务时,往往为了扩大销售量而允许企业在一个合理的期限内延期付款。这个期限根据行业惯例确定。为了尽早收回款项,商业债权人可以为企业提供现金折扣,如果企业延期还款,商业债权人经常得不到延期的利息。商业债权人的利润直接来源于销售的毛利,而不是借款的利息,因此他们只关心企业是否有到期支付贷款的现金,而不关心企业是否盈利。

提供融资服务的债权人也叫非商业债权人。他们向企业提供融资服务,并得到企业的承诺——在未来的特定日期偿还借款并支付利息。融资服务的主要形式是贷款,包括短期贷款和长期贷款。企业也可以通过在证券市场公开发行债券来获得长期借款,但目前我国企业发行债券受到严格限制,并非经常可以采用这种方式。此外,还有租赁等筹资方式。

债权人可以分为短期债权人和长期债权人。短期债权是指授信期不超过1年的信用,如银行短期贷款、商业信用、短期债券等。长期债权是指授信期在1年以上的信用,如银行长期贷款、长期债券、融资租赁等。短期债权人主要关心企业当前的财务状况和企业流动资产的流动性、周转率。他们希望企业的实物资产能顺利地转换为现金,以便偿还到期债务。长期债权人主要关心企业的长期收益能力和资本结构。企业的长期收益能力是其偿还本金和利息的决定性因素。资本结构可以反映长期债务的风险。

短期信用和长期信用的共同特点是,企业需要在特定的时间支付特定数额的现金给债权人。偿付的金额和时间不因企业经营业绩的好坏而改变。但是,一旦企业运营不佳或发生意外,陷入财务危机,债权人的利益就会受到威胁。因此,债权人必须事先审慎分析企业的财务报表,并且给予企业持续性的关注。

债权人的主要决策包括决定是否给企业提供信用,以及决定是否提前收回债权。债权人要在财务报表中寻找借款企业有能力定期支付利息和到期偿还贷款本金的证明。他们进行财务报表分析,主要是了解企业为什么需要额外筹集资金,企业还本付息所需资金的可能来源是什么,企业对于以前的短期和长期借款是否按期偿还,企业将来在哪些方面还需要借款。

三、经营者分析财务报表的目的

经营者是指被所有者聘用的、对企业资产和负债进行管理的人。经营者关心企业的财务状况、盈利能力和持续发展的能力。他们管理企业,要随时根据变化的情况调整企业的经营,而财务分析是他们监控企业运营的有力工具之一。他们可以根据需要随时获取各种会计信息和其他数据,因而能全面地、连续地进行财务报表分析。

经营者可以获取外部使用人无法得到的内部信息。但是,他们对于公开财务报表的重视程度并不低于外部使用人。由于存在被解雇的威胁,他们不得不从外部使用人(债权人和权益投资人)的角度看待企业。他们通过财务报表分析,发现有价值的线索,设法改善业绩,使得财务报表能让投资者和债权人满意。他们分析财务报表的主要目的是改善财务报表。经营者的财务分析属于内部分析,他们可以获得财务报告之外的企业内部的各种信息;其他人员的财务分析属于外部分析。

四、监管部门分析财务报表的目的

政府机构也是企业财务报表的使用人,包括税务部门、国有企业的管理部门、证券监管机构、会计监管机构和社会保障部门等,它们使用财务报表是为了履行自己的监督管理职责。我国的政府机构既是财务报表编制规范的制定者,又是会计信息的使用者。税务部门通过财务报表分析,可以审查企业纳税申报数据的合法性;国资委通过财务报表分析,可以评价国有企业政策的合理性;证券监管机构通过财务报表分析,可以评价上市公司遵守政府法规和市场秩序的情况;财政部门通过财务报表分析,可以审查企业遵守会计法规、财务报表编制规范的情况;社会保障部门通过财务报表分析,可以评价职工的收入和就业情况。

股民通过分析资产负债表,可以了解公司的财务状况,对公司的偿债能力、资本结构是否合理、流动资金是否充足做出判断。股民通过分析损益表,可以了解公司的盈利能力、盈利状况、经营效率,对公司在行业中的竞争地位、持续发展能力做出判断。股民通过分析现金流量表,可以了解公司营运资金管理能力,判断公司合理运用资金的能力以及支持日常周转的资金来源是否充分并且有可持续性。

任务三　财务报表分析的基本方法

财务报表分析的主要依据是财务报表的数据资料,但是以金额表示的各项会计资料并不能说明除本身以外的更多的问题。因此,必须根据需要采用一定的方法,将这些会计资料加以适当的重新组合或搭配,剖析其相互之间的因果关系或关联程度,观察其发展趋势,推断其可能导致的结果,从而达到分析的目的。

一、比重法

比重法是在同一会计报表的同类项目之间,通过计算同类项目在整体中的权重或份额以及同类项目之间的比例,来揭示它们之间的结构关系,它通常反映会计报表各项目的纵向关系。使用比重法时,应注意只在同类性质的项目之间使用,即进行比重计算的各项目具有相同的性质。性质不同的项目进行比重分析是没有实际意义的,也是不能计算的。如计算某一负债项目与总资产的比重,首先,负债不是资产的构成要素,因而,理论上讲,就不能说资产中有多少负债,也不能计算负债对资产的权重。只有同类性质的项目才可计算权重。其次,以某一负债项目除以总资产,也很难说明这一负债的偿债能力。总资产不仅要用于偿还这一负债,而且要偿还所有负债。最终这一负债能否偿还,还要看资产与它的对称性。如果资产用于偿还其他债务后,没有多余,或虽有多余,但在变现时间上与偿债期不一致,这一负债都是不能被偿还的。

在会计报表结构分析中,比重法可以用于计算:各资产占总资产的比重;各负债占总负债的比重;各所有者权益占总所有者权益的比重;各项业务或产品利润、收入、成本分别占总利润、总收入和总成本的比重;单位成本各构成项目占单位成本的比重;各类存货占总存货的比重;利润分配各项目占总分配额或利润的比重;资金来源或资金运用各项目占总资金来源或总资金运用的比重;等等。

二、相关比率法

相关比率法是通过计算两个不同类但具有一定依存关系的项目之间的比例,来揭示它们之间的内在结构关系,它通常反映会计报表各项目的横向关系。在会计报表结构分析中,应在两个场合适用相关比率法:同一张会计报表的不同类项目之间,如流动资产与流动负债;不同会计报表的有关项目之间,如销售收入与存货。

整体而言,相关比率法中常用的比率有以下几种:

(1) 反映企业流动状况的比率,也称短期偿债能力比率。它主要是通过流动资产和流动负债的关系来反映,包括流动比率和速动比率。

流动比率是流动资产除以流动负债的比值,其计算公式为:

$$流动比率 = 流动资产 \div 流动负债$$

流动比率表明公司每一元流动负债有多少流动资产作为偿付保证,比率越大,说明公司对短期债务的偿付能力越强。

比流动比率更进一步的有关变现能力的比率指标为速动比率,也称酸性测试比率。速动比率是从流动资产中扣除存货部分,再除以流动负债的比值。速动比率的计算公式为:

$$速动比率 = (流动资产 - 存货) \div 流动负债$$

速动比率也是衡量公司短期债务清偿能力的指标。速动资产是指那些可以立即转换为现金来偿付流动负债的流动资产,所以速动比率比流动比率更能够表明公司的短期债务偿付能力。

(2) 反映企业资产管理效率的比率,也称资产周转率。它是通过周转额与资产额的关系来反映的,主要包括应收账款周转率、存货周转率、固定资产周转率等。

(3) 反映企业权益状况的比率。对企业的权益主要是债权权益和所有者权益。债权权益使得企业所有者能够以有限的资本金取得对企业的控制权;而所有者权益资本越多,则其债权就越有保证,否则债权人就需负担大部分的经营风险。因此,对于债权权益的拥有者来说,最关心的是总资产中负债的比率;对于所有者权益的拥有者来说,最关心的是其投资收益状况,主要包括价格与收益比率、市盈率、股利分配率、股利与市价比率、每股市价与每股账面价值比率等。

(4) 反映企业经营成果的比率,也称盈利能力比率。它是通过企业的利润与周转额和投入成本或占用资产关系来反映的。

(5) 反映企业偿付债务费用的比率,也称资金来源和资金运用的比率。它通过企业长期资金来源数与相应的运用数,以及短期资金来源数与相应的运用数的比较,评估两方的相称性,揭示营运资本增加的结构性原因。

三、比较分析法

比较分析法是通过主要项目或指标数值的变化对比,确定出差异,分析和判断企业的经营及财务状况;通过比较,发现差距,寻找产生差异的原因,进一步判定企业的经营成绩和财务状况;通过比较,要确定企业生产经营活动的收益性和企业资金投向的安全性,说明企业是否在健康地向前发展;通过比较,既要看到企业的不足,也要看到企业的潜力。比较的对象一般有计划数、上一期数、历史最好水平、国内外先进行业水平、主要竞争对手情况等。比较分析法在财务报表分析中的作用主要表现在:通过比较分析,可以发现差距,找出产生差异的原因,进一步判定企业的财务状况和经营成果;通过比较分析,可以确定企业生产经营活动的收益性和资金投向的安全性。按比较对象的不同,比较分析法可以分为绝对数比较分析、绝对数增减变动比较分析、百分比增减变动分析。

（1）绝对数比较分析法。绝对数比较分析法是将各有关财务报表项目的数额与比较对象进行比较。绝对数比较分析一般通过编制比较财务报表进行,包括比较资产负债表和损益表。比较资产负债表是将两期或两期以上的资产负债表项目予以并列,以直接观察资产、负债及所有者权益每一项目增减变化的绝对数。比较损益表是将两期或两期以上的损益表各有关项目的绝对数予以并列,直接分析损益表内每一项目的增减变化情况。

（2）绝对数增减变动比较分析法。仅通过上述绝对数字对资产负债表、利润表和现金流量表进行比较,财务报表的使用者很难获得各项目增减变动的明确概念,为了使比较进一步明晰化,可以在比较财务报表内,增添绝对数字"增减金额"一栏,以便计算比较对象各有关项目之间的差额,借以帮助财务报表使用者获得比较明确的增减变动数字。

（3）百分比增减变动分析法。通过计算增减变动百分比,并列示于比较财务报表中,可以反映其不同年度增减变动的相关性,使财务报表使用者更能一目了然,便于更好地了解有关财务情况。

使用比较分析法时,要注意对比指标之间的可比性,这是用好比较分析法的必要条件,否则就不能正确地说明问题,甚至得出错误的结论。所谓对比指标之间的可比性,是指相互比较的指标,必须在指标内容、计价基础、计算口径、时间长度等方面保持高度的一致性。如果是企业之间进行同类指标比较,还要注意企业之间的可比性。此外,计算相关指标变动百分比虽然能在一定程度上反映企业相关财务指标的增长率,但也有局限性,这主要是因为变动百分比的计算受基数的影响,具体表现在以下几个方面：

① 如果基数的金额为负数,将出现变动百分比的符号与绝对增减金额的符号相反的结果。

② 如果基数的金额为零,不管实际金额是多少,变动百分比永远为无穷大。

③ 如果基数的金额太小,则绝对金额较小的变动可能会引起较大的变动百分比,容易引起误解。解决变动百分比上述问题的办法是：如果基数为负数,则取按公式计算出的变动百分比的相反数；如果基数为零或太小,则放弃使用变动百分比分析法,仅分析其绝对金额变动情况。

四、趋势分析法

趋势分析法是根据企业连续几年的会计报表,比较有关项目的数额,以求出其金额和百分比增减变化的方向和幅度,并通过进一步分析,预测企业的财务状况和经营成果的变动趋势,这是财务报表分析的一种比较重要的分析方法。趋势分析法的主要目的是：了解引起变动的主要项目；判断变动趋势的性质是有利还是不利；预测未来的发展趋势。

五、水平分析法

水平分析法是指仅就同一会计期间的有关数据资料所做的财务分析,其作用在于客观评价当期的财务状况、经营成果以及现金流量的变动情况。但这种分析所依据的资料和所得的结论并不能说明企业各项业务的成绩、能力和发展变化情况。

六、垂直分析法

垂直分析法是指将当期的有关会计资料和上述水平分析中所得的数据,与本企业过去时期的同类数据资料进行对比,以分析企业各项业务、绩效的成长及发展趋势。通过垂直分析可以了解企业的经营是否有发展进步及其发展进步的程度和速度。因此,必须把上述的水平分析与垂直分析结合起来,才能充分发挥财务分析的积极作用。

七、连环替代法

连环替代法是将分析指标分解为各个可以计量的因素,并根据各个因素之间的依存关系,依次用各因素的比较值(通常即实际值)代替基准值(通常为标准值或计划值),据以测定各因素对分析指标的影响。

该方法一般可以分为以下五个步骤:

(1)确定分析对象,求出实际值与基准值的差异数。

(2)确定分析对象指标与其影响因素之间的数量关系,建立函数模型。

(3)按照从基准值到实际值的顺序依次替换各个变量,并计算出替代结果。

(4)根据各因素替代的结果,进行比较分析得出各个因素的影响程度。

(5)检验。将各因素分析指标的影响变动额相加,其代数和应等于分析对象的差额。如果二者相等,说明分析结果可能是正确的;如果二者不等,则说明分析结果是错误的。

连环替代法的计算步骤是连环性的,不能跳跃,否则会影响计算结果。

构建函数计算模型:

假定某财务指标 N 由 A、B、C 三个因素的乘积构成,其基准指标与实际指标关于三个因素的关系为:

基准指标:$N_0 = A_0 \times B_0 \times C_0$

实际指标:$N_1 = A_1 \times B_1 \times C_1$

首先,确定分析对象为:实际指标 − 基准指标 = $N_1 - N_0$

其次,将基准指标中的所有影响因素依次用实际指标进行替换,计算过程如下:

$$基准指标:N_0 = A_0 \times B_0 \times C_0 \qquad ①$$

$$第一次替换:N_2 = A_1 \times B_0 \times C_0 \qquad ②$$

② − ① = $N_2 - N_0$,即为 A_0 变为 A_1 对财务指标 N 的影响值。

$$第二次替换:N_3 = A_1 \times B_1 \times C_0 \qquad ③$$

③ − ② = $N_3 - N_2$,即为 B_0 变为 B_1 对财务指标 N 的影响值。

$$第三次替换:N_1 = A_1 \times B_1 \times C_1 \qquad ④$$

④ − ③ = $N_1 - N_3$,即为 C_0 变为 C_1 对财务指标 N 的影响值。

将以上各个因素变动的影响加以综合,其影响值等于实际指标与基准指标的差异数,即

$$(N_2 - N_0) + (N_3 - N_2) + (N_1 - N_3) = N_1 - N_0$$

【例1-1】 ABC 公司本年度生产甲产品的原材料消耗情况见表1-1。

表1-1 甲产品原材料费用资料

项 目	产品产量/件	单位产品消耗量/千克	材料单价/元	材料费用总额/元
基准数	1 600	34	20	1 088 000
实际数	1 700	32	22	1 196 800
差异数	+100	−2	+2	+108 800

(1) 确定分析对象:实际数 – 基准数 = 1 196 800 – 1 088 000 = 108 800(元)
(2) 建立分析对象与影响因素之间的函数关系式:
$$材料费用总额 = 产品产量 \times 单位产品消耗量 \times 材料单价$$
(3) 计算各个因素对分析对象的影响程度:

基准数:$1\,600 \times 34 \times 20 = 1\,088\,000$(元) ①
替换一:$1\,700 \times 34 \times 20 = 1\,156\,000$(元) ②
替换二:$1\,700 \times 32 \times 20 = 1\,088\,000$(元) ③
替换三:$1\,700 \times 32 \times 22 = 1\,196\,800$(元) ④

② – ① = 1 156 000 – 1 088 000 = 68 000(元),表示产品产量增加的影响;
③ – ② = 1 088 000 – 1 156 000 = – 68 000(元),表示单位产品消耗量下降的影响;
④ – ③ = 1 196 800 – 1 088 000 = 108 800(元),表示材料单价上升的影响。

三个因素共同的影响值 = 68 000 – 68 000 + 108 800 = 108 800(元)

上述分析表明,原材料费用的变动受三个因素的影响,其中,产品产量增加使原材料费用增加 68 000 元,单位产品消耗量下降使原材料费用下降 68 000 元,材料单价上升使原材料费用增加 108 800 元。这里,产品产量增加导致原材料费用增加属于正常情况;单位产品消耗量下降使原材料费用下降是利好消息,说明企业要么进行了技术革新,要么在节支方面颇有成效;材料单价上升是不利因素,但企业应进一步分析,找出影响原材料单价上升的主客观因素,以便更好地控制原材料费用的增加。

运用连环替代法必须注意的几个问题:

第一,因素分解的关联性。确定各经济指标因素必须在客观上存在着因果关系,经济指标体系的组成因素,要能够反映形成该指标差异的内在构成原因,只有将相关因素与分析对象建立关系时才有意义,否则就失去了其存在的价值,不仅分析无法进行,即使有分析结果,也不能对生产经营活动起到指导作用。也就是说,经济意义上的因素分解与数学意义上的因素分解不同,不是在数学算式上相等就行,而是要看其经济意义。例如,将影响材料费用的因素分解为下面两个等式从数学上看都是成立的。

$$材料费用 = 产品产量 \times 单位产品材料费用$$
$$材料费用 = 工人人数 \times 每人消耗材料费用$$

但从经济意义上说,只有前一个因素分解式是正确的,后一个因素分解式在经济上没有任何意义。因为工人人数和每人消耗材料费用到底是增加有利还是减少有利,这个式子无法说清楚。

第二,因素替代的顺序性。如前所述,因素分解不仅要因素确定准确,而且因素排列顺序也不能交换,这里特别要强调的是不存在乘法交换律问题。如何确定正确的替代顺序,是一个理论上和实践中都没有得到很好解决的问题。传统的方法是先数量指标,后质量指标;先实物量指标,后价值量指标;先主要因素,后次要因素;先分子,后分母。但需要说明的是,无论采用哪种排列方法,都缺乏坚实的理论基础。一般地说,替代顺序在前的因素对经济指标影响的程度不受其他因素影响或影响较小,排列在后的因素中含有其他因素共同作用的成分。从这个角度看,为分清责任,将对分析指标影响较大的并能明确责任的因素放在前面可能会好一些。

第三,顺序替代的连环性。在运用连环代替法进行因素分析时,计算每一个因素变动的影响都是在前一次计算的基础上进行的,并且是采用连环比较的方法确定因素变化的影响结果。因为只有保持在计算程序上的连环性,才能使各个因素影响之和等于分析指标变动的差异,也就是每次替代所形成的新的结果,要与前次替代的结果比较(环比)而不能都与基期指标相比(定基比),否则不仅各个因素影响程度之和不等于总差异,而且计算出的各个因素影响也与现实相距甚远,这是因为每次替代的结果同时掺杂了其他因素的影响。

第四,计算结果的假定性。由于因素分析法计算的各个因素变动的影响数,会因替代计算顺序的不同而有一定的差别,因而计算结果难免带有假定性,即它不可能使每个因素的计算结果都达到绝对的准确,而且现实中各个因素是同时发生影响,而不是先后发生影响的,我们确定的顺序只是假定某个因素先发生,某个因素后变化。它只是在某种假定前提下的影响结果,离开了这种假定前提条件,也就不会是这种影响结果。为此,分析时应力求使这种假定合乎逻辑,并具有实际的经济意义。这样计算结果的假定性才不至于妨碍分析的有效性。

任务四 财务报表分析的基本步骤

财务报表分析的关键是搜寻到足够的、与决策相关的各种财务资料,进行分析并解释这些资料间的关系,发现报表异常的线索,做出确切的判断,得出正确的分析结论。根据这一思路,财务报表分析的步骤可以概括为:

(1) 收集与决策相关的各项重要财务资料,包括定期财务报告、审计报告、招股说明书、上市公告书和临时报告、相关产业政策、行业发展背景、税收政策等。

(2) 整理并审查所收集的资料,通过一定的分析手段提示各项信息间隐含的重要关系,发现分析的线索。

(3) 研究重要的报表线索,结合相关的资讯,分析内在关系,解释现象,推测经济本质。

(4) 做出判断,为决策提供依据。

项目一 小 结

- 财务报表分析
  - 财务报表分析的涵义
  - 财务报表分析的目的
  - 财务报表分析的基本方法
    - 比重法
    - 相关比率法
    - 趋势分析法
    - 连环替代法
  - 财务报表分析的基本步骤

思考与练习

一、单项选择题

1. 财务分析的总体评价内容应当是(　　)。
   A. 资产负债表分析　　　　　　　B. 现金流量表分析
   C. 利润表分析　　　　　　　　　D. 财务综合分析

2. 会计报表趋势分析的主要依据是(　　)。
   A. 企业连续期间的会计报表　　　B. 会计报表财务状况质量的分析
   C. 企业财务结构的分析　　　　　D. 报表各内容之间的相互关系分析

3. 会计报表结构分析是指(　　)。
   A. 会计报表财务状况质量的分析　B. 报表各内容之间的相互关系分析
   C. 企业连续期间的会计报表　　　D. 企业财务报表的趋势分析

4. 分析企业连续数期财务报告采用的方法是(　　)。
   A. 结构分析法　　　　　　　　　B. 比率分析法
   C. 连环替代法　　　　　　　　　D. 趋势分析法

5. 财务报表分析的最终目的是(　　)。
   A. 阅读财务报表　　　　　　　　B. 做出某种判断
   C. 决策支持　　　　　　　　　　D. 解析报表

6. 可以考察企业未来财务状况的分析方法是(　　)。
   A. 垂直分析法　　　　　　　　　B. 趋势分析法
   C. 对比分析法　　　　　　　　　D. 比率分析法

7. 趋势分析属于(　　)。
   A. 内部分析　　B. 外部分析　　C. 动态分析　　D. 静态分析

8. 通过主要项目指标或指标值的对比分析以确定指标之间差异的方法是(　　)。
   A. 比率分析法　　　　　　　　　B. 比较分析法
   C. 因素分析法　　　　　　　　　D. 平衡分析法

9. 会计报表质量分析是指(　　)。
   A. 企业财务报表的趋势分析
   B. 报表各内容之间的相互关系分析
   C. 企业连续期间的会计报表
   D. 会计报表财务状况质量、经营成果质量和现金流量表质量的分析

10. 一般来说,企业成熟期的债务融资比率(　　)。
    A. 较高　　　　　　　　　　　　B. 与其他时期没有差异
    C. 较低　　　　　　　　　　　　D. 不确定

11. 下列方法中常用于趋势分析的是(　　)。
    A. 比较分析法　　　　　　　　　B. 比率分析法
    C. 连环替代法　　　　　　　　　D. 定比动态分析

二、多项选择题

1. 财务分析评价基准的种类包括（　　）。
   A. 经验基准　　　　　　　　B. 计划基准
   C. 行业基准　　　　　　　　D. 历史基准
   E. 目标基准

2. 按照是否由企业会计系统提供，财务信息可以分为（　　）。
   A. 会计信息　　　　　　　　B. 外部信息
   C. 非会计信息　　　　　　　D. 内部信息
   E. 市场信息

3. 按照信息来源，财务信息可以分为（　　）。
   A. 会计信息　　　　　　　　B. 外部信息
   C. 非会计信息　　　　　　　D. 内部信息
   E. 市场信息

4. 财务分析常用的基本方法包括（　　）。
   A. 比较分析法　　　　　　　B. 比率分析法
   C. 因素分析法　　　　　　　D. 趋势分析法
   E. 指标分析法

5. 比较分析法按照比较基准的不同可分为（　　）。
   A. 与竞争对手比较　　　　　B. 与目标基准比较
   C. 与历史基准比较　　　　　D. 与行业基准比较
   E. 与计划基准比较

三、计算分析题

A 公司生产甲产品，产品产量、单位产品材料消耗量、材料单价及材料费用总额的有关资料见表 1-2。

表 1-2　甲产品材料消耗有关资料

项　目	上月数	本月数
产品产量/件	100	120
单位产品材料消耗量/kg·件	30	25
材料单价/元·kg	20	22
材料费用总额/元	60 000	66 000

要求：运用连环替代法分析产品产量、单位产品材料消耗量以及材料单价对材料费用总额的影响。

四、综合实践训练题

1. 财务报表的一般编制要求有哪些？
2. 财务报表分析实例。

财务分析人员应具备什么能力

现在,很多公司都设置了财务分析职位,以下结合本人做财务分析工作几年来的体会,谈一下做好财务分析工作需要哪些技能、思考方法和行为习惯。

1. 熟悉公司的业务

从全局看,包括市场战略、长短期目标、客户、供应商、产品、竞争对手、营销方式与渠道;从公司内部看,包括公司的组织结构、人员、流程、政策、制度、生产工艺步骤、研发和服务等。财务分析人员要经常与各业务部门的同事沟通和合作,这种对业务的熟悉让我们在与其沟通时不说外行话,让人感觉我们很专业很明白,对业务的熟悉程度决定了对业务控制的参与深度和对业务支持的力度,是财务分析人员需要长期学习和积累的能力。

2. 对会计系统和公司会计政策的掌握

财务分析的最主要信息来源是会计数据,为了用好这些数据,我们要对数据的搜集、整理和加工过程及标准有一定的了解。财务分析人员有时也充当损益控制的角色,需要向会计部门提供一些特殊业务费用计提或冲销依据,对记账科目、收入、成本、费用的确认原则、政策的充分理解是支持这项工作的主要部分。另外,作为业务控制的一部分,财务分析人员还要经常检查会计记账的合理性和准确性,这都需要了解会计工作的系统、流程和方法。

3. 掌握各种分析所需的软件工具和系统

财务分析很大一部分工作是搜集数据和出具报告,我们可以向数据的生产部门索要数据,但更多的时候,我们是通过共享的系统和实用的工具来自己取得数据,我们只需要安装能够查询数据的系统或工具,就可以自己按需要取得数据。比如,公司会计用的 ERP 系统,我们可以自己进系统进行查询和报告运行来获取会计数据;又比如,所有的销售预测和过程数据都在 CRM 里面,我们可以用通用的 BI(商业智能)软件来定义和读取所需要的销售数据,在很多情况下,财务分析人员是公司里仅次于 IT 部门的信息系统专家。

4. 独立思考能力

因为财务分析整天都与数据和信息打交道,对这些数字的理性思考和判断成为做好财务分析工作的必备能力之一。是否能够运用所积累的业务常识和职业敏感性来判断数字的真实性和可靠性是决定一个财务分析人员水平高低的重要因素。比如,老板会经常一眼看出你所做报告的错误之处,然后告诉你为什么会是错的,这是因为老板对数字太敏感了。所以对某项重要的数据,财务分析要对其合理性和真实性进行思考和挑战,必要时追索原始支持的文件,如合同、发票。对于一些重要的、基础性的数据,要熟记在心里,如预算的收入、毛利、主要客户和产品的收入与盈利情况、主要产品价格、标准成本以及一些重要的费用,如推广费、广告费、工资等。在其他部门或老板问你相关问题时,自信而准确地说出这些数据以及你对其理解会给人以非常职业的印象。

5. 叙述的能力

财务分析是信息的中转站,在搜集到零散的信息后,要把它们加工整合后传递给需要的人。这个工作需要很强的叙述能力,主要包括说和写的能力,说是指把一件事说清楚说明白,写是指用书面语言把一件事表达清楚。财务分析人员有时更像一个讲故事的人,高层的决策者依据你讲的故事做出判断和行动,你说得是否清楚、准确、明白决定了别人对你工作的印象。

6. 解决问题的能力

财务分析工作有时会面临很多临时或突发性的事件及要求,有很多是以前没接触过或没处理过的,需要了解情况、掌握信息、提出解决方案、跟踪落实情况。其中,提出解决方案是对一个人分析问题和决策能力的考验,我初做财务分析工作时,遇到拿不准的事情,经常到上司那里去请示,一般他都会和我一起来了解情况、分析问题、共同处理,后来再有这种情况时,他先问我:"你有什么想法和办法?"这一下就把我问住了,因为我没有仔细研究和充分思考过这个问题。他就说,每个人都是自己专业领域的专家,你自己经过思考和研究得出的方案也许就是最好的解决方案。现在再有问题时,我都是做好充分的调研并拿出自己的方案后再去找上司请示。

7. 全局观或大局观的能力

有时老板做的事情或决定做下属的很难理解,经他一解释才明白为什么会这样想和这样做。这一方面与老板掌握的信息有关,另一方面与其看问题的角度和方向有关,站在越高的角度,看问题就越全面,他会把与此事相关的点一一考虑到,然后分析什么是最重要的,做这个决定会影响到什么。当然这也有一部分是其经验积累的结果,但如果我们在考虑问题时站在更高的角度去想,会发现很多原来没有考虑到的东西,我们的全局观也就此培养形成。

8. 运用 EXCEL 工具的能力

尽管现在越来越多的公司在使用高级的系统实现信息共享,但 EXCEL 在相当的时期和范围内还是用得最多的也是最好用的分析和信息交流工具,用好 EXCEL 会在很大程度上提高我们的效率,让我们从数字的事务中解脱出来,做更有价值的事。另外,我们的报告产品大多以 EXCEL 表格出现,熟练使用 EXCEL 工具会让我们的产品更准确、更快速、更漂亮地送到我们的用户手中,用户的满意度一定会大大提高。

案例思考题

(1) 文中的财务分析人员做财务分析的主要服务对象是谁?要站在谁的立场上分析问题?

(2) 对公司会计系统和公司会计政策的掌握对财务分析有何意义?

(3) 为什么说熟悉公司的业务是财务分析的基础?熟悉公司业务应掌握哪些方面的内容?

(4) 财务分析人员应具备的职业道德有哪些?

(5) 要想做好财务分析工作,应具备什么样的能力?

项目二 资产负债表阅读与分析

任务描述

本项目的任务是掌握阅读企业资产负债表的方法,熟练掌握资产负债表结构分析和趋势分析方法,学会利用报表附注信息理解财务报告数据的经济含义,熟悉资产负债表提供的信息内容,能够透过报表数据理解企业的经济活动。

学习任务

1. 掌握资产负债表结构分析、水平分析和垂直分析的方法;
2. 掌握资产负债表主要项目分析的内容;
3. 掌握阅读资产负债表的方法;
4. 理解财务报表之间的内在联系。

技能目标

1. 能进行财务报表结构分析、水平分析和垂直分析;
2. 能正确分析资产负债表主要项目的内容。

知识目标

1. 资产负债表的基本结构与内容;
2. 资产负债表结构分析;
3. 资产负债表水平分析;
4. 资产负债表垂直分析;
5. 资产负债表主要项目分析。

项目导入

M公司2018年度与2019年度的资产负债表见表2-1。

项目二 资产负债表阅读与分析

表 2-1 资产负债表

编制单位：M 公司　　　　　　　　　　　　　　　　　　　　　　　　　单位：元

项　　目	2018 年	2019 年
货币资金	85 732	93 290
交易性金融资产	7 600	8 200
应收票据	6 590	5 900
应收账款	16 800	16 500
预付账款	17 000	13 400
存货	122 381	130 550
其他流动资产	25 202	32 179
流动资产合计	281 305	300 019
长期投资	3 437	5 000
固定资产净额	541 900	533 950
无形资产及其他	67 220	68 600
非流动资产合计	612 557	607 550
资产总额	893 862	907 569
短期借款	86 000	70 000
应付账款	46 500	36 400
应付职工薪酬	15 400	12 600
应交税费	8 462	4 600
流动负债合计	156 362	123 600
长期借款	100 000	150 000
实收资本	500 000	500 000
资本公积	26 481	28 963
盈余公积	15 874	16 894
未分配利润	95 145	88 112
负债及所有者权益合计	893 862	907 569

☞请思考：

1. M 公司 2019 年度与 2018 年度相比，资产总额有何变化？
2. M 公司 2019 年度变化最大的资产项目是什么？变化最小的资产项目又是什么？
3. M 公司的资产构成以什么资产为主？说出最主要的三个资产项目。
4. M 公司的存货项目 2019 年度与 2018 年度相比有何变化？
5. M 公司的资金来源中，占比最大的项目是什么？2019 年度变化最大的权益项目是什么？
6. 结合资产负债表中的信息，对 M 公司的财务状况做简要评述。

任务一　资产负债表结构分析

初步了解企业的行业背景之后,就需要仔细阅读企业的财务报表,财务报表的阅读过程是趋势分析、结构分析、比较分析三种方法的综合应用过程,也是主表阅读与附注阅读相结合的分析过程,有了这一基础认识,对企业的各项财务指标分析才能深入透彻。

一、资产负债表的基本结构与内容

资产负债表是反映企业在某一时点财务状况的会计报表。它是根据"资产＝负债＋所有者权益"的会计等式,依照一定的分类标准和一定的次序,把企业一定日期的资产、负债和所有者权益项目予以适当安排,按一定的要求编制而成的。我国新会计准则规定的企业资产负债表的基本格式见表2-2。

为方便起见,本书下面所有示例都以 ABC 公司为例加以说明。

ABC 公司成立于 1989 年,于 1993 年 10 月向社会公开发行股票,并于同年 11 月在上海证券交易所上市交易。上市二十多年来,公司取得了长足的发展,主营业务收入由上市初的 6.8 亿元增长到 2018 年的 165.09 亿元,在股本大比例扩张的情况下,2018 年实现每股收益 0.20 元。同时,公司由原先只生产电冰箱这一个产品扩展到目前涉及电冰箱、空调、冷柜、系列小家电、滚筒洗衣机、电脑板、注塑件等业务。公司良好的业绩也渐为广大投资者所认同,公司连续多年入选"上市公司 50 强""中证亚商中国最具发展潜力上市公司 50 强",是证券市场蓝筹绩优股的典型代表。

公司上市之前,生产用资金主要靠企业自身积累及银行贷款,但随着公司的快速发展,其所能提供的资金已不能满足公司正常发展的需要。公司抓住 1993 年国家大力发展证券市场之机,通过公开发行股票募集资金 3.69 亿元,分别投资于出口冰箱技术改造项目、出口冰箱配套设施改造项目、无氟冰箱技术引进项目、多规格定尺料精密冲裁中试基地项目、大型精密注塑中试基地项目等。这些项目的实施使公司的生产能力及技术含量有了大幅提高,为以后冰箱生产上规模奠定了基础。

公司在公开发行股票后,又先后在 1996 年、1997 年、1998 年和 2001 年进行了四次再融资,整合了市场资源,极大地促进了公司的发展。

公司在保持高速增长的同时,狠抓产品质量,整合经营产品,目前,空调、冰箱、冰柜是其主要经营产品。表 2-2 是公司 2018 年 12 月 31 日的资产负债表。

从表 2-2 可以看出,资产负债表的结构是左右平衡关系,左方反映企业的各类资产,即企业的资产总额及各项资产的分布;右方反映企业的负债和所有者权益,即谁对企业的资产拥有权利和利益,左右双方总额相等。

简单地说,资产负债表左方反映资产的存放形式,右方反映资产的来源渠道。左右两方按照不同分类反映同一事物。因此,双方处于平衡的状态。

表 2-2 资产负债表

编制单位：ABC 公司　　　　　2018 年 12 月 31 日　　　　　单位：百万元

资产	年末余额	年初余额	负债及股东权益	年末余额	年初余额
流动资产：			流动负债：		
货币资金	670.23	715.08	短期借款	7.00	0.00
交易性金融资产	0.00	0.00	交易性金融负债	0.00	0.00
应收票据	1 063.35	896.51	应付票据	0.00	0.00
应收账款	1 012.35	958.04	应付账款	333.08	324.64
预付款项	148.63	375.61	预收款项	29.57	138.74
应收股利	0.04	0.01	应付职工薪酬	23.19	34.01
应收利息	0.00	0.00	应交税费	7.73	123.20
其他应收款	71.87	161.32	应付利息	0.00	0.00
存货	878.11	851.21	应付股利	72.09	50.22
一年内到期的非流动资产	0.00	0.00	其他应付款	110.70	112.64
其他流动资产	0.00	0.00	一年内到期的非流动负债	138.36	0.00
			其他流动负债	0.00	0.00
流动资产合计	3 844.58	3 957.78	流动负债合计	721.72	783.45
非流动资产：			非流动负债：		
可供出售金融资产	0.00	0.00	长期借款	0.00	138.36
持有至到期投资	0.00	0.00	应付债券		
长期应收款	68.41	74.54	长期应付款	455.70	458.22
长期股权投资	1 259.78	1 379.99	专项应付款	1.37	8.51
投资性房地产	0.00	0.00	预计负债		
固定资产	1 506.54	1 597.26	递延所得税负债	0.00	0.00
在建工程	29.77	22.94	其他非流动负债	0.00	0.00
工程物资	0.00	0.00	非流动负债合计	457.07	605.09
固定资产清理	0.00	0.00	负债合计	1 178.79	1 388.54
无形资产	67.16	73.40	股东权益：		
开发支出	0.00	0.00	股本	1 196.46	1 196.46
商誉	0.00	0.00	资本公积	2 933.72	2 933.72
长期待摊费用	1.24	1.14	减：库存股	0.00	0.00
递延所得税资产	0.00	0.00	盈余公积	1 323.14	1 197.96
其他非流动资产	0.00	0.00	其中：公益金	547.95	486.46
非流动资产合计	2 932.90	3 149.27	未分配利润	145.37	390.36
			股东权益合计	5 598.69	5 718.51
资产总计	6 777.48	7 107.05	负债及股东权益总计	6 777.48	7 107.05

资产负债表的项目数据很多，怎样才能从中归纳出对分析决策有用的信息呢？通常的阅读步骤是由粗到细，先了解总括，再了解大类项目，然后逐层分解，最后到具体项目。

在阅读表2-2时，我们可以先抓住最主要的信息，即资产、负债和所有者权益的总额。资产总额反映企业的生产结构和经营规模，是企业生产经营能力的集中反映。负债总额表明企业承担债务的多少，是企业运用自有资本金利用外部资金情况的反映。所有者权益总额是企业的自有资金，是企业自主经营、自负盈亏能力的反映。财务分析首先要对企业这三方面的总量有一个基本的了解，弄清企业资产为多少，负债为多少，自有资金为多少，了解这三个方面的组成是掌握企业财务状况的起点，也是我们进一步分析企业资金结构、偿债能力的基础。因此，可以将表2-2简化成表2-3的形式。

表2-3　ABC公司简单资产负债表　　　　　　　　　单位：百万元

项　目	年末余额	年初余额	项　目	年末余额	年初余额
资产总计	6 777.48	7 107.05	负债合计	1 178.79	1 388.54
			股东权益合计	5 598.69	5 718.52

因此，我们得到了ABC公司*的第一印象：2018年年初ABC公司资产总额约71亿元，其中，来自债权人的权益约14亿元，来自股东的权益约57亿元，年末比年初资产总额下降了约3.3亿元，这是负债和所有者权益分别减少约2.1亿元和1.2亿元造成的。为更深入了解公司资产规模的变化情况，我们还可以多收集几年的数据，见表2-4。

表2-4　ABC公司历年资产与权益　　　　　　　　　单位：百万元

项　目	2018年	2017年	2016年	2015年	2014年
资产总计	6 777.48	7 107.05	7 372.71	7 394.14	6 942.41
负债合计	1 178.79	1 388.54	1 983.74	2 304.19	2 010.23
股东权益合计	5 598.69	5 718.51	5 388.97	5 089.95	4 932.18

从表2-4可以看出，公司从2015年起资产总额就一直呈缓慢下降的趋势，这主要是由于负债规模在逐渐下降，而所有者权益除2018年略有下降之外，其他年份都在逐年增加。结合前面的公司背景资料，可以看出：公司在经历了上市后连续的股本扩张之后，从2014年起进入了稳定发展阶段；公司近五年来经营条件基本稳定，债务逐渐减少，而自有资金略有增加，但自有资金的增加额小于负债的减少额，所以公司的资产总额出现了下降的趋势；自有资金的逐年增加说明公司的资本实力增强，公司发展前景广阔；2018年股东权益的突然减少应是下面具体分析的重点。

二、资产负债表结构分析

企业的行业特点，是指企业资产和负债由于行业不同，而表现出来的区别于其他行业的组成特点；企业的经营管理特点，是指通过企业的资金占用和资金来源所反映出来的企业供产销、投资和筹资等方面的特点；企业的发展重点，是指企业资金重点投入的环节和负债来源的主渠道。这些特点都通过企业的资产负债结构表现出来。而企业的支付能力和偿债能

---

*　为分析方便，本书在部分指标项目的分析中选取了多期数据，这些数据均来自ABC公司历年的财务报表，此后，不再一一说明。

力,由企业资金结构即企业资产、负债和所有者权益的结构所决定。通常,在进行企业现金支付和偿债等能力分析之前,要对企业资金的组成和结构进行分析。

(一)资产负债表总括结构分析

1. 资产结构分析

资产,是指由企业过去的交易或者事项形成的、由企业拥有或控制的、预期会给企业带来经济利益的资源。一项经济资源要确认为资产,在符合资产定义的同时,应满足:(1)与该资源有关的经济利益很可能流入企业;(2)该资源的成本或价值能够可靠地计量。只有同时满足以上两个条件,才可确认为资产,在资产负债表内列示。

资产负债表中的资产项目是按照其流动速度自上而下排列的,流动性越强的越靠上。所谓资产的流动性,是指资产转变为现金的难易程度,转变越容易,流动性越强;转变越难,流动性越弱。

根据流动性,资产可以分为流动资产和非流动资产。流动资产,是指可以在一年或超过一年的一个营业周期内变现、出售或耗用的资产。在资产负债表中,流动资产项目包括货币资金、交易性金融资产、应收票据、应收账款、其他应收款、存货、一年内到期的非流动资产等。流动资产是企业在生产经营过程中必不可少的资产,比如,缺少货币资金,企业就难以购买材料、难以发放工资、难以购置设备等;缺少原材料,就会使企业生产经营停工待料。所以,流动资产就犹如企业的血液,必须充足、流动畅通,企业才能健康发展。除流动资产外,企业的其他资产统称为非流动资产,主要包括可供出售金融资产、持有至到期投资、投资性房地产、长期股权投资、长期应收款、固定资产、在建工程、工程物资、固定资产清理、无形资产、递延所得税资产和其他非流动资产。非流动资产的形成往往需要投入大量的资金,并且发挥作用的时间也较长,在短时间内不会变现,它一旦形成就不易调整或变换。一般情况下,我们应根据各类资产的特点和作用以及它们的构成做初步的结构分析。通过这种分析,我们能大致了解企业资产的基本构成情况,能认识企业生产经营与管理的优势与不足,并为进一步分析这些优势与不足形成的原因提供资料。对 ABC 公司可编制如表 2-5 所示的资产构成基本情况分析表。

表 2-5 ABC 公司资产构成基本情况分析表　　　　单位:百万元

项　目	2018 年	2017 年	2016 年	2018 年比重/%	2017 年比重/%	2016 年比重/%
流动资产合计	3 844.58	3 957.78	4 000.43	56.73	55.69	54.26
非流动资产合计	2 932.90	3 149.27	3 372.28	43.27	44.31	45.74
资产总计	6 777.48	7 107.05	7 372.71	100.00	100.00	100.00

从表 2-5 中可以看出,ABC 公司的资产结构三年来基本稳定,流动资产以每年近一个百分点的速度在逐年上升,说明公司三年来,整体生产经营条件基本稳定,资产的流动性增强,风险降低,但这种变动情况是否与公司的生产环境相适应,详细的资产项目又是怎样的变动情况,还需进一步深入阅读资产负债表。

资产的基本构成情况因公司所处行业的不同而呈现出不同的结构特点。如选取 2018 年几家不同行业上市公司,简单分析其资产构成情况会发现其中存在的明显行业特点,见表2-6。

表2-6 2018年15家上市公司资产构成基本情况分析表　　　　单位:百万元

公司名称	所属行业	非流动资产 绝对数	非流动资产 占总资产比重/%	流动资产 绝对数	流动资产 占总资产比重/%	资产总计
美的电器(000527)	电器机械及器材制造业	3 241.60	33.73	6 367.83	66.27	9 609.42
万科A(000002)	房地产开发与经营业	2 107.47	9.58	19 884.93	90.42	21 992.39
浦发银行(600000)	银行业	148 821.75	25.97	424 244.87	74.03	573 066.62
南玻A(000012)	非金属矿物制品业	4 576.58	82.86	946.75	17.14	5 523.32
格力电器(000651)	电器机械及器材制造业	2 833.02	22.34	9 848.18	77.66	12 681.20
鞍钢股份(000898)	黑色金属冶炼及压延加工业	9 749.05	68.22	4 540.77	31.78	14 289.82
上海机场(600009)	交通运输辅助业	8 349.79	87.23	1 222.90	12.77	9 572.69
一汽轿车(000800)	交通运输设备制造业	2 775.59	34.88	5 182.38	65.12	7 957.98
中兴商业(000715)	零售业	778.83	81.71	174.35	18.29	953.17
苏宁易购(002024)	零售业	468.16	10.82	3 859.05	89.18	4 327.21
沈阳机床(000410)	普通机械制造业	1 358.76	25.76	3 915.36	74.24	5 274.11
中技贸易(600056)	商业经纪与代理业	311.12	18.59	1 362.77	81.41	1 673.88
东阿阿胶(000423)	医药制造业	484.31	38.69	767.39	61.31	1 251.70
晨鸣纸业(000488)	造纸及纸制品业	12 301.11	68.46	5 668.30	31.54	17 969.41
中捷股份(002021)	专用设备制造业	272.75	22.75	926.19	77.25	1 198.94

从表2-6中可以看出,非流动资产占总资产的比重从9.58%到87.23%不等,房地产开发与经营业的非流动资产占比最低,这是因为房地产开发与经营企业最大的资产是其开发出的地产和储备的土地,而这部分地产和土地在房地产开发与经营企业是作为流动资产核算的;制造业的非流动资产的比重相对高些,但也因具体行业不同而有所区别,如造纸业和非金属矿物制品业在制造业中,非流动资产占比就比较高,这是因为这两个行业中制造产品

的生产设备价值较高,所以出现这样的资产结构,而其他的一般制造业的非流动资产基本上保持在20%~30%左右;黑色金属冶炼及压延加工业的非流动资产也因为其生产设备的特性表现出较高的比重;交通运输辅助业的非流动资产占比是最高的,因为这一行业的经营特点是:先修好机场、高速公路、港口,再运营,这些价值较高的机场、高速公路、港口成为企业的非流动资产;而以资金融通为主业的银行业,其流动资产自然要占较高的比重。同一行业中,由于经营方式的不同,表现出的资产结构也有所不同,如同为零售业的中兴商业和苏宁电器则表现出截然不同的资产结构,原因是苏宁电器的经营店铺都是通过租赁取得的,其固定资产数量少,大量的资金投入到经营周转中,因此其流动资产比重高;而中兴商业的经营店铺是自己的固定资产,资产结构的表现自然不同。

在企业实际经营中,资产的基本构成还会受到企业的经营规模、经营策略、盈利模式等众多因素的影响,这需要分析者结合具体情况来分析。

2. 资本结构分析

资本结构通常是指企业的全部资金来源中负债和所有者权益所占的比重大小。企业的全部资金来源于两个方面:一是借入资金,即负债,包括流动负债和长期负债;二是自有资金,即企业的所有者权益。负债,是指由企业过去的交易或者事项形成的、预期会导致经济利益流出企业的现时义务。一项现实义务要确认为负债,在符合负债定义的同时,应满足:(1)与该义务有关的经济利益很可能流出企业;(2)未来流出的经济利益的金额能够可靠地计量。只有同时满足以上两个条件,才可确认为负债,在资产负债表内列示。所有者权益,是指企业资产扣除负债后由所有者享有的剩余权益,公司的所有者权益又称股东权益。

资本结构无论是对于债权人、投资者还是对于企业经营者来说都是十分重要的。企业资本结构不同,面临的偿债压力、财务风险就有所不同。

对于债权人来说,通过资本结构分析,可以了解负债和所有者权益在企业全部资金来源中所占的比重,判断企业债权的保障程度,评价企业的偿债能力,从而为决策提供依据。

对于投资者来说,通过资本结构分析,可以了解企业负债在全部资金来源中所占的比重,评价企业偿债能力,判断其投资所承担的财务风险的大小,以及负债对投资报酬的影响,从而为投资决策服务。

对于经营者来说,通过资本结构分析,评价企业偿债能力的高低和承担风险能力的大小,发现企业经营中存在的问题,采取措施调整资本结构,实现资本结构最优化。

资本结构分析,可简单地做资本结构分析表来实现。表2-7是ABC公司的资本结构分析表。从表中可以看出,公司全部资金来源以股东权益为主,且所占比重逐年上升,从2016年的73.09%上升至2018年的82.61%,说明公司的自有资金充足,财务风险低,筹措资金能力很强。

表2-7 ABC公司资本结构分析表　　　　　　　　　　　　单位:百万元

项　　目	2018年	2017年	2016年	2018年比重/%	2017年比重/%	2016年比重/%
负债合计	1 178.79	1 388.54	1 983.74	17.39	19.54	26.91
股东权益合计	5 598.69	5 718.51	5 388.97	82.61	80.46	73.09
负债及股东权益总计	6 777.48	7 107.05	7 372.71	100.00	100.00	100.00

3. 资产结构与资本结构适应性分析

资产结构与资本结构适应性,是指企业资产结构与资本结构与企业当前以及未来经营和发展活动相适应的情况。

从企业资金来源的期限构成角度来看,企业资金来源中的所有者权益部分,基本属于永久性资金来源;企业资金来源中的负债部分,则有流动负债与非流动负债之分。一般情况下,企业筹集资金的用途,决定筹集资金的类型:企业增加永久性流动资产或增加非流动性资产,应当通过长期资金来源(包括所有者权益和非流动负债)来解决;企业由于季节性、临时性原因造成的流动资产中的波动部分,则应由短期资金来源来解决。如果企业的资金来源不能与资金的用途相配比,在用长期资金来源支持短期波动性流动资产的情形下,由于企业长期资金来源的资金成本相对较高,企业的效益将会下降;在用短期资金来源支持长期资产和永久性流动资产的情形下,由于企业的长期资产和永久性流动资产的周转时间相对较长,企业可能经常会出现急迫的短期偿债压力。这就是说,企业资金来源的期限构成与企业资产结构相适应时,企业的资本结构质量较好;反之,企业的资本结构质量较差。

企业资产与资本结构可以分为保守结构、稳健结构、平衡结构和风险结构四种类型。

(1)保守结构。在这一结构形式中,无论资产负债表左方的资产结构如何,资产负债表右方的资金来源方式全部是长期资金,长期负债与所有者权益的比例高低不影响这种结构形式,其形式见表2-8。

表2-8 资产负债表

流动资产	临时性占用流动资产	长期负债
	永久性占用流动资产	
长期资产		所有者权益

从表2-8可以看出,保守结构的主要标志是企业全部资产的资金来源都依靠长期资金来满足。其结果是:① 企业风险极低;② 较高资金成本;③ 筹资结构弹性弱。

(2)稳健结构。在这一结构形式中,长期资产的资金需要依靠长期资金来解决,短期资产的资金需要则通过长期资金和短期资金共同解决,长期资金和短期资金在满足短期资产的资金需要方面的比例不影响这一形式,其形式见表2-9。

表2-9 资产负债表

流动资产	临时性占用流动资产	流动负债
	永久性占用流动资产	长期负债
长期资产		所有者权益

从表2-9可以看出,稳健结构的主要标志是企业流动资产的一部分资金需要使用流动负债来满足,另一部分资金需要由长期负债来满足。其结果是:① 足以使企业保持相当优异的财务信誉,通过流动资产的变现足以满足偿还短期债务的需要,企业风险较小;② 企业可以通过调整流动负债与长期负债的比例,使负债成本达到企业目标标准,相对于保守结构形式而言,这一形式的负债成本相对要低,并具有可调性;③ 无论是资产结构还是资本结构,都具有一定的弹性,特别是当临时性资产需要降低或消失时,可通过偿还短期债务或进

行短期证券投资来调整,一旦临时性资产需要再产生时,又可以重新举借短期债务或出售短期证券来满足其所需。这是一种能为所有企业所普遍采用的资产与资本结构。

(3) 平衡结构。在这一结构形式中,以流动负债满足流动资产的资金需要,以长期负债及所有者权益满足长期资产的资金需要,长期负债与所有者权益之间的比例如何不是判断这一结构形式的标志,其形式见表 2-10。

表 2-10　资产负债表

流动资产	流动负债
长期资产	长期负债 所有者权益

这一结构形式的主要标志是流动资产的资金需要全部依靠流动负债来满足。其结果是:① 同样高的资产风险与筹资风险中和后,使企业风险均衡;② 负债政策要依据资产结构变化进行调整;③ 存在潜在的风险。这一形式以资金变现时间和数量与偿债时间和数量相一致为前提,一旦二者出现时间上的差异或数量上的差异,如销售收入未能按期取得现金、应收账款没能足额收回、短期证券以低于购入成本出售等,就会使企业产生资金周转困难,并有可能陷入财务危机。

这一结构形式只适用于经营状况良好、具有较好成长性的企业,但要特别注意这一结构形式的非稳定性特点。

(4) 风险结构。在这一结构形式中,流动负债不仅用于满足流动资产的资金需要,而且还用于满足部分长期资产的资金需要,这一结构形式不因流动负债在多大程度上满足长期资产的资金需要而改变,其形式见表 2-11。

表 2-11　资产负债表

流动资产	流动负债
长期资产	
长期资产	长期负债 所有者权益

这一结构形式的主要标志是以短期资金来满足部分长期资产的资金需要。其结果是:① 财务风险较大,较高的资产风险与较高的筹资风险不能匹配,这是因为流动负债和长期资产在流动性上并不对称,要是通过长期资产的变现来偿还短期内到期的债务,必然会给企业带来沉重的偿债压力,从而要求企业极大地提高资产的流动性;② 相对于其他结构形式,其负债成本最低;③ 企业存在"黑字破产"的潜在危险,由于企业时刻面临偿债压力,一旦市场发生变动,或意外事件发生,就可能引发企业资产经营风险,使企业资金周转不灵而陷入财务困境,造成企业因不能偿还到期债务而"黑字破产"。这一结构形式只适用于处在发展壮大时期的企业,而且只能在短期内采用。

结合表 2-2、表 2-5、表 2-7 的数据来看,ABC 公司的资产结构与资本结构适应性良好,公司流动资产的资金来源,大概有 20% 是来自于流动负债,其他则来源于永久性的资金,一般不会出现短期偿债压力,说明公司的资本结构的财务风险较低,属于上述稳健型资产与资本结构,这显现出公司的资本结构的安排相对较为保守。

(二)资产负债表大类项目结构分析

1. 流动资产结构分析

流动资产,是指可以在一年或超过一年的一个营业周期内变现、出售或耗用的资产。在资产负债表中,流动资产项目包括货币资金、交易性金融资产、应收票据、应收账款、预付账款、其他应收款、存货、一年内到期的非流动资产等。

在流动资产中,各类资产的功用和变现能力也是不同的,要想深入了解企业的财产状况,还需进一步分析流动资产的构成情况。

货币资金,是指企业在生产经营过程中拥有的、以货币形式存在的那部分资金,它可立即作为支付手段并被普遍接受,因而最具有流动性。货币资金一般包括企业的库存现金、银行结算户存款、外埠存款、银行汇票存款、银行本票存款、信用卡存款和信用证保证金存款等。

应收票据,是指企业因销售商品、产品、提供劳务等而收到的商业汇票,包括商业承兑汇票和银行承兑汇票。

应收账款,是指企业在生产经营过程中因销售商品或提供劳务而应向购货单位或接受劳务单位收取的款项。

预付款项,是购货单位根据购货合同的规定,预先付给供货单位的货款,预付的货款既可以是部分货款,也可以是全部货款。预付款项的支付,是购货单位履行购货合同义务的行为,债务人需用商品偿还该项债权。

应收股利,是指企业因股权投资而应收取的现金股利以及应收其他单位的利润,包括企业购入股票实际支付的款项中所包括的已宣告发放但尚未领取的现金股利和企业因对外投资应分得的现金股利。

其他应收款,是指除应收票据、应收账款和预付账款以外的其他各种应收、暂付款项。

存货,是指企业在生产经营过程中为销售或耗用而储存的各种有形资产,包括各种原材料、燃料、包装物、低值易耗品、委托加工材料、在产品、产成品和商品等。凡在企业盘点日法定所有权属于企业的所有一切物品,不论其存放地点或处于何种状态,都应被视为企业的存货。不同行业的企业,其存货的内容和分类有所不同。比如,制造业的存货,一般包括原材料、委托加工材料、包装物、低值易耗品、在产品、自制半成品以及产成品等;而商品流通企业,其存货则一般包括商品、材料物资、低值易耗品以及包装物等。作为企业资产的重要组成部分,存货一般在一年内或一个营业周期内可以出售或被生产耗用,因此被视为流动资产。适量的存货对维持企业生产经营的正常进行具有重要意义,但是过多的存货会使企业积压资金,增加仓储保管费,而存货不足又往往造成企业开工不足或失去销售机会。

流动资产各项目的作用可用企业资金循环过程图(图 2-1)来说明,虚线部分是固定资产的循环。

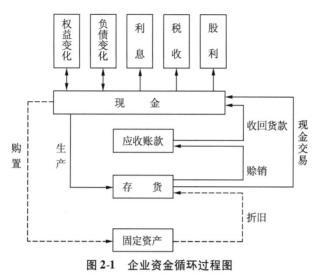

图 2-1　企业资金循环过程图

如图 2-1 所示，存货的销售导致了现金和应收账款项目的增加。当应收账款实际收到时，现金又会再次增加。随后，这笔资金又被用于购买新货，支付生产费用（如工资、租金、保险费、水电杂费等）。企业维持日常生产，不仅须拥有适当的流动资产，而且要保证资金循环的顺利进行。在其他条件不变的情况下，如果应收账款收回太慢，企业就会因财力不足而不能按时购买存货或支付费用；若存货销售过慢，资金会大量积压，企业也会因现金短缺而陷入困境。企业不同的生产经营特点，表现出不同的流动资产结构，分析时应结合企业的经营特点判断流动资产构成与企业经营的协调性。

一般情况下，我们可以编制流动资产结构分析表来具体分析，编制分析表时，一般可选择以流动资产合计数为基数。ABC 公司流动资产结构分析表见表 2-12。

表 2-12　ABC 公司流动资产结构分析表　　　　　　　　单位：百万元

项　目	2018 年	2017 年	2016 年	2018 年比重/%	2017 年比重/%	2016 年比重/%
货币资金	670.23	715.08	829.60	17.43	18.07	20.74
应收票据	1 063.35	896.51	957.95	27.66	22.65	23.94
应收账款	1 012.35	958.04	613.15	26.33	24.20	15.33
预付款项	148.63	375.61	750.55	3.87	9.49	18.76
应收股利	0.04	0.01	0.00	0.00	0.00	0.00
其他应收款	71.87	161.32	247.17	1.87	4.08	6.18
存货	878.11	851.21	602.00	22.84	21.51	15.05
流动资产合计	3 844.58	3 957.78	4 000.42	100.00	100.00	100.00

从表 2-12 可以看出，ABC 公司的流动资产以货币资金、应收票据、应收账款、预付款项和存货为主，三年来，结构稍有变化。货币资金和预付款项的比重逐年降低，应收账款和存货的比重逐年上升，结合公司的其他资料可知，公司近几年的营业收入是逐年上升的，营业收入的上升带来应收账款的上升基本属于正常现象。预付款项的降低，一种可能是：由于近几年总是从固定的几家供应商采购原材料，与供应商之间的博弈，企业占了上风，在生产规

模逐步扩大的情况下,采购规模扩大,而预付款规模却下降;另外一种可能是:公司生产产品的主要原材料近年来价格逐渐上涨,公司可能采取了降低原材料采购量的经营策略。总之,预付款项的变化,说明企业的经营环境有所改变。下一步详细分析的重点应是货币资金、应收票据、应收账款、预付款项和存货等项目。

2. 非流动资产结构分析

非流动资产,主要包括可供出售金融资产、持有至到期投资、投资性房地产、长期股权投资、长期应收款、固定资产、在建工程、工程物资、固定资产清理、商誉、无形资产、递延所得税资产和其他非流动资产。

固定资产,包括公司的厂房、机器设备、仓库、运输工具等。它们是企业用来生产商品与提供劳务的资本商品,使用期限通常在一年以上。

可供出售金融资产、持有至到期投资,属于企业的非生产经营性长期资产,这些资产持有时间在一年以上,会给企业带来投资收益,不直接参与企业的生产经营活动。

投资性房地产,是指为赚取租金或资本增值,或两者兼有而持有的房地产,包括已出租的土地使用权、持有并准备增值后转让的土地使用权、已出租的建筑物。

长期股权投资,是指企业为了使资产多样化,为了扩大企业的规模或兼并其他企业而进行的、期限超过一年的投资。

长期应收款,是指企业融资租赁产生的应收账款和采用递延方式分期收款、实质上具有融资性质的销售商品和提供劳务等经营活动产生的应收账款。

商誉,是特指企业合并所形成的企业拥有独特的优势而具有高于一般水平的获利能力的资产。对因合并形成的商誉,企业应至少在每年年度终了时进行减值测试,对商誉测试的减值部分,应计入当期损益。

无形资产,是指企业拥有或控制的、无实物形态的、可辨认的非货币资产。可辨认是指可分离用于出售、转移、授予许可、租赁、交换,或者源自合同或其他法定权利。无形资产的确认必须同时满足:(1) 与该无形资产有关的经济利益很可能流入企业;(2) 该无形资产的成本能够可靠地计量。只有同时满足以上两个条件,才可确认为无形资产,在资产负债表内列示。

一般情况下,我们可以编制非流动资产结构分析表来具体分析,编制分析表时,一般选择以非流动资产合计数为基数。ABC公司非流动资产结构分析表见表2-13。

表2-13 ABC公司非流动资产结构分析表   单位:百万元

项目	2018年	2017年	2016年	2018年比重/%	2017年比重/%	2016年比重/%
长期应收款	68.41	74.54	101.52	2.33	2.37	3.01
长期股权投资	1 259.78	1 379.99	1 446.55	42.95	43.81	42.90
固定资产	1 506.54	1 597.26	1 704.48	51.37	50.72	50.54
在建工程	29.77	22.94	37.74	1.02	0.73	1.12
无形资产	67.16	73.40	80.56	2.29	2.33	2.39
长期待摊费用	1.24	1.14	1.43	0.04	0.04	0.04
非流动资产合计	2 932.90	3 149.27	3 372.28	100.00	100.00	100.00

从表 2-13 可以看出，ABC 公司的非流动资产结构近三年基本稳定，占比较大的是公司的长期股权投资和固定资产。长期股权投资是公司为实现多元化经营而对其他同类企业的控股投资，三年来，投资数额逐渐减少。固定资产总额减少，但比重基本稳定，说明公司近几年没有大规模的新投资，是注重内涵发展的几年。具体情况还应该结合会计报表附注信息详细了解公司的股权投资和固定资产投资情况。公司没有投资性房地产、持有至到期投资等非生产性资产，说明公司经营致力于主业，以生产主营产品为主。公司的无形资产占比基本在 2% 左右，且资产数额呈逐年下降趋势，说明无形资产随着逐年摊销，其价值逐年减少，可能近几年公司在无形资产方面没有更多的投入。长期股权投资和固定资产项目应是下一步分析的重点。

3. 负债结构分析

负债结构，是指各项负债占总负债的比重。通过对负债结构分析，可了解各项负债的数量，进而判断企业负债主要来自何方，偿还的紧迫程度如何，揭示企业抵抗破产风险以及融资的能力。

流动负债占总负债的比重，可以反映一个企业依赖短期债权人的程度。流动负债占总负债比率越高，说明企业对短期资金的依赖性越强，企业的偿债压力也就越大，这必然要求企业营业周转或资金周转也要加快，企业要想及时清偿债务，只有加快周转；相反，这个比率越低，说明企业对短期资金的依赖程度越小，企业面临的偿债压力也就越小。对这个比率的分析，短期债权人最为重视。如果企业持有太多的流动负债，有可能使短期债权人面临到期难以收回资金的风险，因而使短期债权人的债权保障程度降低；而如果企业不会遇到因短期债务到期不能偿还本息而破产清算时，企业保持较高的流动负债，则可以使所有者获得杠杆利益，降低融资成本。

对流动负债与总负债比率应确定一个合理的水平。其衡量标志是在企业不发生偿债风险的前提下，尽可能多地利用流动负债融资，因为流动负债融资成本通常低于非流动负债。同时，还应考虑资产的流动性。如果企业的流动资产回收快，流动负债的融资就可以多些；相反，流动负债的融资则应少一些。

非流动负债占总负债的比重，表明企业在经营过程中借助外来长期资金的程度。根据 ABC 公司资产负债表的有关资料，编制负债结构分析表见表 2-14。

表 2-14　ABC 公司负债结构分析表　　　　单位：百万元

项目	2018 年	2017 年	2016 年	2018 年比重/%	2017 年比重/%	2016 年比重/%
流动负债合计	721.73	783.45	1 392.26	61.23	56.42	70.18
非流动负债合计	457.07	605.09	591.48	38.77	43.58	29.82
负债合计	1 178.79	1 388.54	1 983.74	100.00	100.00	100.00

从表 2-14 可以看出，ABC 公司负债中以流动负债为主，流动负债占总负债的比重在 60%~70% 之间，长期负债基本稳定而且比重小，说明公司近几年没有举借新的长期负债，这与前面分析的公司资产结构比较稳定相辅相成，说明公司确实处于一个扩张之后的相对稳定发展时期。

4. 流动负债结构分析

通过流动负债结构分析,可以了解企业流动负债各项目的结构变动情况,进而分析企业流动负债的构成及变动是否合理,以及会对企业的生产经营活动有什么影响。在流动负债中,一般借入的款项,有明确的偿还期,到期必须偿还,具有法律上的强制性;而所欠供应商的款项,大多没有明确的支付期,何时支付,支付多少,并不具有强制性,分析时应根据负债的性质及前述流动资产结构分析确定企业的支付能力,判断企业的财务状况。ABC 公司流动负债结构分析表见表 2-15。

表 2-15　ABC 公司流动负债结构分析表　　　　　　　　　单位:百万元

项　目	2018 年	2017 年	2016 年	2018 年比重/%	2017 年比重/%	2016 年比重/%
短期借款	7.00	0.00	645.00	0.97	0.00	46.33
应付票据	0.00	0.00	20.00	0.00	0.00	1.44
应付账款	333.08	324.64	239.86	46.15	41.44	17.23
预收款项	29.57	138.74	51.41	4.10	17.71	3.69
应付职工薪酬	23.19	34.01	44.37	3.21	4.34	3.19
应交税费	7.73	123.20	102.35	1.07	15.73	7.35
应付股利	72.09	50.22	70.29	9.99	6.41	5.05
其他应付款	110.70	112.64	218.98	15.34	14.38	15.73
一年内到期的非流动负债	138.36	0.00	0.00	19.17	0.00	0.00
流动负债合计	721.73	783.45	1 392.26	100.00	100.00	100.00

从表 2-15 可以看出,ABC 公司的流动负债中,以应付账款为主,2018 年应付账款占流动负债总额的 46.15%,有上升的趋势。公司的短期借款在 2016 年时曾经达到 6.45 亿元,到了 2017 年就全部还清了,但 2018 年有一笔即将到期的非流动负债 1.383 6 亿元需要偿还,还有一笔 700 万的新短期借款。总的来说,公司的短期偿债压力不是很大。公司的应付账款、预收款项是下一步分析的重点。

5. 非流动负债结构分析

非流动负债的利率高、期限长,一般适用于购建固定资产、进行长期投资等,不适用于流转经营中的资金需要。固定资产、长期投资的周转周期长,变现速度慢,需要可以长期使用的资金。而流转经营中的资金只能用来购置流动资产、支付工资等,其周转速度快,而且资金占用的波动比较大,有时资金紧张,需要通过举债来筹集,有时资金又会闲置,需要通过交易性金融资产的投资来加以充分利用。将非流动负债充作短期流转使用,会使资金成本上升,得不偿失。但是,利用非流动负债来购置固定资产,可以扩大企业的生产能力,提高产品质量,降低产品成本,提高企业的市场竞争力,从而为企业带来更多的利润。

非流动负债的构成分析,可以通过编制分析表进行。ABC 公司非流动负债构成分析表见表 2-16。

表 2-16　ABC 公司非流动负债构成分析表　　　　　　　单位:百万元

项　　目	2018 年	2017 年	2016 年	2018 年比重/%	2017 年比重/%	2016 年比重/%
长期借款	0.00	138.36	138.36	0.00	22.86	23.39
长期应付款	455.70	458.22	446.87	99.70	75.73	75.55
专项应付款	1.37	8.51	6.25	0.30	1.41	1.06
非流动负债合计	457.07	605.09	591.48	100.00	100.00	100.00

由表 2-16 可以看出,ABC 公司的非流动负债以长期借款和长期应付款为主,2018 年长期借款比期初减少了 1.383 6 亿元,主要原因是此笔长期借款在一年内到期,将其转入了一年内到期的非流动负债中。长期应付款是指企业除长期借款和应付债券以外的其他各种长期应付款项,如采用补偿贸易方式引进国外设备的价款、从国外进口大型设备的价款、应付融资租入固定资产的租赁费等。公司的长期应付款占非流动负债的比重一直较高,应重点分析。

6. 股东权益结构分析

股东权益包括企业投资人对企业的投入资本以及形成的资本公积金、盈余公积金和未分配利润等。引起股东权益变动的主要原因有:增加(或减少)注册资本、资本公积发生增减变化、留存收益的增减变动等。通过股东权益构成及增减变动分析,可进一步了解企业对负债偿还的保证程度和企业自己积累资金和融通资金的能力与潜力。ABC 公司股东权益结构分析表见表 2-17。

表 2-17　ABC 公司股东权益结构分析表　　　　　　　单位:百万元

项　　目	2018 年	2017 年	2016 年	2018 年比重/%	2017 年比重/%	2016 年比重/%
股本	1 196.46	1 196.46	797.65	21.37	20.92	14.80
资本公积	2 933.72	2 933.72	3 173.01	52.40	51.30	58.88
盈余公积	1 323.14	1 197.96	1 071.70	23.63	20.95	19.89
其中:公益金	547.95	486.46	469.57	9.79	8.51	8.71
未分配利润	145.37	390.37	346.60	2.60	6.83	6.43
股东权益合计	5 598.69	5 718.51	5 388.97	100.00	100.00	100.00

表 2-17 显示,ABC 公司股东权益结构基本稳定。股本在 2017 年增加近 4 亿元后,占股东权益的比重由原来的 14.80% 上升到 20.92%;资本公积则一直是股东权益的主体,占比维持在 50% 以上;盈余公积的比重基本维持在 20% 左右;公司的未分配利润占比由 2016 年的 6.43% 降至 2018 年的 2.60%,具体变化原因,可以到股东权益变动表或会计报表附注中寻找答案。公司的股东权益结构显示出公司较强的资本实力。

任务二　资产负债表水平分析

资产负债表水平分析就是通过水平分析法，将资产负债表的实际数与选定的标准进行比较，编制出资产负债表水平分析表，在此基础上进行评价。资产负债表水平分析的目的就是从总体上概括了解资产、权益的变动情况，揭示出资产、负债和所有者权益变动的差异，分析其差异产生的原因。

资产负债表水平分析要根据分析的目的来选择比较的标准（基期）。若分析的目的在于揭示资产负债表的实际变动情况，分析产生实际差异的原因，其比较的标准应选择资产负债表上的上年实际数；若分析的目的在于揭示资产负债表的预算或计划情况，分析影响资产负债表预算或计划执行情况的原因，其比较的标准应选择资产负债表的预算数或计划数。

资产负债表水平分析要计算某项目的变动额和变动率。

$$某项目的变动率 = \frac{某项目的变动额}{某项目基期数额} \times 100\%$$

资产负债表水平分析除了要计算某项目的变动额和变动率外，还应计算出该项目变动对总资产或总负债和所有者权益总额的影响程度，以便确定影响总资产或总负债和所有者权益总额的重点项目，为进一步分析指明方向。

$$某项目变动对总资产（总权益）的影响 = \frac{某项目的变动额}{基期总资产（总权益）数额} \times 100\%$$

ABC 公司 2017 年 12 月 31 日与 2018 年 12 月 31 日的资产负债表变动情况如表 2-18 所示。

表 2-18　ABC 公司资产负债表变动情况　　　　　　　　　单位：百万元

项　目	2018 年	2017 年	2018 年比 2017 年	
			增减额	增减/%
流动资产：				
货币资金	670.23	715.08	−44.85	−6.27
应收票据	1 063.35	896.51	166.84	18.61
应收账款	1 012.35	958.04	54.31	5.67
预付款项	148.63	375.61	−226.98	−60.43
应收股利	0.04	0.01	0.03	300.00
其他应收款	71.87	161.32	−89.45	−55.45
存货	878.11	851.21	26.90	3.16
流动资产合计	3 844.58	3 957.79	−113.20	−2.86
非流动资产：				
长期应收款	68.41	74.54	−6.13	−8.22
长期股权投资	1 259.78	1 379.99	−120.21	−8.71
固定资产	1 506.54	1 597.26	−90.72	−5.68

续表

项目	2018年	2017年	2018年比2017年	
			增减额	增减/%
在建工程	29.77	22.94	6.83	29.77
无形资产	67.16	73.40	-6.24	-8.50
长期待摊费用	1.24	1.14	0.10	8.77
递延所得税资产	0.00	0.00		
非流动资产合计	2 932.90	3 149.27	-216.36	-6.87
资产总计	6 777.48	7 107.05	-329.56	-4.64
流动负债:				
短期借款	7.00	0.00	7.00	
应付票据	0.00	0.00	0.00	
应付账款	333.08	324.64	8.44	2.60
预收款项	29.57	138.74	-109.17	-78.69
应付职工薪酬	23.19	34.01	-10.82	-31.81
应交税费	7.73	123.20	-115.47	-93.73
应付股利	72.09	50.22	21.87	43.55
其他应付款	110.70	112.64	-1.94	-1.72
一年内到期的非流动负债	138.36	0.00	138.36	
流动负债合计	721.72	783.45	-61.72	-7.88
非流动负债:				
长期借款	0.00	138.36	-138.36	-100.00
长期应付款	455.70	458.22	-2.52	-0.55
专项应付款	1.37	8.51	-7.14	-83.90
递延所得税负债	0.00	0.00	0.00	
非流动负债合计	457.07	605.09	-148.02	-24.46
负债合计	1 178.79	1 388.54	-209.75	-15.11
股东权益:				
股本	1 196.46	1 196.46	0.00	0.00
资本公积	2 933.72	2 933.72	0.00	0.00
盈余公积	1 323.14	1 197.96	125.18	10.45
其中:公益金	547.95	486.46	61.49	12.64
未分配利润	145.37	390.37	-245.00	-62.76
股东权益合计	5 598.70	5 718.52	-119.82	-2.10
负债及股东权益总计	6 777.48	7 107.05	-329.56	-4.64

企业的总资产表明企业资产的存量规模,随着企业经营规模的变动,资产存量规模也处在经常变动之中。资产存量规模过小,将难以满足企业经营的需要,影响企业经营活动的正

常进行;资产存量规模过大,将造成资产的闲置,使资金周转缓慢,影响资产的利用效率。企业通过举债或吸取投资人的投资来满足对企业资产的资金融通,从而产生了债权人、投资人对企业资产的两种不同的要求。资产、权益分别列示在资产负债表的左右两方,反映企业的基本财务状况,对资产负债表变动情况的分析评价也应当从这两大方面进行。

一、从投资或资产角度进行分析评价

从投资或资产角度进行分析评价主要从以下几个方面进行:

(1) 分析总资产规模的变动状况以及各类、各项资产的变动情况,揭示出资产变动的主要方面,从总体上了解企业经过一定时期经营后资产的变动状况。

(2) 发现变动幅度较大或对总资产变动影响较大的重点类别和重点项目。分析时首先要发现变动幅度较大的资产类别或资产项目,特别是发生异常变动的项目;其次要把对总资产变动影响较大的资产项目作为分析重点。某资产项目变动自然会引起总资产发生同方向变动,但总资产变动的程度不仅与该项目本身的变动程度有关,还取决于该项目在总资产中所占的比重。当某项目本身变动幅度较大时,如果该项目在总资产中所占比重较小,则该项目变动对总资产的变动就不会有太大影响;反之,即使某项目本身变动幅度较小,如果其比重较大,则其对总资产变动的影响程度也很大。

(3) 注意考察资产规模变动与所有者权益总额变动的适应程度,进而评价企业财务结构的稳定性和安全性。在资产负债表上,资产总额等于负债和所有者权益总额之和,如果资产总额的增长幅度大于所有者权益总额增长的幅度,表明企业债务负担加重,这虽然可能是由于企业筹资政策变动而引起的,但却可能引起偿债保证程度下降,偿债压力加重。一般来说,为了保证企业财务结构的稳定性和安全性,资产规模变动应与所有者权益总额变动相适应。

根据表2-18,可以对ABC公司总资产变动情况做出以下分析评价:

ABC公司总资产本期减少了32 956万元,下降幅度为4.64%,说明该公司本年资产规模有较大的减少。进一步分析可以发现:

(1) 流动资产减少了11 320万元,下降幅度为2.86%。如果仅就这一变化来看,该公司资产的流动性有所减弱。货币资金减少了4 485万元,下降幅度为6.27%,这将对企业的偿债能力和满足资金流动性需要有所影响。当然,对于货币资金的这种变化,还应结合该公司的现金需要量,从资金利用效果方面进行分析,做出合理的评价。应收票据增加了16 684万元,增长幅度达18.61%,说明应收票据的质量是可靠的,基本不存在拒付。应收账款增加5 431万元,增长幅度达5.67%,对此应结合该公司的销售规模变动、信用政策和收账政策等进行评价。其他应收款减少了8 945万元,下降幅度高达55.45%,说明该公司内部控制制度执行有所提高,不必要的资金占用大幅减少。预付款项减少了22 698万元,下降幅度为60.43%,说明企业除因商业信用预付部分款项外,企业向其他有关单位提供贷款、非法转移资金或抽逃资本的可能性很小。本年存货增加2 690万元,增长幅度为3.16%,这可能会导致企业资金占用增加,机会成本增加,但结合固定资产原值的变动情况,可以认为这种变动有助于形成现实的生产能力。

(2) 长期股权投资减少了12 021万元,下降幅度为8.71%,说明该公司对内紧缩意图明显。

(3)固定资产减少了9 072万元,下降幅度为5.68%,这是非流动资产中对总资产变动影响较大的项目之一。固定资产规模体现了一个企业的生产能力,这说明该公司的未来生产能力会有所下降。

(4)在建工程增加了683万元,增长幅度为29.77%。在建工程项目的增加虽然对本年度的经营成果没有太大的影响,但随着在建工程在今后的陆续完工,有助于扩张该公司的生产能力。

(5)无形资产减少624万元,下降幅度为8.50%,说明该公司对无形资产的重视度不够,这应该引起企业的重视。

二、从筹资或权益角度进行分析评价

从筹资或权益角度进行分析评价主要从以下几个方面进行:

(1)分析权益总额的变动状况以及各类、各项筹资的变动状况,揭示出权益总额变动的主要方面,从总体上了解企业经过一定时期经营后权益总额的变动情况。

(2)发现变动幅度较大或对权益总额变动影响较大的重点类别和重点项目,为进一步分析指明方向。

根据表2-18,可以对ABC公司权益总额变动情况做出以下分析评价:

(1)本年度负债减少了20 975万元,下降幅度为15.11%。其中,流动负债下降幅度为7.88%,主要表现为预收款项和应交税费的大幅度下降。一年内到期的非流动负债大幅增加给企业带来较大的偿债压力。应付账款和应付股利的增加则可能说明该公司的信用状况不一定值得信赖,当然这还需要结合企业的具体情况进行分析。非流动负债下降幅度为24.46%,主要是由长期借款减少引起的。

(2)本年度股东权益减少了11 982万元,下降幅度为2.10%,主要是由未分配利润较大幅度的下降引起的,资本公积和股本的零增长也是股东权益减少的原因之一。

值得注意的是:权益各项目的变动既可能是企业经营活动造成的,也可能是企业会计政策变更造成的,或者是由会计的灵动性、随意性造成的。因此,只有结合权益各项目变动情况的分析,才能揭示权益总额变动的真正原因。

任务三 资产负债表垂直分析

资产负债表结构反映了资产负债表各项目的项目关系及各项目所占的比重。资产负债表垂直分析是通过计算资产负债表中各项目占总资产或权益总额的比重,分析评价企业的资产结构和权益结构变动的合理程度。具体来讲就是:

第一,分析评价企业资产结构的变动情况及变动的合理性;
第二,分析评价企业资本结构的变动情况及变动的合理性;
第三,分析评价企业资产结构与资本结构的适应程度。

$$某项目数额占总资产(总权益)的比重 = \frac{该期某项目的数额}{该期总资产(总权益)数额} \times 100\%$$

资产负债表垂直分析可以从静态和动态两方面进行。从静态角度分析就是以本期资产负债表为分析对象,分析评价其实际构成情况。从动态角度分析就是将资产负债表的本期实际构成与选定的标准进行对比分析,对比的标准可以是上期实际数、预算数和同行业的平均数或可比企业的实际数,其选择视分析目的而定。

编制ABC公司2018年资产负债表垂直分析表,见表2-19。

表2-19　ABC公司2018年资产负债表垂直分析表　　　　　单位:百万元

项　目	期末余额	期初余额	期末/%	期初/%	变动情况/%
流动资产:					
货币资金	670.23	829.60	9.89	11.25	−1.36
应收票据	1 063.35	957.95	15.69	12.99	2.70
应收账款	1 012.35	613.15	14.94	8.32	6.62
预付款项	148.63	750.55	2.19	10.18	−7.99
应收股利	0.04	0.00	0.00	0.00	0.00
其他应收款	71.87	247.17	1.06	3.35	−2.29
存货	878.11	602.00	12.96	8.17	4.79
流动资产合计	3 844.58	4 000.43	56.73	54.26	2.47
非流动资产:					
长期应收款	68.41	101.52	1.01	1.38	−0.37
长期股权投资	1 259.78	1 446.55	18.59	19.62	−1.03
固定资产	1 506.54	1 704.48	22.23	23.12	−0.89
在建工程	29.77	37.74	0.44	0.51	−0.07
无形资产	67.16	80.56	0.99	1.09	−0.10
长期待摊费用	1.24	1.43	0.02	0.02	0.00
递延所得税资产	0.00	0.00	0.00	0.00	0.00
非流动资产合计	2 932.90	3 372.28	43.27	45.74	−2.47
资产总计	6 777.50	7 372.71	100.00	100.00	0.00
流动负债:					
短期借款	7.00	645.00	0.10	8.75	−8.65
应付票据	0.00	20.00	0.00	0.27	−0.27
应付账款	333.08	239.86	4.91	3.25	1.66
预收款项	29.57	51.41	0.44	0.70	−0.26
应付职工薪酬	23.19	44.37	0.34	0.60	−0.26
应交税费	7.73	102.35	0.11	1.39	−1.28
应付股利	72.09	70.29	1.06	0.95	0.11
其他应付款	110.70	218.98	1.63	2.97	−1.34
一年内到期的非流动负债	138.36	0.00	2.04	0.00	2.04
流动负债合计	721.73	1 392.26	10.65	18.88	−8.23
非流动负债:					

续表

项　目	期末余额	期初余额	期末/%	期初/%	变动情况/%
长期借款	0.00	138.36	0.00	1.88	-1.88
长期应付款	455.70	446.87	6.72	6.06	0.66
专项应付款	1.37	6.25	0.02	0.08	-0.06
递延所得税负债	0.00	0.00	0.00	0.00	0.00
非流动负债合计	457.07	591.48	6.74	8.02	-1.28
负债合计	1 178.79	1 983.74	17.39	26.91	-9.52
股东权益:					
股本	1 196.46	797.65	17.65	10.82	6.83
资本公积	2 933.72	3 173.01	43.29	43.04	0.25
盈余公积	1 323.14	1 071.70	19.52	14.54	4.98
其中:公益金	547.95	469.57	8.08	6.37	1.71
未分配利润	145.37	346.60	2.14	4.70	-2.56
股东权益合计	5 598.69	5 388.97	82.61	73.09	9.52
负债及股东权益总计	6 777.48	7 372.71	100.00	100.00	0.00

资产负债表垂直结构变动情况的分析评价可以从资产结构和资本结构两个方面展开。

一、资产结构的分析评价

企业资产结构分析评价的思路是:

第一,从静态角度观察企业资产的配置情况,特别关注流动资产和非流动资产的比重,分析时可通过与行业的平均水平或可比企业的资产结构进行比较,对企业资产的流动性和资产风险做出判断,进而对企业资产结构的合理性做出评价。

第二,从动态角度分析企业资产的变动情况,对企业资产架构的稳定性做出评价,进而对企业资产结构的调整情况做出评价。

从表2-19可以看出:

(1)从静态方面分析,就一般意义而言,流动资产变现能力强,其资产风险较小,而非流动资产变现能力较差,其资产风险较大。所以,流动资产比重较大时,企业资产的流动性强而风险小;非流动资产比重较大时,企业资产弹性较差,不利于企业灵活调度资金,风险较大。该公司本期流动资产比重为56.73%,非流动资产比重为43.27%。根据该公司的资产结构,可以认为该公司资产的流动性较强,资产风险较小。当然,一个企业的流动资产也不宜保持过多,过多的流动资产会降低企业的盈利能力。

(2)从动态方面分析,该公司流动资产比重上升了2.47%,非流动资产比重下降了2.47%,结合各资产项目的结构变动情况来看,变动幅度不是很大,说明该公司的资产结构相对比较稳定。

二、资本结构的分析评价

企业资本结构分析评价的思路是:

第一,从静态角度观察企业资本的结构,衡量企业的财务实力,评价企业的财务风险,同时结合企业的盈利能力和经营风险,评价其资本结构的合理性。

第二,从动态角度分析企业资本结构的变动情况,对资本结构的调整情况及对股东权益可能产生的影响做出评价。

从表2-19可以看出:

(1)从静态方面分析,该公司本期所有者权益比重为82.61%,负债比重为17.39%,资产负债率较低,财务风险相对较小。这样的资本结构是否合适,仅凭以上分析难以做出判断,必须结合企业盈利能力,通过权益结构优化分析才能予以说明。

(2)从动态方面分析,所有者权益比重增长了9.52%,负债比重下降了9.52%,表明资本结构还是比较稳定的,但财务实力有所减弱。

任务四　资产负债表主要项目分析

上述资产负债表的总括结构分析和大类项目结构分析,为详细分析资产负债表找到了重点,重点是这两类项目:一类是在结构分析中占比较大的项目;另一类是占比变化较大的项目。通常,作为重点分析的项目主要有:

一、货币资金项目分析

在所有的资产类别中,货币资金具有最高的流动性,但同时,其收益性也最低,通常情况下只能获得银行存款的利息收益,这显然无法满足有进取心的管理者。企业总存在一个现金存量的最优上界。存储过量现金的企业会被认为过于保守,但同时,企业又必须保留一定规模的货币资金,因为现金是经营活动的血液,它使得日常的支付交易得以正常进行,更重要的是:现金储备使企业具备了财务灵活性,可以满足预防性和投机性的需要,在遇到未预期的投资机会时有能力去把握,对意外事故也能避免被动恶化的困境。

货币资金的风险天然高,这是由货币资金作为最具支付能力的金融工具的特性决定的,所以,国家对货币资金的管理和支付范围做了严格的规定,企业内部良好的货币资金内控制度对于保护资产安全完整、防止违法犯罪具有重要意义。此外,由于银行存款是企业对吸收存款机构的债权,同样会有信用风险存在。

货币资金项目分析的重点是货币资金规模的合理性。一般而言,决定企业货币资金规模的因素有以下几个方面:

(1)企业的资产规模、业务规模。企业资产总额越大,相应的货币资金规模越大,业务越频繁,货币资产也会越多。

(2)企业筹集资金能力。企业信誉好,向银行借款或发行股票、债券就会比较顺利,企业就可以适当减少持有的货币资金数量。

(3)企业对货币资金的运用能力。货币资金的运用也存在"效率"与"效益"的问题。企业运用货币资金的能力越强,资金在企业内部周转越快,企业就越没有必要保留过多的货币资金。

(4)企业的财务战略。当企业具有较为明确的发展战略时,就会为战略方针的落实进行财务准备,这样,存量货币资金的规模会因为分析时点的不同而处于企业不同的财务战略阶段。这时,货币资金结构的差异反映的是融资行为的结果,而非经营活动的经济后果。

（5）企业的行业特点。对于不同行业的企业,合理的货币资金规模会有所差异。比如,选取2018年几家不同行业上市公司,简单分析其货币资金占比情况,会发现不同公司之间存在的差异,见表2-20。

表2-20　2018年15家上市公司货币资金占比情况分析表　　单位:百万元

公司名称	所属行业	货币资金	资产总计	占总资产比重/%
美的电器(000527)	电器机械及器材制造业	1 243.61	9 609.42	12.94
万科A(000002)	房地产开发与经营业	3 249.03	21 992.39	14.77
浦发银行(600000)	银行业	1 885.09	573 066.62	0.33
南玻A(000012)	非金属矿物制品业	282.22	5 523.32	5.11
格力电器(000651)	电器机械及器材制造业	572.70	12 681.20	4.52
鞍钢股份(000898)	黑色金属冶炼及压延加工业	562.34	14 289.82	3.94
上海机场(600009)	交通运输辅助业	497.95	9 572.69	5.20
一汽轿车(000800)	交通运输设备制造业	2 935.44	7 957.98	36.89
中兴商业(000715)	零售业	78.96	953.17	8.28
苏宁易购(002024)	零售业	703.28	4 327.21	16.25
沈阳机床(000410)	普通机械制造业	603.43	5 274.11	11.44
中技贸易(600056)	商业经纪与代理业	466.77	1 673.88	27.89
东阿阿胶(000423)	医药制造业	290.54	1 251.70	23.21
晨鸣纸业(000488)	造纸及纸制品业	1 006.36	17 969.41	5.60
中捷股份(002021)	专用设备制造业	487.11	1 198.94	40.63

从表2-20中可以看出,货币资金占总资产的比重由最小的0.33%到最大的40.63%不等,在不同公司之间差异较大。专用设备制造业的中捷股份货币资金占总资产的比重特别高,从公司的年报中可知,公司货币资金规模增加是其销售规模增加、资金回笼增加及短期借款增加所致;银行业的浦发银行货币资金占总资产的比重是最小的,查看其他几家上市的银行业公司基本也是这种情况,这是因为银行业的资产总额特别大;从表中的情况来看,一般制造业的货币资金占比相对高些。

分析货币资金项目,还应该关注一下附注信息,如ABC公司的货币资金附注信息,如表2-21所示。

表2-21　ABC公司货币资金明细　　单位:元

项目	2018年12月31日	2017年12月31日
现金	8 370.77	1 932.81
银行存款	670 143 653.39	714 828 522.15
其他货币资金	81 559.10	254 493.09
合计	670 233 583.26	715 084 948.05

从附注中可以了解到，ABC公司无外汇资金，所以不会受外汇汇率变动的影响；公司近期的货币资金相对比较充裕，闲置的货币资金均存了半年期定期存款。

二、应收票据项目分析

应收票据，是指企业持有的、尚未到期兑现的商业票据。商业票据是一种载有一定付款日期、付款地点、付款金额和付款人的无条件支付的流通证券，也是一种可以由持票人自由转让给他人的债权凭证。票据的法律约束力和兑付力强于一般的商业信用，在结算中为企业所广泛使用。

应收票据的分析重点是应收票据占总资产的比重及与其销售规模、销售模式的适应性。

从表2-22中15家上市公司2018年应收票据占总资产的比重可以看出，电器、钢铁、医药等行业的公司应收票据规模较大，这和其产业销售模式是密不可分的。房地产开发与经营业的万科没有应收票据，因为房地产开发与经营业一般采用预收的方式销售，而银行业也没有采用应收票据结算的。总的来说，这15家上市公司的应收票据占总资产的比重都不是很大，这与我国目前的商业信用体系不健全有很大关系。

表2-22　2018年15家上市公司应收票据占比情况分析表　　　单位：百万元

公司名称	应收票据	资产总计	占总资产比重/%
美的电器(000527)	175.85	9 609.42	1.83
万科A(000002)	0.00	21 992.39	0.00
浦发银行(600000)	0.00	573 066.62	0.00
南玻A(000012)	31.71	5 523.32	0.57
格力电器(000651)	3 887.57	12 681.20	30.66
鞍钢股份(000898)	594.77	14 289.82	4.16
上海机场(600009)	169.23	9 572.69	1.77
一汽轿车(000800)	758.05	7 957.98	9.53
中兴商业(000715)	0.00	953.17	0.00
苏宁易购(002024)	0.18	4 327.21	0.00
沈阳机床(000410)	82.59	5 274.11	1.57
中技贸易(600056)	0.25	1 673.88	0.01
东阿阿胶(000423)	161.28	1 251.70	12.89
晨鸣纸业(000488)	510.13	17 969.41	2.84
中捷股份(002021)	3.01	1 198.94	0.25

三、应收账款项目分析

应收账款，是指企业在生产经营过程中因销售商品或提供劳务而应向购货单位或接受劳务单位收取的款项。

应收账款几乎是无法避免的,尽管人人都喜欢现金。信用的发展促成了交易的繁荣,从这个角度讲,应收账款对于企业的价值在于支撑其销售规模的扩大。一般来说,应收账款与销售收入规模存在一定的正相关,当企业放宽信用限制时,往往会刺激销售,但同时也增加了应收账款;而企业紧缩信用,在减少应收账款时又会影响到销售。但例外的情况也经常性地出现,这可能意味着企业应收账款的管理出现了异常。

应收账款分析的核心是对应收账款的流动性的分析,也就是对应收账款的可回收性的分析。应收账款的分析过程就是从结构分析和趋势分析中找出应收账款的变动,然后对有异常变化的应收账款的经济实质进行分析,从而对企业资产的真实风险状况进行评价。

应收账款与企业的经济环境和内部管理都有密切的关系。通过对应收账款的结构分析,对应收账款占企业流动资产的比重进行测度,我们可以发现企业外部环境以及内部管理、经营策略方面的变化线索。

趋势分析也同样重要,不断增加的应收账款,特别是当其增幅显著高于营业收入时,则往往意味着其产品的销售已经钝化,需要依靠提供过量的信用来维持。

应收账款形成了企业资产方一个极大的风险点,因为只有最终能够转化为现金的应收账款才是有价值的,而那些预期将无法转化为现金的部分就成为一纸空文。在会计上,对预期无法收回的应收账款通过提取坏账准备的会计核算方式来反映,而坏账准备的提取对企业当期的利润有很大的影响。因此,对应收账款的分析主要从以下几个方面进行:

1. 应收账款账龄分析

应收账款的账龄,是指资产负债表中的应收账款从销售实现、产生应收账款之日起,至资产负债表日止所经历的时间,简而言之,就是应收账款在账面上未收回的时间。账龄分析是应收账款的主要分析方法之一,其对企业内部管理的价值在于通过对销售绩效的测控,加快货款回笼,减少坏账损失;对外部分析师来说,则有利于会计报表使用者分析应收账款的质量状况、评价坏账损失核算方法的合理性。

一般来说,1年以内的应收账款在企业信用期限范围;1~2年的应收账款有一定逾期,但仍属正常;2~3年的应收账款风险较大;3年以上的因经营活动形成的应收账款已经与企业的信用状态无关,其可回收性极小,可能的解决方法只能是债务重组。

企业一般会在财务报表附注中提供应收账款的账龄信息,如 ABC 公司 2018 年应收账款的附注信息如表 2-23 所示。

表 2-23　ABC 公司应收账款明细　　　　　　　　　　　　　　　　单位:百万元

项目	2018 年 12 月 31 日			2017 年 12 月 31 日		
	应收账款	比例/%	坏账准备	应收账款	比例/%	坏账准备
1 年以内	1 044.98	98.06	52.25	980.39	97.22	49.02
1~2 年	19.24	1.81	0.96	0.37	0.04	0.02
2~3 年	1.41	0.13	0.07	1.04	0.10	0.05
3 年以上	0.00	0.00	0.00	26.66	2.64	1.33
合计	1 065.63	100.00	53.28	1 008.46	100.00	50.42

从表 2-23 中可以看出,ABC 公司的应收账款的账龄基本都在一年以内,属正常信用期

限范围,但2018年的应收账款比2017年增加了近5 717万元,增加幅度达5.67%;这样的增幅是否合适,还应该结合利润表中营业收入的变动情况进行分析。从ABC公司的利润表中可知,公司2018年的营业收入比2017年增长了7.60%,说明应收账款的增长维持在正常范围内。

2. 债务人构成分析

债务人的构成分析是从债务人的信息来判断公司应收账款的可回收性。具体包括:

(1) 债务人的区域性分析。由于区域经济发展水平、法制环境以及特定的经济状况等条件的差异,导致不同地区的企业其信用状况会不同。

(2) 债务人的财务实力分析。评价债务人的财务实力,需要对债务人的财务状况进行了解。简单的方法是查阅债务人单位的资本实力和交易记录,用这种方法可以识别出一些皮包公司,或者根本就是虚构的公司。

(3) 债务人的集中度分析。对于应收账款,存在集中度风险,即由于某一个主要债务人支付困难而导致较大比例的债权面临回收风险。只与有限的客户交易,也为销售分析提供了一些线索。

(4) 债务人的关联性分析。这项分析主要适用于上市公司。从债权上市公司与债务人的关联状况来看,可以把债务人分为关联方债务人与非关联方债务人。由于关联方彼此之间在债权债务方面的操纵色彩较强,因此,对关联方债务人对债权上市公司的债务的偿还状况应予以足够的重视。对于上市公司而言,还应关注关联方欠款的问题,从2000年起,上市公司被大股东巨额占款拖垮的例子比比皆是,ST棱光、ST粤金曼、猴王、ST金马等公司的窘迫现状,无疑为投资者敲响了警钟。事实上,大股东大肆欠款,绝不仅仅是削弱上市公司资金实力那么简单,而是会进一步引发错综复杂的关联关系,及其掩饰下的虚造利润、侵害上市公司利益等问题,最终可能导致公司走向衰败。受此影响,证监会检查上市公司催收关联方欠款的力度也日益加大,分析时应对此问题予以关注。

对于此部分信息,ABC公司在其会计报表附注中是这样披露的:应收账款中无持本公司5%(含5%)以上股份的主要股东欠款。欠款前五名金额合计为40 232万元,占应收账款期末余额的37.75%。这说明ABC公司无关联性欠款,债务人的集中度也还尚可。

3. 坏账准备分析

在对公司计提的坏账准备进行分析时,首先要阅读公司会计报表附注中关于坏账的确认标准和核算方法,然后结合公司的实际情况分析其合理性。以ABC公司为例,ABC公司的坏账确认标准是:因债务人破产或者死亡,以其破产财产或者遗产清偿后,仍然不能收回的应收款项;因债务人逾期未履行偿还义务,且有确凿证据表明确实无法收回的债权,经董事会批准,列作坏账损失。ABC公司坏账损失的核算方法是采用备抵法。根据ABC公司董事会决议,ABC公司按照应收款项(应收账款、其他应收款)余额的5%计提坏账准备;对于实际发生的坏账按可能损失的金额全额计提坏账准备,待董事会批准后核销。

通过这部分信息的阅读,我们了解了ABC公司的坏账确认标准和坏账核算方法,但公司不同账龄的应收账款统一按5%计提坏账准备,显然失之偏颇。好在公司在一年以上的应收账款不是很多,对其盈利能力不会产生大的影响。

应收账款的价值在于其能转化为现金,但其在转化的价值上却存在着不确定性,所以,可收回性表达的是应收账款的风险性质,坏账准备是应收账款的风险准备。公司管理层确立的坏账准备计提比例,实质是对公司应收账款风险程度的认识,因此,在对坏账准备的分析中就不再仅仅停留在比较计提比例数字的高低,而是应将注意力集中在评价企业选择的坏账准备计提比例是否表达了企业资产所承担的真实风险程度。

四、存货项目分析

存货,是指企业在生产经营中为销售或耗用而储备的资产。存货在流动资产中所占比重较大,它是企业收益形成的直接基础或直接来源,加强存货管理,对加速存货资金周转、减少存货资金占用、提高收益率,有着十分重要的意义。对存货的分析,可以从以下几个方面进行:

1. 存货真实性分析

存货是企业重要的实物资产,资产负债表上列示的存货应与库存的实物相符,待售商品应是完好无损,产成品的质量应符合相应的产品质量要求,库存的原材料应属于生产所需,等等。对这一项目的分析,应结合会计报表附注信息进行。例如,蓝田股份 2013 年 12 月 31 日存货是 279 344 857.29 元。蓝田股份 2013 年财务报告的会计报表附注"(五)会计报表主要项目注释"列示了存货明细资料,如表 2-24 所示。

表 2-24　2013 年蓝田股份存货结构　　　　　　　　　　　　　单位:元

项　目	期　初		期　末	
	金　额	跌价准备	金　额	跌价准备
原材料	10 730 985.16	40 085.95	13 875 667.01	41 753.71
库存商品	1 064 540.82	5 725.11	44 460.85	
低值易耗品	183 295.90		2 598 373.02	
产成品	40 215 082.73	160 837.16	9 203 332.90	456 690.13
在产品	212 298 168.51	30 200 000.00	229 742 603.02	42 462 326.73
其他	2 769.70		23 880 420.49	
合计	264 494 842.82	30 406 648.22	279 344 857.29	42 960 770.57

表 2-24 显示,在蓝田股份 2013 年 12 月 31 日存货中,在产品是 2 亿多元,占存货总额的 82.24%。

蓝田股份的主营产品是农副产品和饮料。农副产品和饮料的存货不易于保存,一旦产品滞销或存货腐烂变质,将造成巨大的损失。从中找到重点分析的问题线索:为什么蓝田股份有 2 亿多在产品?在产品的种类有多少?每种在产品的名称是什么?每种在产品的特性和用途是什么?每种在产品的账面价值和数量是多少?如何计算和测量每种在产品的账面价值和数量?每种在产品面临哪些风险?等一系列问题。

2. 存货计价分析

存货发出采用不同的计价方法,对企业的财务状况、盈亏情况会产生不同的影响,主要表现在以下三个方面:

(1) 存货计价对企业损益的计算有直接影响。表现在:① 期末存货如果计价过低,当期的收益可能因此而相应减少;② 期末存货如果计价过高,当期的收益可能因此而相应增加;③ 期初存货如果计价过低,当期的收益可能因此而相应增加;④ 期初存货如果计价过高,当期的收益可能因此而相应减少。

（2）存货计价对于资产负债表有关项目数额计算有直接影响,包括流动资产总额、所有者权益等项目,都会因存货计价的不同而有不同的数额。

（3）存货计价方法的选择对计算缴纳所得税的数额有一定的影响。因为不同的计价方法,结转当期销售成本的数额会有所不同,从而影响企业当期应纳税利润数额的确定。

在实际工作中,一些企业往往利用不同的存货计价方法来实现其操纵利润的目的,因此,在对企业资产和利润进行分析时应予以关注。尤其是企业当期的存货计价方法发生变更时,要注意分析变更的真正原因及其对当期利润的影响。

3. 存货质量分析

存货的质量分析可以从以下几个方面进行：

（1）对存货的物理质量分析。存货的物理质量指的是存货的自然质量,即存货的自然状态。例如,商业企业中的待售商品是否完好无损、制造业的产成品的质量是否符合相应产品的等级要求,等等。对存货的物理质量分析,可以初步确定企业存货的状态,为分析存货的被利用价值和变现价值奠定基础。

（2）对存货的时效状况分析。与时效性相关的企业存货,指那些被利用价值和变现价值与时间联系较大的企业存货。按照时效性对企业存货进行分类,可以分为:① 与保质期相联的存货。例如,食品,在食品中,保质期限较长的时效性相对较弱;保质期限较短、即将到达保质期的食品的时效性相对较强。② 与内容相联的存货。例如出版物,在出版物中,内容较为稳定、可利用期限较长的（如数学书籍等）时效性相对较弱;内容变化较快、可利用期限较短的（如报纸、杂志等）时效性相对较强。③ 与技术相联的存货。这里的技术,除了我们熟悉的科学技术以外,也包括配方、诀窍等无形资产。同样是与技术相联,有的存货的支持技术进步较快（如电子计算机技术）;有的存货的支持技术则进步较慢（如传统中药配方、药品配方、食品配方等）。支持技术进步较快的存货的时效性较强,支持技术进步较慢的存货的时效性较弱。

（3）对存货的品种构成分析。不同行业,存货内容不尽相同。比如,建筑公司的存货包括周转材料、工程施工,房地产公司的存货包括库存设备、开发产品、出租开发产品、周转房、开发成本等。

在企业生产和销售多种产品的条件下,不同品种的产品的盈利能力、技术状态、市场发展前景以及产品的抗变能力等可能有较大的差异。过分依赖某一种产品或几种产品的企业,极有可能因产品出现问题而使企业全局受到重创。据报载,我国某省的一位老人,在服用了某保健品生产企业生产的口服液后去世。该老人的家属认定老人是因服用该保健品而致死的,因此采取了法律手段,要求保健品生产企业赔偿损失。在案件审理期间,该保健品生产企业的产品销售直线下降。最后,虽然法院判定该保健品生产企业生产的产品不会导致老人死亡,但企业却因此案而蒙受了重大损失。如果该企业是一个多样化经营的企业,其抗变故的能力就会大得多。

因此,应当对企业存货的品种构成进行分析,并关注不同品种的产品的盈利能力、技术状态、市场发展前景以及产品的抗变能力等方面的状况。上述几种分析,也为进一步在存货项目运用成本与市价孰低规则以及存货报表信息的披露奠定了基础。

对 ABC 公司存货的分析,首先要阅读会计报表附注中关于存货核算的会计方法:(1)存货的分类。存货包括在途物资、原材料、在产品、产成品、低值易耗品等。(2)存货计价方法。原材料、在产品、产成品按实际成本计价,发出按加权平均法计算;低值易耗品采用"一次摊销法"进行摊销。生产成本在完工产品和在产品之间的分配方法为按照定额成本分配。(3)存货的盘存制度。存货的盘存制度为永续盘存制。(4)存货跌价准备的核算方法。公司对期末存货按成本与可变现净值孰低计量。对于因存货遭受毁损、全部或部分过时、销售价格低于成本等原因造成的存货成本不可收回部分,按单个存货项目的成本高于可变现净值的差额提取存货跌价准备。ABC 公司的存货明细见表 2-25。

表 2-25　ABC 公司存货明细　　　　　　　　　　　　　单位:百万元

项　目	2018 年 12 月 31 日		2017 年 12 月 31 日		存货跌价准备			
	绝对数	比重/%	绝对数	比重/%	期初数	本期计提	本期转销	期末数
原材料	258.60	29.31	430.01	50.28				
产成品	522.02	59.16	364.32	42.60	4.03	1.17	0.96	4.24
在产品	101.73	11.53	60.90	7.12				
合计	882.35	100.00	855.23	100.00	4.03	1.17	0.96	4.24

由表 2-25 可以看出,ABC 公司 2018 年年末存货余额比 2017 年年末增长了 2 712 万元,增长率为 3.17%,其中原材料减少了 17 141 万元,产成品增加了 15 770 万元,在产品增加了 4 083 万元。公司面临的市场环境是:家电行业恶性竞争依然激烈,公司产品主要原材料价格持续上涨。公司的原材料比重降低,说明公司适应原材料涨价的市场环境,降低原材料库存,满足生产需要即可。空调的制造成本中很大一部分来自铜,近年来铜价的大幅上涨压缩了空调企业的利润空间,但原材料市场瞬息万变,2019 年年底,以 LME 铜期货为代表的铜价大幅下跌,LME 3 个月铜期货从 10 月中旬的 7 800 美元一吨下跌到 6 900 美元一吨,上海期交所的铜期货曾一度全线跌停,这将改变 ABC 公司的经营环境,带来利润的增长,也说明这样的存货结构使公司将原材料价格上升带来的损失减少到最低,从侧面也反映出公司较高的经营管理水平。但产成品的增加是否意味着公司的产品滞销,是否存在积压,还需进一步分析,但从公司 2019 年年初的销售情况来看,基本可以否定这一猜测,因为 2019 年公司的销售较去年同期增长了 3.17%,出现了良好的增长势头。

五、长期股权投资项目分析

1. 长期股权投资的目的性分析

一般来说,企业进行长期股权投资的目的有:

(1)出于企业战略性考虑,形成企业的优势。企业的对外长期投资,可能会出于某些战略性考虑,如通过对竞争对手实施兼并而消除竞争、通过对自己的重要原材料供应商的投资而使自己的原材料供应得到保证等。

(2)通过多元化经营而降低经营风险、稳定经营收益。按照财务管理理论,企业的投资方向越是多样化,企业的经营风险越小,企业获取稳定收益的可能性越大。

(3)为将来某些特定目的积累资金。例如,西方国家企业为了将来归还发行长期债券的债务而建立的偿债基金,在偿债基金专户存款用于清偿债务前,企业往往将其投资于有价证券或其他财产,以获取收益。

(4) 为粉饰财务状况(使企业净资产增值)。某些企业的对外投资,纯粹是为了粉饰其财务状况的外在表现。如桂林集琦在 2018 年 12 月的长期股权转让就存在业绩粉饰之嫌,桂林集琦 2013—2018 年净利润见表 2-26。

表 2-26　2013—2018 年桂林集琦净利润　　　　　　　　　　　单位:万元

项　目	2018 年	2017 年	2016 年	2015 年	2014 年	2013 年
净利润	5 078	-12 911	191	107	308	532

从 2013—2018 年桂林集琦的净利润中可以看到,该公司 2013—2016 年都是微利,2017 年爆出巨额亏损。2018 年第三季报披露该公司累计亏损 2 602 万元,但 2018 年 12 月 28 日该公司发布预盈公告称:公司已于 2018 年 12 月 27 日与北京魏公元鼎房地产开发集团有限公司签署《股权转让合同书》,将公司下属控股子公司桂林集琦中药产业投资有限公司 10% 股权转让给魏公元鼎,双方约定交易价格为人民币 7 680 万元。鉴于此,本公司 2018 年度业绩预计为盈利。

2. 长期股权投资的质量分析

长期股权投资的质量分析可以从以下几个方面进行:

(1) 对长期股权投资进行构成分析。对长期股权投资进行构成分析,主要涉及对企业长期投资的方向(即投资对象、受资企业)、投资规模、持股比例等进行分析。在企业的年度报告中,一般应披露此类信息。在了解企业的长期股权投资构成的基础上,信息使用者就可以进一步通过对企业投资对象的经营状况以及效益性等方面的分析来判断企业投资的质量。

(2) 对利润表中股权投资收益与现金流量表中因股权投资收益而收到的现金之间的差异进行分析。在股权投资收益占企业投资收益比重较大的情况下,企业有可能在其利润表投资收益中披露股权投资收益的规模。但是,利润表投资收益中股权投资收益的确定,是按照权责发生制的要求分别采用成本法与权益法来确定的,并不一定对应企业相应的现金流入量。股权投资收益产生的现金流入量将在现金流量表中以分得股利或利润所收到的现金的项目出现。在被持股企业没有分红、分红规模小于可供分配的利润或无力支付现金股利的情况下,利润表中股权投资收益就有可能大于现金流量表中分得股利或利润所收到的现金的金额。当然,仅仅凭着此项分析,尚不足以做出被持股企业状况不良、企业投资质量较差的结论。

(3) 通过某些迹象来判断。在许多情况下,企业投资质量的恶化是可以通过某些迹象来判断的。

对有市价的长期股权投资,其质量是否恶化,可以根据下列迹象判断:① 市价持续 2 年低于账面价值;② 该项投资暂停交易 1 年;③ 被投资单位当年发生严重亏损;④ 被投资单位持续 2 年发生亏损;⑤ 被投资单位进行清理整顿、清算或出现其他不能持续经营的迹象。

对无市价的长期股权投资,其质量是否恶化,可以根据下列迹象判断:① 影响被投资单位经营的政治或法律环境的变化,如税收、贸易等法规的颁布或修订,可能导致被投资单位出现巨额亏损;② 被投资单位所供应的商品或提供的劳务因产品过时或消费者偏好改变而使市场的需求发生变化,从而导致被投资单位财务状况发生严重恶化;③ 被投资单位所从事产业的生产技术或竞争者数量等发生变化,被投资单位已失去竞争能力,从而导致财务状况发生严重恶化;④被投资单位的财务状况、现金流量发生严重恶化,如进行清理整顿、清算等。对那些质量状况在恶化的投资,应当计提长期投资减值准备。

长期股权投资会计核算方法:

(1)公司对外股权投资,按投资时实际支付的价款或确定的价值记账。

(2)公司对其他单位的投资占该单位有表决权资本总额20%或20%以上,或虽投资不足20%,但有重大影响的,采用权益法核算。

(3)公司对其他单位的投资占该单位有表决权资本总额20%以下,或对其他单位的投资虽占该单位有表决权资本总额20%或20%以上,但不具有重大影响的,采用成本法核算。

(4)公司对其他单位的投资占该单位有表决权资本总额50%以上,或虽占该单位有表决权资本总额不足50%但具有实际控制权时,编制合并会计报表。

(5)长期股权投资差额摊销方法:合同规定投资期限的,按投资期限摊销;没有规定投资期限的,无论借方还是贷方差额均采用直线法按10年摊销。

自财政部财会〔2003〕10号文发布之后发生的股权投资差额,如初始投资成本大于应享有被投资单位所有者权益之间的差额,按上述原则摊销;对于初始投资成本低于应享有被投资单位所有者权益份额之间的差额,记入"资本公积——股权投资准备"科目。

期末,对被投资单位由于市价持续下跌或经营状况恶化等原因导致其可收回金额低于长期投资账面价值的,按该项投资可收回金额低于长期投资账面价值的差额计提长期投资减值准备。

对ABC公司的长期股权投资,可以阅读会计报表附注中有关长期股权投资的附注信息。ABC公司长期股权投资分析如表2-27及表2-28所示。

表2-27 ABC公司长期股权投资明细 单位:百万元

项目	2017年12月31日	本期增加	本期减少	2018年12月31日
股票投资	62.77		61.54	1.23
其他股权投资	628.00	39.79		667.79
股权投资差额	689.22		98.46	590.76
合计	1 379.99	39.79	160.00	1 259.78

本期新增股权投资明细:

2018年4月,ABC公司对ZQ电机有限公司增资793万元,增资后ABC公司投资占ZQ电机有限公司注册资本的98.73%。

2018年4月,ABC公司以40万元的股权转让价购买HY海外电器有限公司20%的股权。

2018年6月,ABC公司出资700万元组建中外合资企业ABC精密制品有限公司,该项投资占ABC精密制品有限公司注册资本的70%。

2018年8月,ABC公司出资446万元组建中外合资企业ABC空调制冷设备有限公司,该项投资占ABC空调制冷设备有限公司注册资本的70%。

2018年10月,ABC公司出资2000万元组建ABC医用低温科技有限公司,该项投资占ABC医用低温科技有限公司注册资本的100%。

以上五项投资合计 3 979 万元。

表 2-28　ABC 公司长期股权投资差额　　　　　　　　　单位：百万元

投资项目	初始金额	期初价值	摊销年限	本期增加	本期摊销额	摊余价值
ZX 公司空调器有限总公司	984.6	689.22	10		98.46	590.76
合计	984.6	689.22	10		98.46	590.76

股权投资差额系 2014 年 1 月 ZX 公司向 ABC 投资发展有限公司（股权转让方）溢价收购 ABC 公司空调器有限总公司 74.45% 股权产生的股权投资差额 9.846 亿元，ABC 公司按 10 年摊销。2014 年 1 月 1 日执行新会计准则有关长期投资差额摊销充抵资本公积的调整，消除了多年来由此差额摊销所产生的投资收益亏损因素，对还原公司真实业绩水平有较大的促进作用。

期末，ABC 公司长期投资不存在可收回金额低于账面价值的情况，故未计提减值准备。

分析：ABC 公司本期的股权投资活动，充分体现了公司多元化、国际化的战略思想。从公司股权投资的对象来看，主要集中在制冷业务的相关领域，在空调、冰箱的基础上有所扩展，同时还兼顾了海外市场，依此可判断公司对将来有长远的战略准备，有很大的发展潜力。

六、固定资产项目分析

固定资产，是指使用期限较长、单位价值较高并在使用过程中保持其实物形态基本不变的资产项目，包括房屋及建筑物、机器设备、运输设备、工具器具等。

固定资产是企业维持持续经营所必需的投资，主要的特点为：(1) 长期拥有并在生产经营过程中发挥作用；(2) 投资数额较大，风险也大；(3) 反映企业生产的技术水平、工艺水平；(4) 对企业的经济效益和财务状况影响巨大；(5) 变现能力差。

1. 固定资产基本构成分析

对固定资产构成的分析，在新旧会计准则下的侧重点有些差异，旧准则下固定资产中包含投资性房地产，这部分资产虽然列在固定资产中，但不参与企业实际的生产活动，一般是等待增值或出租，而按照新准则的规定，这部分固定资产以投资性房地产项目单独列示在资产负债表中，这样，在新准则的财务报表中，凡是列在固定资产中的，就基本上形成公司生产能力。固定资产的构成会因行业不同而呈现不同的结构特征。例如，房地产企业的固定资产占资产总额的比重非常小，主要是一些办公楼、办公设备、运输工具等，没有生产设备；而制造业的固定资产中生产设备和房屋建筑物就占有相当大的比例，因为必须要有足够的生产设备和厂房，制造企业才能生产产品。

ABC 公司是一家电器制造企业，在其 2018 年资产负债表的附注中，我们得到下列详细信息，见表 2-29。

表 2-29　ABC 公司固定资产　　　　　　　　　单位：百万元

类　别	2017 年 12 月 31 日	本期增加	本期减少	2018 年 12 月 31 日
房屋建筑物	745.56	10.11	7.25	748.41
生产设备	1 712.98	121.39	53.01	1 781.35

续表

类　别	2017年12月31日	本期增加	本期减少	2018年12月31日
运输设备	14.52			14.52
办公设备	60.26	6.03	4.66	61.63
土地使用权		8.54		8.54
其他	20.12			20.12
合计	2 553.44	146.07	64.93	2 634.58

ABC公司2018年年末固定资产原值为26.35亿元,生产设备投入金额较大,本年又新投入12 139万元,年底生产设备总额达17.81亿元,占固定资产原值总额的68%,投入第二大的是房屋建筑物,年底总额达7.48亿元,占固定资产原值总额的28%,这与该公司所处的制造行业情况相符。

2. 固定资产折旧分析

在固定资产分析中,还要注意分析固定资产的折旧,因为固定资产折旧方式的不同,将直接影响公司的盈利。分析时,要注意阅读会计报表附注。首先要看固定资产采用什么样的折旧法。加速折旧法能较快收回企业的投资,减少固定资产的无形损耗,但这种方法增加了企业成本、费用的支出,一定程度上减少了同期的企业利润和税收支出。其次要看固定资产使用年限的确定是否合理。如果人为延长固定资产折旧年限,就意味减少了每期的折旧额,从而减少了成本、费用的支出,使得公司盈利出现虚增。

下面是ABC公司有关固定资产的计价和折旧方法的附注说明。

(1) 固定资产标准。

使用年限在一年以上的房屋及建筑物、生产设备、运输设备、办公设备及其他与生产经营有关的设备、器具、工具,以及单位价值在2 000元以上、使用年限在两年以上的非生产经营用设备和物品作为固定资产核算。

(2) 固定资产计价。

① 购入的固定资产,按实际支付的价款、包装费、运杂费、安装成本、缴纳的有关税金等入账。

② 自行建造的固定资产,按该项资产达到预定可使用状态前所发生的全部支出入账。

③ 投资者投入的固定资产,按投资各方的确认价值入账。

④ 融资租入的固定资产,按租赁开始日租赁资产的原账面价值与最低租赁付款额的现值较低者入账。

(3) 固定资产折旧。

固定资产折旧采用直线法计算,残值率为4%,并按固定资产类别确定其使用年限。

固定资产的使用年限如表2-30所示。

表2-30　ABC公司固定资产的使用年限

固定资产类别	使用年限/年	折旧率
房屋及建筑物	20～40	2.40%～4.80%
生产设备	10～15	6.40%～9.60%

续表

固定资产类别	使用年限/年	折旧率
运输设备	8～10	9.60%～12.00%
办公设备	5～8	19.20%～12.00%
其他	5～10	9.60%～19.20%

ABC 公司的固定资产折旧明细见表 2-31。

表 2-31　ABC 公司累计折旧　　　　　　　　　　　单位：百万元

类　别	2017 年 12 月 31 日	本期增加	本期减少	2018 年 12 月 31 日
房屋建筑物	136.13	33.58	0.99	168.72
生产设备	757.75	183.86	45.62	895.99
运输设备	10.71	0.54	0.00	11.25
办公设备	20.07	4.68	4.28	20.47
土地使用权	0.00	0.05	0.00	0.05
其他	16.18	0.05	0.00	16.23
合计	940.84	222.76	50.89	1 112.71

通过以上信息的阅读，基本可以判断：ABC 公司折旧方法采用了直线法，折旧年限基本按照国家有关规定进行确定，折旧费用处于基本合理的区间范围。

为更客观地判断公司的固定资产折旧问题，我们还可以找到一家类似的公司来比较一下，如我们找到一家同样生产空调、冰箱的 GL 公司，GL 公司固定资产折旧同样采用直线法计算，并按各类固定资产的原值和估计的使用年限扣除残值（原值的 5%～10%）确定其折旧率，分类折旧率如表 2-32 所示。

表 2-32　GL 公司固定资产的使用年限

资产类别	使用年限/年	折旧率
房屋建筑物	15～30	3.17%～6.33%
生产设备	10	9%～9.5%
办公设备	5	18%～19%
运输设备	5～6	15.83%～19%
其他设备	5	18%～19%

从表 2-30 和表 2-32 比较中可以看出，ABC 公司的年折旧率要比 GL 公司的低一些，因其采用的使用年限都比较长。因此，两家同行业的公司，采用同样的折旧方法，同样的固定资产每年的折旧额也会有所差别，相比之下，ABC 公司每年的折旧额少一些，其利润就会相应高一些，在以后比较两家公司的盈利能力时，需要把这一因素考虑进去。

3. 固定资产减值分析

固定资产减值需要专业性很强的职业判断。分析者分析企业的固定资产减值问题时，要注意企业对固定资产的使用目的，绝不是为了将其出售"收回"，而是在长期使用过程中逐渐收回。因此，必须考虑固定资产在企业被利用的状态如何，如果固定资产能够按照既定的用途被企业利用,即使其市场价格已经低于账面价值,也不能认为企业的固定资产质量低劣。

新会计准则规定,固定资产的资产减值损失不得转回,这在一定程度上避免了上市公司利用资产减值操纵利润。同时,新会计准则对可收回金额做了明确的解释:可收回金额指公允价值减去处置费用后的净额与未来现金流量现值两者之间较高者;公允价值,综合考虑销售协议价格、市场价格、比较价格;未来现金流量现值,综合考虑未来现金流量、使用寿命、折现率等。把资产可回收金额与资产账面价值比较,确认资产减值损失同时计提资产减值准备,减值资产的折旧和摊销在未来进行调整。

ABC 公司固定资产减值准备的信息如下:

期末,公司的固定资产按照账面价值与可收回金额孰低计量,对于可收回金额低于账面价值的差额按单个项目计提固定资产减值准备。

ABC 公司固定资产减值准备情况如表 2-33 所示。

表 2-33　ABC 公司固定资产减值准备　　　　　　　　单位:百万元

类　　别	2017 年 12 月 31 日	本期增加	本期减少	2018 年 12 月 31 日
生产设备	15.35			15.35
合计	15.35			15.35

从表 2-33 可以看出,ABC 公司只在上年度提了 1 535 万元的固定资产减值准备,本年度没有其他提取,基本可以判断公司没有利用固定资产减值准备来调节利润。至于减值准备提取是否充分和准确,作为外部的分析者很难做出准确的判断。

七、无形资产项目分析

无形资产,是指企业拥有或控制的、无实物形态的、可辨认的非货币资产。与有形资产相比,无形资产的特点是:(1) 没有实物形态但具有排他性;(2) 是企业通过转让、购买等有偿取得的,不容易变现的账面价值;(3) 它所提供的未来经济利益具有不确定性;(4) 其潜在经济价值与其账面价值之间没有直接的联系。

1. 无形资产规模分析

无形资产虽然没有实物形态,但随着科技进步,特别是知识经济时代的到来,其对企业生产经营活动的影响越来越大。在知识经济时代,企业控制的无形资产越多,其可持续发展能力和竞争能力就越强。

2. 无形资产会计政策分析

我国 2001 年出台的《会计准则——无形资产》规定:自行开发并依法申请取得的无形资产,按依法取得的注册费、聘请律师费等费用,作为无形资产的成本,在研究与开发过程中发生的材料费用,直接参与开发人员的工资及福利费,开发过程中发生的租金、借款费用等,直接计入当期损益。

2013 年新会计准则对研究开发费用的费用化进行了修订:企业内部研究开发项目的支出,应当区分研究阶段支出与开发阶段支出,研究费用依然费用化处理;进入开发程序后,对开发过程中的费用如果符合相关条件,就可以资本化。

开发支出,指企业内部研究开发项目开发阶段的支出。内部研究开发项目的开发阶段,是指在进行商业性生产或使用前,将研究成果或其他知识应用于某项计划或设计,以生产出新的或具有实质性改进的材料、装置、产品等。开发阶段的支出,能够证明下列各项时,应当确认为无形资产在资产负债表上列示:(1) 从技术上来讲,完成该无形资产以使其能够使用或出售具有可行性;(2) 具有完成该无形资产并使用或出售的意图;(3) 无形资产产生未来经济利益的方式,包括能够证明运用该无形资产生产的产品存在市场或无形资产自身存在市场;(4) 无形资产将在内部使用时,应当证明其有用性;(5) 有足够的技术、财务资源和其他资源支持,以完成该无形资产的开发,并有能力使用或出售该无形资产;(6) 归属于该无形资产开发阶段的支出能够可靠计量。

3. 无形资产价值分析

由于无形资产所提供经济利益的不确定性,无形资产项目的金额往往不能全面反映企业无形资产的经济价值和潜力。在评价企业无形资产质量时,如对企业的无形资产状况没有较清楚的了解,对该项目数据的利用就应持谨慎态度。此外,由于无形资产不容易变现的特点,在评价企业的长期偿债能力时,对该项目数据也应该持谨慎态度。

(1) 报表上作为"无形资产"列示的基本上是企业外购的无形资产。由于与无形资产自创有密切关系的研究和开发支出基本上已经作为发生会计期间的费用,并没有作为无形资产处理。因此,作为"无形资产"处理的基本上是企业外购的无形资产。

(2) 企业可能存在由于会计处理原因而导致的账外无形资产。研究和开发支出的会计处理,并不能影响自创无形资产的成功与否。因此,企业已经成功的无形资产就难以在资产负债表上出现,只能"游离"在资产负债表外。因此,历史较为悠久并重视研究和开发的企业,有可能存在多项已经成功且能为企业未来的发展做出积极贡献的无形资产。此外,作为无形资产重要组成部分的人力资源价值也未在资产负债表中体现。

(3) 无形资产的质量主要体现在特定企业内部的利用价值和对外投资或转让的价值上。企业现存的无形资产的质量好坏主要体现在以下几个方面:第一,企业无形资产与其他有形资产相结合而获取较好的经济效益的潜力;第二,企业无形资产被转让或出售的增值潜力;第三,企业无形资产在用于对外投资使其增值的潜力。这就是说,在对企业财务状况进行全面分析与评价时,应当考虑账内无形资产的不充分性以及账外无形资产存在的可能性等因素。

阅读 ABC 公司无形资产的附注信息如表 2-34 所示。

ABC 公司的无形资产的计价和摊销方法:

(1) 无形资产的计价。

① 购入的无形资产按实际支付的全部价款计价。

② 投资者投入的无形资产按投资各方确认价值计价。

③ 自行开发并按法律程序申请取得的无形资产,按依法取得时的注册费、聘请律师费等费用计价。

(2) 无形资产的摊销方法。

无形资产自取得的当月起在合同或法律、规章规定的受益或有效年限内平均摊销,合同和法律、规章没有明确规定受益或有效年限的,按不超过 10 年的期限摊销。

(3) 无形资产减值准备的核算方法。

期末,公司的无形资产对可收回金额低于账面价值的差额按单个项目计提减值准备。

期末,公司无形资产不存在可收回金额低于账面价值的情况,故未计提减值准备。

表 2-34　ABC 公司无形资产明细　　　　　　　　　单位：百万元

项　目	原始金额	2017 年 12 月 31 日	本期增加	本期减少	2018 年 12 月 31 日	剩余摊销年限/年
专有技术	5.88	0.78	0.38	0.60	0.56	1.75
土地使用权	120.39	72.50		6.68	65.82	12
其他	0.85	0.12	0.72	0.05	0.79	9.9
合计	127.12	73.40	1.10	7.33	67.17	

从附注信息中,我们了解到:ABC 公司无形资产只占资产总额的 1% 左右,且以土地使用权为主;专有技术很少,且摊销年限只剩下 1.75 年。但从其他渠道,我们还可以了解到一些信息,ABC 公司的目标是要把 ZX 的白色家电做到世界第一,这个世界第一应包括三个内涵:产品开发能力第一,产品制造能力第一,市场开发能力第一。为了实现这个目标,ABC 公司在科研开发和市场渠道开发方面做了大量的工作,公司的研发平台和市场开发平台对 ABC 公司有很大的支持,但这样的无形资产在资产负债表中是看不到的。另外,由于上市公司大部分都存在非整体上市的情况,因此,对上市公司的分析还要关注其集团公司的相关情况。

八、短期借款项目分析

短期借款,是企业从银行或其他单位借入的期限在 1 年以内的各种借款。这些借款是为了满足日常生产经营的短期需要而举借的,其利息费用作为企业的财务费用,计入当期损益。

分析时,应对会计期末短期借款的余额及期末与期初相比短期借款的变动情况进行研究,分析其中有无不正常之处,预测企业未来的现金流量,评价企业偿付短期借款的能力。表 2-35 为 ABC 公司的短期借款明细。

表 2-35　ABC 公司短期借款明细　　　　　　　　　单位：百万元

借款类别	2018 年 12 月 31 日	2017 年 12 月 31 日
保证	7.00	0.00
合计	7.00	0.00

由表 2-35 可知,2018 年 ABC 公司取得了 700 万元新借款,借款类型是保证借款,但从前面货币资金分析中,我们得知公司的银行存款余额中包含半年期存款 2.6 亿元。为什么公司一方面保留大额存款,另一方面还要举借新债呢?虽然对一家资产 70 亿的企业来讲,700 万的借款很小,但也看出公司在理财方面的一个欠缺。

九、应付票据及应付账款项目分析

应付票据,是指企业因赊销交易而签发的允诺在不超出 1 年的期限内按票据上规定的日期支付一定金额的银行承兑汇票和商业承兑汇票。资产负债表中应付票据项目反映的是尚未到期付款的应付票据面额。

ABC 公司近两年来资产负债表中都没有应付票据项目的列示,说明公司年底没有签发未兑付的商业票据。

应付账款,是指企业因赊购原材料等物资或接受劳务供应而应付给供应单位的款项。它是由于购进商品或接受劳务等业务发生时间与付款时间不一致造成的。

应付账款项目分析应是短期负债项目分析的重点,要着重分析应付账款的欠款时间和欠款人,观察其中有无异常情况,以测定未来的现金流量。

应付账款的分析可以从以下几个方面进行:

(1) 比较本年与上年的增减变动。

(2) 计算存货、营业成本与应付账款之间的比率关系,比较本年与上年数间的差异。

(3) 结合现金流量,分析实际支付现金、结存余额,以及非现金资产抵债等其他方式结算应付款的现象有无披露。

(4) 应付账款的增加、预付款项的减少及存货采购的增加应大致相同。

(5) 结合预付账款分析期末结存的前十名、全年发生额的前十名,比较本年与上年在采购方面有无重大的变动。

(6) 分析应付账款的账龄情况,注意长期挂账的应付账款。

通常情况下,应付账款及应付票据是因商品交易产生,其变动原因有:

(1) 企业销售规模的变动。当企业销售规模扩大时,会增加存货需求,使应付账款及应付票据等债务规模扩大;反之,会使其降低。

(2) 为充分利用无成本资金。应付账款及应付票据是因商业信用产生的一种无资金成本或资金成本极低的资金来源,企业在遵守财务制度、维护企业信誉的条件下充分加以利用,可以减少其他筹资方式的筹资数量,节约利息支出。

(3) 提供商业信用的企业的信用政策发生变化。如果其他企业放宽信用政策和收账政策,企业应付账款和应付票据的规模就会大些;反之,就会小些。

(4) 企业资金的充裕程度。企业资金相对充裕,应付账款及应付票据规模就小些;而当企业资金比较紧张时,就会影响到应付账款及应付票据的清欠。

十、预收款项项目分析

预收款项是指企业按照合同规定向购买单位预收的款项。

对于企业来说,预收款项总是越多越好。因为预收款项作为企业的一项短期资金来源,在企业发送商品或提供劳务前,可以无偿使用;在企业发送商品或提供劳务后,立即转入企业的收入。在某些特殊的行业,分析资产负债表时,应当对预收款项引起足够的重视,因为预收款项一般是按收入的一定百分比预交的,通过预收款项的变化可以预测企业未来营业收入的变动,而且预收款项作为一种短期资金来源,成本很低,风险也很小。

ABC 公司的预收款项近几年数额变化很大,2018 年比 2017 年减少了近 1 个亿左右,公司预收款项的大规模减少,预示着公司未来营业收入的变动或销售环境的改变。

十一、非流动负债项目分析

1. 长期借款分析

长期借款,是指企业向银行或其他金融机构借入的、期限在 1 年以上的款项。长期借款一般用于企业的固定资产购建、固定资产改扩建工程、固定资产大修理工程以及流动资产的正常需要等方面。长期借款按其偿还方式不同,可分为定期偿还的长期借款和分期偿还的长期借款,前者是指在规定的借款到期日一次还清借款;后者是指在借款期限内,分期偿还本息,至到期日全部还清。会计核算上,长期借款的应计未付利息,也记入长期借款。因此,资产负债表中长期借款项目反映的是企业尚未归还的长期借款本金和利息。分析时,应注意企业长期借款的数额、增减变动及其对企业财务状况的影响。

2. 应付债券分析

应付债券,是指企业为筹集长期资金而发行的偿还期在一年以上的债券。相对于长期借款而言,发行债券需要经过一定的法定程序,但对款项的使用没有过多的限制和约束。分析时,应注意企业应付债券的数额、增减变动及其对企业财务状况的影响。

3. 专项应付款分析

专项应付款,是指企业收到的由国家拨入的具有专项用途的款项。如专项用于技术改革、技术研究以及其他用途的款项。

ABC 公司有关非流动负债的附注说明如表 2-36 所示。

表 2-36　ABC 公司长期借款　　　　　　　　单位：百万元

借款类别	2018 年 12 月 31 日	2017 年 12 月 31 日
保证	0.00	138.36
合计	0.00	138.36

此项长期借款是根据××市经济委员会〔2002〕269 号文件,针对大容积冰箱的二期技改项目,向中国建设银行××市分行申请的贷款资金。本年度转入一年内到期的非流动负债中。

从 ABC 公司有关专项应付款的附注说明中得知,ABC 公司 2018 年 12 月 31 日专项应付款 137 万元,是根据国经贸投资〔2002〕848 号文件,给予了上述贷款资金相应的贴息。

从附注信息我们了解到公司长期借款和专项应付款的具体情况,得知公司的技改项目将会给企业的可持续发展带来动力。

4. 长期应付款分析

长期应付款,是指企业还没有偿还的除长期借款和应付债券以外的其他各种长期负债。常见的长期应付款主要有:采用补偿贸易方式而发生的应付引进设备款;融资租入固定资产应付款;以分期付款方式购入固定资产形成的应付款项。

(1) 应付引进设备款。补偿贸易是由国外企业提供设备、技术,以生产出来的产品来偿还引进设备款的一种加工贸易方式。通过补偿贸易,外商以贷款方式提供设备,同时承担向企业购买一定数量的产品的义务,企业引进设备时可以暂时不付款,以出口产品的销售收入来补偿。当企业拿到设备,实际上就产生了一笔长期负债。"应付引进设备款"项目中除了应该支付的设备价款外,还包括应该支付的利息和外币折算为人民币的差额。

(2) 融资租入固定资产应付款。这是企业因为融资租入固定资产而形成的应付款,除了应付的租金外,还包括利息和外币折算为人民币的差额。当企业按照融资租赁的方式租入固定资产时,就欠了租赁公司的债,形成一笔长期负债。与应付引进设备款一样,"融资租入固定资产"项目中除了应付的租金外,还包括应付的利息和外币折算为人民币的差额。

(3) 企业延期付款购买资产。如果延期支付的购买价款超过正常信用条件,实质上具有融资性质的,所购资产的成本应当以延期支付购买价款的现值为基础确定。实际支付的价款与购买价款的现值之间的差额,应当在信用期间内采用实际利率法进行摊销,计入相关资产成本或当期损益。

ABC 公司的长期应付款在非流动负债中占比一直处于较高水平,绝对额一直在 4.5 亿元左右,公司在报表附注中对该项目的解释说明,披露了该款项是公司 2015 年从国外引进的大型设备款项,分十年还清设备款。

项目二 小 结

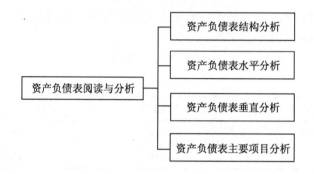

思考与练习

一、单项选择题

1. 下列属于速动资产的是( )。
    A. 存货　　　　B. 应收账款　　　C. 固定资产　　　D. 无形资产
2. 由资产负债表提供的信息是( )。
    A. 企业的债权人信息　　　　　　B. 企业的利润情况
    C. 企业的资产状况　　　　　　　D. 企业的经营性现金流量
3. 某公司 2019 年 12 月 31 日资产负债表显示,资产总额为 400 万元,负债总额为 320 万元,假设没有其他资产和负债,则该公司 2019 年权益乘数为( )。
    A. 0.25　　　　B. 1.25　　　　C. 5　　　　D. 8
4. 下列各项中对账户式资产负债表表述不正确的是( )。
    A. 将资产负债表中的三个项目由上而下依次排列
    B. 将资产项目列在报表的左方
    C. 资产负债表左右两方平衡,且满足会计恒等式
    D. 我国现行的企业资产负债表采用账户式格式

二、多项选择题

1. 资产负债表主要列示的内容有( )。
    A. 资产　　　　　　　　　　　　B. 负债
    C. 所有者权益　　　　　　　　　D. 营业利润

E. 投资活动现金流量
2. 资产负债列示方法有（　　）。
   A. 直接法　　　B. 账户式　　　C. 间接法　　　D. 报告式
   E. 垂直式

三、判断说明题

1. 资产负债表是反映企业在一定会计期间的经营成果的会计报表。（　　）
2. 资产负债表趋势分析表是指以资产负债表的某一期数据为基期数据，以多期数据与其进行比较编制出的资产负债表。（　　）

四、计算分析题

甲公司的资产负债表资料如表2-37所示。

表2-37　甲公司资产负债表水平分析表　　　　　　　　　　　单位：万元

项目	期末余额	期初余额	变动情况		对总资产(总权益)的影响/%
			变动额	变动/%	
流动资产：					
货币资金	50 000	40 000			
交易性金融资产	20 000	28 000			
应收账款	25 000	15 500			
存货	85 000	97 000			
其他流动资产	48 510	37 910			
流动资产合计	228 510	218 410			
非流动资产：					
长期股权投资	51 000	42 200			
固定资产	658 500	631 000			
无形资产	94 000	91 000			
非流动资产合计	803 500	764 200			
资产总计	1 032 010	982 610			
流动负债：					
短期借款	55 000	37 600			
应付账款	15 500	13 600			
应交税费	9 530	7 400			
其他流动负债	3 300	4 487			
流动负债合计	83 330	63 087			
非流动负债：					
长期借款	42 000	38 400			

续表

项　目	期末余额	期初余额	变动情况		对总资产（总权益）的影响/%
			变动额	变动/%	
应付债券	181 000	181 000			
非流动负债合计	223 000	219 400			
负债合计	306 330	282 487			
股东权益：					
股本	500 000	500 000			
资本公积	102 640	107 000			
盈余公积	85 320	82 423			
未分配利润	37 720	10 700			
股东权益合计	725 680	700 123			
负债和股东权益总计	1 032 010	982 610			

根据表 2-37 对甲公司进行资产负债表水平分析计算及做出分析评价。

项目三　利润表阅读与分析

 任务描述

本项目的任务是掌握阅读企业利润表的方法,熟练掌握利润表结构分析和趋势分析方法,学会利用报表附注信息理解财务报告数据的经济含义,熟悉利润表提供的信息内容,能够透过报表数据理解企业的经济活动。

 学习任务

1. 掌握利润表结构分析、水平分析、垂直分析和主要项目分析的方法;
2. 掌握阅读利润表的方法;
3. 理解财务报表之间的内在联系。

 技能目标

1. 能进行利润表结构分析、水平分析、垂直分析和主要项目分析;
2. 能正确分析利润表;
3. 能分析财务报表之间的内在联系。

 知识目标

1. 利润表的基本结构与内容;
2. 利润表结构分析;
3. 利润表水平分析;
4. 利润表垂直分析;
5. 利润表主要项目分析。

项目导入

ABC 公司的利润表如表 3-1 所示。

表 3-1　利润表

编制单位：ABC 公司　　　　　　　　　　　　　　　　　　　　　　　　单位：百万元

项　目	2018 年	2017 年
一、营业收入	16 623.43	15 449.48
减：营业成本	14 667.80	13 407.09
营业税金及附加	27.99	16.00
销售费用	915.91	828.46
管理费用	574.44	562.98
财务费用	-2.03	7.29
资产减值损失	0.00	0.00
加：公允价值变动收益	0.00	0.00
投资收益	-113.21	-121.54
二、营业利润	326.11	506.12
加：营业外收入	5.76	4.33
减：营业外支出	6.11	0.65
三、利润总额	325.76	509.80
减：所得税费用	86.65	140.37
四、净利润	239.11	369.43
五、每股收益		
（一）基本每股收益（12 亿股）	0.20	0.31
（二）稀释每股收益（12 亿股）	0.20	0.31

请思考：

1. ABC 公司 2018 年度与 2017 年度相比，利润总额有何变化？
2. 2018 年 ABC 公司年度变化最大的项目是什么？变化最小的项目又是什么？
3. 结合利润表，对公司的财务状况做简要评述。

任务一　利润表结构分析

一、利润表的基本结构与内容

利润表是反映企业在一定期间经营成果的会计报表。该表作为一种动态会计报表，联系资产负债表和现金流量表提供的情况，揭示了企业的经营活动对期间内资产、负债和所有者权益的有利或不利影响，对投资人、债权人、政府部门以及其他会计资料的使用者全面了解企业的经营业绩，预计企业在现有资源基础上产生现金流量的能力，推测新增资源可能取

得的效益,具有十分重要的意义。利润表的作用主要有:

(1) 利润表提供的信息,是企业投资人、债权人及外部信息使用者进行相关经济决策的主要依据。

(2) 利润表提供的信息,是考核和评价企业经营管理人员经营业绩和经营管理水平的一个重要依据。

(3) 利润表提供的利润数据,是税收部门课征所得税的依据。

我国新会计准则要求企业采用多步式利润表,以 ABC 公司利润表为例,如表 3-2 所示。

表 3-2　利润表

编制单位:ABC 公司　　　　　　　　　　　　　　　　　　　　单位:百万元

项　目	2018 年	2017 年
一、营业收入	16 623.43	15 449.48
减:营业成本	14 667.80	13 407.09
营业税金及附加	27.99	16.00
销售费用	915.91	828.46
管理费用	574.44	562.98
财务费用	-2.03	7.29
资产减值损失	0.00	0.00
加:公允价值变动收益	0.00	0.00
投资收益	-113.21	-121.54
二、营业利润	326.11	506.12
加:营业外收入	5.76	4.33
减:营业外支出	6.11	0.65
三、利润总额	325.76	509.80
减:所得税费用	86.65	140.37
四、净利润	239.11	369.43
五、每股收益		
(一) 基本每股收益(12 亿股)	0.20	0.31
(二) 稀释每股收益(12 亿股)	0.20	0.31

从表 3-2 可以看出,利润包括收入减去费用后的净额、直接计入当期利润的利得和损失,利润金额取决于这三者的计量。利得是指由企业非日常活动所形成的、会导致所有者权益增加的、与所有者投入资本无关的经济利益的流入。损失是指由企业非日常活动所发生的、会导致所有者权益减少的、与向所有者分配利润无关的经济利益的流出。ABC 公司 2018 年的净利润比 2017 年降低,致使每股收益降低了 0.11 元。

二、利润表结构分析

(一) 共同比利润表

利润表结构分析通常需要编制共同比利润表,通过计算各因素或各种财务成果在主营业务收入中所占的比重,分析说明财务成果的结构及其增减变动的合理程度。根据 ABC 公司的利润表编制的共同比利润表如表 3-3 所示。

表 3-3　ABC 公司共同比利润表　　　　　　　　　　　　单位：百万元

项　目	绝对数		结构百分比		
	2018 年	2017 年	2018 年	2017 年	差异
一、营业收入	16 623.43	15 449.48	100.00	100.00	0.00
减：营业成本	14 667.80	13 407.09	88.24	86.78	1.46
营业税金及附加	27.99	16.00	0.17	0.10	0.07
销售费用	915.91	828.46	5.51	5.36	0.15
管理费用	574.44	562.98	3.46	3.64	-0.18
财务费用	-2.03	7.29	-0.01	0.05	-0.06
资产减值损失	0.00	0.00			
加：公允价值变动收益	0.00	0.00			
投资收益	-113.21	-121.54	-0.68	-0.79	0.11
二、营业利润	326.11	506.12	1.96	3.28	-1.32
加：营业外收入	5.76	4.33	0.03	0.03	0.00
减：营业外支出	6.11	0.65	0.04	0.00	0.04
三、利润总额	325.76	509.80	1.96	3.30	-1.34
减：所得税费用	86.65	140.37	0.52	0.91	-0.39
四、净利润	239.11	369.43	1.44	2.39	-0.95
五、每股收益					
（一）基本每股收益（12 亿股）	0.20	0.31			
（二）稀释每股收益（12 亿股）	0.20	0.31			

从表 3-3 中可以看出企业各项财务成果的构成情况：2018 年营业成本占营业收入的比重为 88.24%，比 2017 年的 86.78% 增长了 1.46 个百分点；营业税金及附加占营业收入的比重为 0.17%，比 2017 年的 0.10% 增长了 0.07 个百分点；销售费用占营业收入的比重也增加了 0.15 个百分点，但管理费用、财务费用占营业收入的比重都有所降低，两方面相抵的结果是营业利润占营业收入的比重降低了 1.32 个百分点，进而导致净利润占营业收入的比重 2018 年比 2017 年降低了 0.95 个百分点。从表中可以看出，公司在原材料价格持续上涨的市场环境中不断努力，通过努力降低管理费用和财务费用的方式提高公司盈利水平。但通过前面对 ABC 公司资产负债表的分析可知，公司 2018 年的货币资金有所减少，长期借款维持原状，又举借了新的短期借款，按理说，公司的财务费用不应该比 2017 年少很多，但利润表上的财务费用 2017 年为 729 万元，而 2018 年却为 -203 万元，显然有些不太合理，但对利润总额的影响不是很大。

（二）利润构成分析

企业利润包括营业利润、利得和损失等。利得是指除收入和直接计入所有者权益项目外的经济利益的净流入。损失是指除费用和直接计入所有者权益项目外的经济利益的净流出。

营业利润是企业从事"主业"而获得的经营利润。比如，一家公司是商业零售企业，那么，在开展商品流通经营活动中产生的利润就是公司的营业利润。一般来说，营业利润是利润的"大头"。同时,如果营业利润在利润总额中所占比重较大,一方面能够说明公司经营主体的行业与方向;另一方面可说明经营主体盈利水平较强,并具有持续增长的稳定性与抗经济波动能力。

营业利润一般归入经常性损益概念,相对应的非营业利润就成了"非经常性损益",它包括利得、损失两部分。"非经常性损益"不具有经常性。补贴收入除享受的是中央级政策比较稳定外,其他政府补贴都有受政策调整而变化的可能。财务分析人员应该仔细看一看每股收益与净资产收益率在扣除"非经常性损益"后的差异大小,差异大的,说明公司主营业务不理想,前景黯淡;差异小的、甚至出现负差异的,说明公司主营业务不错,收益不错。

ABC 公司的利润构成分析表见表3-4。

表3-4　ABC公司利润构成分析表　　　　　　　　　　单位:百万元

项　目	绝对数		结构百分比		
	2018年	2017年	2018年	2017年	差异
营业利润	326.11	506.12	100.11	99.28	0.83
加:营业外收入	5.76	4.33	1.77	0.85	0.92
减:营业外支出	6.11	0.65	1.88	0.13	1.75
利润总额	325.76	509.80	100.00	100.00	0.00

从表3-4中可以看出,ABC公司的利润以经常性的营业利润为主,说明公司盈利水平较强,并具有持续增长的稳定性。

(三)收入构成分析

营业收入是形成公司收入和利润的主力和源泉,财务分析应详细分析营业收入的构成,这种构成分析可以按产品分析,也可以按销售地区分析。

1. 收入产品构成分析

将ABC公司的营业收入按产品构成分析,如表3-5所示。

表3-5　ABC公司营业收入产品构成分析表　　　　　　单位:百万元

产品类别	绝对数		比重/%	
	2018年	2017年	2018年	2017年
空调	7 667.47	7 662.75	46.12	49.60
冰箱	5 540.72	4 533.42	33.33	29.34
冰柜	1 280.20	1 093.70	7.70	7.08
小家电	741.60	674.41	4.46	4.37
其他	1 393.44	1 485.20	8.38	9.61
合计	16 623.43	15 449.48	100.00	100.00

表3-5中的数据说明,ABC公司销售的产品以空调和冰箱为主,这两个产品的销售额占总销售额的80%左右,这一信息可帮助我们确定公司的真正行业归属,因为,同样是家电行业,生产的具体产品不一样,一些财务分析指标就会有不同的表现,找生产同类产品的企业进行比较才有意义;另外,影响公司的市场因素也会有不同的影响程度,如影响彩电生产的

因素对 ABC 公司就不会产生多大的影响,虽然都同属于家电行业。

2. 收入地区构成分析

将 ABC 公司的营业收入按地区构成分析,如表 3-6 所示。

表 3-6　ABC 公司营业收入地区构成分析表　　　　单元:百万元

地区	绝对数		比重/%	
	2018 年	2017 年	2018 年	2017 年
境内	12 707.58	12 857.37	76.44	83.22
境外	3 915.85	2 592.11	23.56	16.78
合计	16 623.43	15 449.48	100.00	100.00

表 3-6 中的数据说明,ABC 公司 2018 年在国际市场上的销售情况有所突破,正如公司所称,公司针对不同区域,贴近市场开发产品,赢得了较多的国际市场订单。公司开拓海外市场的战略得以进一步实施,2018 年境外营业收入的比重比 2017 年增长约 7 个百分点。

营业收入的地区构成分析,还可以根据取得资料的具体情况深入分析,如对国内市场可进一步细化,研究公司产品在国内不同地区的分布情况,从而有助于对公司未来前景的把握。

任务二　利润表水平分析

一、利润表的水平分析

利润表水平分析就是以一定时间作为分析期,选择分析期的第一期为基期,以后每期都与基期的指标对比,得出相对于基期的指数,从而判断利润表中各项目的变动趋势和变动速度。

$$某项目的变动率 = \frac{某项目的变动额}{某项目基期数额} \times 100\%$$

二、利润表水平分析思路

(一)分析利润总额及净利润的变动趋势

结合趋势变化类型,基本判断出企业利润总额和净利润的变化趋势。没有特殊情况,两者的变化趋势应该一致。

(二)分析利润总额及净利润的主要来源

利润总额与净利润变化一致也可能会有负面的影响因素,而变化不一致要找出具体原因。

(三)分析营业利润的变化趋势及来源

分析营业利润的变化趋势,它一般与营业收入变化趋势是一致的,如果不一致应该找出具体原因。

（四）分析一些变化异常的项目

即使营业利润与营业收入变化一致，这其中也可能掩盖了许多变化异常的项目，我们不能忽视，应结合财务报表附注，找出并分析这些变化异常的项目。

三、利润表水平分析注意事项

（一）营业收入分析细化

如果可以取得详细的资料，应进一步分析企业营业收入变化的原因（如产品销售价格变动或产品销售数量变化等），进而依据企业的市场份额来分析企业未来竞争力发展状况。

（二）营业成本结合存货分析

注意企业主营业务成本的变化原因，是因为原材料价格变动还是其他原因。

（三）与结构分析相结合

定比报表的一个共同缺陷是难以看出哪个项目更加重要，原因是每个项目的基数都是100%，分析人员只能判断每个项目在分析期间内的变动方向和大小，但是某些金额较小的项目往往在此种分析中会引人注目，而这些小金额的项目在整体分析中一般是不重要的。

四、编制利润水平分析表

利润水平分析表的编制采用增减变动额和增减变动百分比两种方式。ABC公司利润水平分析表见表3-7。

表3-7　ABC公司利润表水平分析法　　　　　　　　　　单位：百万元

项　目	2018年	2017年	增减额	增减/%
一、营业收入	16 623.43	15 449.48	1 173.95	7.60
减：营业成本	14 667.80	13 407.09	1 260.71	9.40
营业税金及附加	27.99	16.00	11.99	74.94
销售费用	915.91	828.46	87.45	10.56
管理费用	574.44	562.98	11.46	2.04
财务费用	-2.03	7.29	-9.32	-127.85
资产减值损失	0.00	0.00	0.00	
加：公允价值变动收益	0.00	0.00	0.00	
投资收益	-113.21	-121.54	8.33	-6.85
二、营业利润	326.11	506.12	-180.01	-35.57
加：营业外收入	5.76	4.33	1.43	33.03
减：营业外支出	6.11	0.65	5.46	840.00
三、利润总额	325.76	509.80	-184.04	-36.10
减：所得税费用	86.65	140.37	-53.72	-38.27
四、净利润	239.11	369.43	-130.32	-35.28
五、每股收益				
（一）基本每股收益（12亿股）	0.20	0.31	-0.11	-35.48
（二）稀释每股收益（12亿股）	0.20	0.31	-0.11	-35.48

对 ABC 公司的利润增减变动水平,分析评价如下:

对 ABC 公司的利润表分析应抓住几个关键利润指标的变动情况。

1. 净利润分析

净利润是指企业所有者最终取得的财务成果,或可供企业所有者分配或使用的财务成果。本例中 ABC 公司 2018 年度实现净利润 23 911 万元,比上年减少了 13 032 万元,下降幅度为 35.28%,下降幅度较大。从利润水平分析表来看,公司净利润下降主要是由于利润总额比上年减少 18 404 万元引起的;而由于所得税费用比上年减少 5 372 万元,二者相互作用,导致净利润减少了 13 032 万元。

2. 利润总额分析

利润总额是反映企业全部财务成果的指标,它不仅反映企业的营业利润,而且还反映企业的营业外收支情况。本例中 ABC 公司 2018 年利润总额比 2017 年减少了 18 404 万元,关键原因是营业外收入比上年增长了 143 万元,增长率为 33.03%。但是与此同时营业外支出增加幅度更大,营业外支出增加了 546 万元,增长幅度为 840.00%。公司营业利润减少的不利影响,使营业利润减少了 18 001 万元。增减因素相互作用,利润总额减少了 18 404 万元。必须指出的是,营业外支出的大幅增长是不正常现象。

3. 营业利润分析

营业利润既包括企业的主营业务利润和其他业务利润,又包括企业公允价值变动净收益和对外投资净收益,它反映了企业自身生产经营的财务成果。本例中 ABC 公司营业利润减少主要是由于成本费用过高所致。营业收入比上年增长 117 395 万元,增长幅度为 7.60%,财务费用下降增利 931 万元;投资收益增利 833 万元,但营业成本、销售费用、管理费用增加了 135 962 万元。最终导致营业利润减少 18 001 万元,下降幅度为 35.57%。值得注意的是:销售费用、管理费用的大幅度上升,可能是不正常的现象。

任务三　利润表垂直分析

一、利润表的垂直分析

利润表垂直分析主要从各项财务成果结构变化的原因入手,如从主营业务利润结构变化、营业利润和利润总额结构变化来分析。另外,还要分析财务费用、管理费用、补贴收入等因素的变化对营业利润、利润总额和净利润结构带来的影响。

$$某项目数额占营业收入的比重 = \frac{该期某项目的数额}{该期营业收入数额} \times 100\%$$

二、编制利润垂直分析表

ABC 公司利润垂直分析表,见表 3-8。

表 3-8　ABC 公司利润垂直分析表　　　　　　　　　　　单位：%

项　目	2017 年	2018 年	变动幅度
一、营业收入	100.00	100.00	—
减：营业成本	86.78	88.24	1.46
营业税金及附加	0.10	0.17	0.07
销售费用	5.36	5.51	0.15
管理费用	3.64	3.46	−0.18
财务费用	0.05	−0.01	−0.06
资产减值损失			
加：公允价值变动收益			
投资收益	−0.79	−0.68	0.11
二、营业利润	3.28	1.96	−1.32
加：营业外收入	0.03	0.03	0.00
减：营业外支出	0.00	0.04	0.04
三、利润总额	3.30	1.96	−1.34
减：所得税费用	0.91	0.52	−0.39
四、净利润	2.39	1.44	−0.95

对 ABC 公司的利润结构变动，分析评价如下：

（1）从表 3-8 中可以看出 ABC 公司 2018 年各项财务成果构成情况：营业利润占营业收入的比重为 1.96%，与 2017 年的 3.28% 相比下降了 1.32 个百分点；利润总额占营业收入的比重为 1.96%，比 2017 年的 3.30% 下降了 1.34 个百分点；净利润占营业收入的比重为 1.44%，比 2017 年的 2.39% 下降了 0.95 个百分点。由此可见，从企业利润的构成上看，利润总额和净利润占营业收入的结构比重有所下降，说明 2018 年的盈利能力比 2017 年有所减弱。同时，营业利润结构下降，说明企业利润质量不容乐观。

（2）各项财务成果结构增减的原因：从营业利润结构的下降来看，主要是由营业成本、销售费用的比重上升所致。利润总额结构下降的主要原因是营业外支出的增加，大于营业外收入的增长所致。财务费用的下降对营业利润、利润总额和净利润结构都产生了一定的有利影响。

任务四　利润表主要项目分析

一、营业收入分析

首先，阅读 ABC 公司会计报表附注中公司的收入确认原则。

（1）商品销售：公司已将商品所有权上的主要风险和报酬转移给买方，公司不再对该商品实施继续管理权和实际控制权，相关的收入已经收到或取得了收款的证据，并且与销售该商品有关的成本能够可靠地计量时，确认营业收入的实现。

(2) 提供劳务:劳务在同一年度内开始并完成的,在劳务已经提供、收到价款或取得收取款项的证据时,确认劳务收入;劳务的开始和完成分属不同会计年度的,在劳务合同的总收入、劳务的完成程度能够可靠地确定,与交易相关的价款能够流入,已经发生的成本和为完成劳务将要发生的成本能够可靠地计量时,按照完工百分比法,确认相关的劳务收入。

(3) 让渡资产使用权:让渡现金使用权的利息收入,按让渡现金使用权的时间和适用利率计算确定;让渡非现金使用权的使用费收入,按有关合同或协议规定的收费时间和方法计算确定。

上述收入的确定并应同时满足:(1) 与交易相关的经济利益能够流入公司;(2) 收入的金额能够可靠地计量。

ABC 公司收入的确认原则符合《企业会计准则——收入》的规定。

其次,分析 ABC 公司营业收入的构成,见表 3-9。

表 3-9 ABC 公司营业收入构成分析表   单位:百万元

地 区	绝对数		比重/%	
	2018 年	2017 年	2018 年	2017 年
主营业务收入	16 354.80	150 49.34	98.38	97.41
其他业务收入	268.63	400.14	1.62	2.59
合计	16 623.43	15 449.48	100.00	100.00

由表 3-9 可知,ABC 公司的主业非常突出,近两年来,公司主营业务收入占营业收入的比重都在 98% 左右。

ABC 公司 2018 年实现营业收入 166.23 亿元,比上年增加了 11.74 亿元,增长率为 7.60%。至此,我们可以判断,公司净利润的下降,主要原因并不是收入规模下降,而应该是成本费用上升。公司在年度报告中称,公司在 2018 年面临的经营环境是:家电行业恶性竞争依然激烈,公司产品主要原材料价格持续上涨。在恶劣的经营环境中,公司坚持开发满足用户需求的创新产品,形成一系列差异化的、超越对手的、以中高端为主的创新产品,才得以保持了营业收入的增长态势。利润表中也体现了这种结果。

再次,分析投资收益的来源,这部分信息也是来自会计报表的附注资料,见表 3-10。投资收益,指企业在一定的会计期间对外投资所取得的回报。投资收益包括对外投资所分得的股利和收到的债券利息,以及投资到期收回或到期前转让债权的款项高于账面价值的差额等。

表 3-10 ABC 公司投资收益   单位:百万元

项 目	2018 年	2017 年	项 目	2018 年	2017 年
股票投资收益			期末权益法调整金额	−17.11	−23.08
联营或合营公司分配的利润	2.37		股权投资差额摊销	−98.46	−98.46
股权投资转让(清算)收益		0.10	合计	−115.57	−121.54

从表 3-10 可以看出,ABC 公司投资收益都是损失,主要是股权投资差额摊销引起的,前面资产负债表分析时已经讨论过了,这里不再赘述。

从利润表中可以看出,ABC 公司本年没有公允价值变动收益对利润产生影响,公允价值变动收益反映企业确认的交易性金融资产或交易性金融负债的公允价值变动额。投资性房地产、生物资产、非货币性资产交换、资产减值、债务重组、金融工具、套期保值和非共同控制下的企业合并等方面都引入了公允价值计量,将公允价值的变动直接计入利润。2018年也没有计提新的资产减值损失,所以这些非经营性因素对公司的盈利能力没有产生什么影响,这说明公司的主业突出,没有明显调节利润的现象。

二、利润总额和净利润分析

利润总额是反映企业全部财务成果的指标,它是收入减去费用后的净额、直接计入当期利润的利得和损失三部分的总和,即利润=收入-费用+利得-损失。ABC公司2018年实现利润总额3.26亿元,比上年减少了1.84亿元,增长率为-36.10%,公司的利润总额下降幅度比较大。

净利润是指企业所有者最终取得的财务成果,或可供企业所有者分配或使用的财务成果。ABC公司2018年实现净利润2.39亿元,比上年减少了1.3亿元,增长率为-35.28%,公司的净利润出现了大幅下滑的情况。

在正常情况下,企业的非营业利润都是较少的,所得税也是相对稳定的,因此,只要营业利润较大,利润总额和净利润也会较高。在分析时应注意的一个主要问题是:当一个企业利润总额和净利润主要是由非营业利润获得,则该企业利润实现的真实性和持续性应引起分析人员的重视。

三、营业利润分析

营业利润是企业经营活动中营业收入与营业成本、费用的差额与资产减值损失、公允价值变动收益、投资收益的总和。它既包括经营活动的经营成果,也包含经营过程中资产的价值变动损益。

企业营业利润的多少,代表了企业的总体经营管理水平和效果。通常营业利润越大的企业,效益越好。

ABC公司2018年实现营业利润3.26亿元,比上年减少了1.8亿元,增长率为-35.57%,与净利润的下降幅度基本一致。

四、营业外收支分析

营业外收入反映企业发生的与其生产经营无直接关系的各项收入;营业外支出反映企业发生的与其生产经营无直接关系的各项支出。二者没有配比关系。ABC公司2018年的营业外收入是576万元,比上年增加了143万元,增长率为33.03%;而营业外支出是611万元,比上年增加了546万元,增长率为840.00%。营业外支出的大幅度增加,进一步加速了利润总额的下滑趋势。对于840.00%的增长率,应客观分析一下,一方面是由于营业外支出的绝对数额确实有所增加;另一方面,2017年的营业外支出绝对数额较小,也是形成2018年高增长率的原因。

五、营业成本分析

营业成本是指企业为销售商品、提供劳务等日常活动所发生的经济利益的流出,反映企业经营主要业务和其他业务发生的实际成本总额。

在进行财务分析时,需要对营业成本进行重点的分析和研究,特别是要对主要产品的单位成本进行分析。产品单位成本的分析一般是先分析各种产品单位成本相比上年的升降情况,然后进一步按成本项目分析其成本变动情况,查明单位成本变动的原因。

以 ABC 公司的主要产品空调来说,从成本构成上看,铜是空调的最主要原材料,平均每台空调机需用铜6公斤至7公斤,如果每吨铜涨1万元,那么每台空调的制造成本就要上涨六七十元。除铜之外,2018 年以来,钢材、铝材、塑料等其他原料价格也在不同程度上涨,从而导致空调的制造成本大幅上升。因此,ABC 公司 2018 年利润表中营业成本在营业收入中所占的比重上升了 1.46 个百分点。

六、期间费用分析

费用指企业为销售商品、提供劳务等日常活动所发生的经济利益的流出,包括销售费用、管理费用、财务费用。

1. 销售费用分析

从销售费用的基本构成及功能来看,有的与企业的业务活动规模有关(如运输费、装卸费、整理费、包装费、保险费、销售佣金、差旅费、展览费、委托代销手续费、检验费等),有的与企业从事销售活动人员的待遇有关(如营销人员的工资和福利费),也有的与企业的未来发展、开拓市场、扩大企业品牌知名度等有关(如广告费)。从企业管理层对上述各项费用的有效控制来看,尽管管理层可以对诸如广告费、营销人员的工资和福利费等采取控制或降低其规模等措施,但是,这种控制或降低,或者对企业的长期发展不利,或者影响有关人员的积极性。因此,在报表分析时应将企业销售费用的增减变动和销售量的变动结合起来,分析这种变动的合理性、有效性。一般认为,在企业业务发展的条件下,企业的销售费用不应当降低,片面追求在一定时期的费用降低,有可能对企业的长期发展不利。

2. 管理费用分析

与销售费用一样,尽管管理层可以对管理费用中诸如业务招待费、技术开发费、董事会会费、职工教育经费、涉外费、租赁费、咨询费、审计费、诉讼费、修理费、管理人员工资和福利费等采取控制或者降低其规模等措施,但是,这种控制或降低,或者对公司的长期发展不利,或者影响有关人员的积极性。另一方面,折旧费、摊销费等是企业以前各个会计期间已经支出的费用,不存在控制其支出规模的问题,对这类费用的处理更多地受企业会计政策的影响。一般认为,在企业业务发展的条件下,企业的管理费用变动也不会太大,片面追求在一定时期的费用降低,有可能对企业的长期发展不利。

3. 财务费用分析

财务费用是企业为筹集生产经营所需资金等而发生的费用,包括利息支出(减利息收入)、汇兑损失(减汇兑收益)以及相关的手续费等。其中,经营期间发生的利息支出构成了企业财务费用的主体。企业贷款利息水平的高低,主要取决于三个因素:贷款规模、贷款利息率和贷款期限。

从贷款规模来看,如果因贷款规模的原因导致计入利润表的财务费用下降,则企业会因此而改变盈利能力。但是,我们还应该看到,企业可能因贷款规模的降低而限制了其发展。

从贷款利息率来看,贷款利息率的具体水平主要取决于以下几个因素:一定时期资本市场的供求关系、贷款规模、贷款的担保条件以及贷款企业的信誉等。在利率的选择上,可以采用固定利率、变动利率或浮动利率等。可见,贷款利率中,既有企业不可控制的因素,也有其可以选择的因素。在不考虑贷款规模和贷款期限的条件下,企业的利息费用将随着利率水平而波动。而贷款期限对企业财务费用的影响,主要体现在利率因素上。

应该说,企业的利率水平主要受一定时期资本市场的利率水平的影响。我们不应该对企业因贷款利率的宏观下调而导致的财务费用降低给以过高的评价。

总之,财务费用是由企业筹资活动发生的,因此,在进行财务费用分析时,应当将财务费用的增减变动和企业的筹资活动联系起来,分析财务费用的增减变动的合理性、有效性,发现其中存在的问题,查明原因,采取对策,以期控制和降低费用,提高企业利润水平。

项目三 小 结

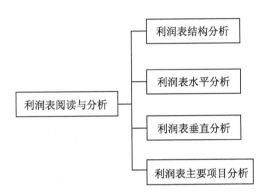

 思考与练习

一、单项选择题

1. 报表使用者通过利润表趋势分析能够( )。
   A. 评价企业收益的不同来源构成
   B. 评价不同业务的盈利水平和获利能力
   C. 评价不同部门对企业总盈利水平的影响方向和影响程度
   D. 对多个会计期间企业的盈利水平及变动趋势进行评价
2. 利润表以( )。
   A. 营业外收入为起点　　　　B. 利润总额为起点
   C. 主营业务收入为起点　　　D. 净利润为起点
3. 下列关于利润表的表述错误的是( )。
   A. 利润表是一种动态的时期报表
   B. 利润表主要解释企业在一定时期的收入实现、费用消耗以及由此计算出来的企业利润(或亏损)的情况
   C. 凭借利润表,可以评价企业生产经营所面临的财务风险、资产的营运效率、企业的活力和成长潜力

D. 利润表的列报不一定必须充分反映企业经营业绩的主要来源和构成
4. 与获得能力分析最相关的财务报表是(　　)。
   A. 资产负债表分析　　　　　　B. 现金流量表分析
   C. 利润表分析　　　　　　　　D. 报表附注分析
5. 属于利润表主要反映的项目是(　　)。
   A. 流动负债　　　　　　　　　B. 流动资产
   C. 投资活动产生的现金流量　　D. 主营业务收入

二、计算分析题

CD 公司 2018 年、2019 年的利润表垂直分析表部分数据如表 3-11 所示。

表 3-11　CD 公司利润表垂直分析表

项　目	2019 年	2018 年
一、主营业务收入	100.00	100.00
减：主营业务成本	82.58	83.93
主营业务税金及附加	1.11	0.59
二、主营业务利润	16.31	15.48
加：其他销售利润	-0.41	-0.19
减：存货跌价损失	0.15	
营业费用	0.21	0.17
管理费用	9.60	9.39
财务费用	-1.86	9.15
三、营业利润	7.80	-3.42
加：投资净收益	1.82	5.98
营业外收入	0.00	0.00
减：营业外支出	0.24	0.17
四、利润总额	9.38	2.39
减：所得税	1.80	0.37
五、净利润	7.58	2.02

根据表 3-11 数据进行利润表垂直分析计算及做出分析评价。

项目四　现金流量表与股东权益变动表阅读与分析

任务描述

本项目的任务是掌握阅读企业现金流量表的方法,熟练掌握现金流量表结构分析和趋势分析方法,学会利用报表附注信息理解财务报告数据的经济含义,熟悉现金流量表、股东权益变动表提供的信息内容,能够透过报表数据理解企业的经济活动。

学习任务

1. 掌握现金流量表结构分析、水平分析、垂直分析和主要项目分析的方法;
2. 掌握阅读现金流量表的方法;
3. 掌握阅读股东权益变动表的方法;
4. 理解财务报表之间的内在联系。

技能目标

1. 能进行现金流量表结构分析、水平分析、垂直分析和主要项目分析;
2. 能正确分析现金流量表;
3. 能正确分析股东权益变动表;
4. 能分析财务报表之间的内在联系。

知识目标

1. 现金流量表的基本结构与内容;
2. 现金流量表结构分析;
3. 现金流量表水平分析;
4. 现金流量表垂直分析;
5. 现金流量表主要项目分析;
6. 股东权益变动表的基本结构与内容;
7. 股东权益变动表的简单分析;
8. 财务报表的综合分析。

项目导入

2016年12月的最后一个星期,ABC公司与GD银行策划了一个伪造现金流量的阴谋。GD银行向一个与ABC公司没有任何关系、注册资本只有1 500万美元的YY公司贷款4.85亿元,再由YY公司购买5亿元的政府债券投资到ABC公司控制的一个子公司。作为回报,ABC公司承诺按50%的利率向YY公司支付利息。ABC公司随即将这家公司持有的5亿元政府债券出售变现,并在2016年度会计结账后的两个星期内将这5亿元连同利息约1 400万元偿还给YY公司,再由它偿还GD银行的贷款。尽管ABC公司为此付出了高昂的代价,但其2016年度经营活动产生的现金流量由原来的7亿元增至12亿元。

思考分析:

1. 经营活动产生的现金流量具体包括哪些内容?
2. ABC公司为何要以高昂的代价伪造经营活动产生的现金流量?

任务一 现金流量表结构分析

一、现金流量表的基本结构与内容

现金流量表是以现金为基础编制的财务状况变动表。这里的现金是广义的现金,不仅包括库存现金,还包括银行存款、其他货币资金以及现金等价物。银行存款是企业存在金融机构可随时用于支付的存款,对不能随时支取的定期存款不作为现金流量表中的现金,但提前通知金融机构便可支取的定期存款则包括在现金流量表的现金范围内。其他货币资金是企业存在金融机构有特定用途的资金,如外埠存款、银行汇票存款、银行本票存款、信用证保证金存款、信用卡存款等。现金等价物是企业持有的期限短、流动性强、易于转换为已知金额的现金且价值变动风险较小的投资,通常指在3个月或更短时间内到期或即可转换为现金的投资,如企业购买的长期债券投资还有3个月就到期,此时该笔债券投资可视为现金。可见,现金流量表中的现金与我们日常生活中所指的现金不同,其编制基础亦与资产负债表和利润表采用的权责发生制有根本区别。

目前,企业的现金流量表由五大项目和补充资料组成,其中经营活动、投资活动、筹资活动产生的现金流量是我们研究的重点。在每项活动中,现金流量表又将现金的流入与流出明显区分开来。

经营活动产生的现金流量,是指企业除投资活动和筹资活动以外的其他所有交易或事项所产生的现金流量,如购销商品、提供或接受劳务、缴纳税款、支付工资与营销费用等行为中所涉及的现金流量。投资活动产生的现金流量是指企业有关对外投资、购建或处置固定资产、无形资产及其他长期资产等活动中所涉及的现金流量,如股权与债权投资、收到股息与利息、收回股权与债权、购建或处置固定资产、无形资产等。而筹资活动产生的现金流量则是指企业所有与筹资相关的活动所涉及的现金流量,如借款、发行股票与债券、融资租赁、偿还债务本金与利息、支付股息等。按现行会计准则要求编制的ABC公司的现金流量表见表4-1。

表4-1　现金流量表

编制单位：ABC公司　　　　　　　　　　　　　　　　　　　　　　　　　　　　单位：百万元

项　　目	2018年	2017年
一、经营活动产生的现金流量		
销售商品、提供劳务收到的现金	3 973.63	4 087.58
收到的税费返还	117.56	134.21
收到的其他与经营活动有关的现金	59.29	49.24
经营活动现金流入小计	4 150.48	4 271.03
购买商品、接受劳务支付的现金	1 993.01	2 066.18
支付给职工以及为职工支付的现金	236.75	221.45
支付的各项税费	416.44	378.63
支付的其他与经营活动有关的现金	1 036.34	866.51
经营活动现金流出小计	3 682.54	3 532.77
经营活动产生的现金流量净额	467.94	738.26
二、投资活动产生的现金流量		
取得投资收益所收到的现金	0.50	0.00
处置固定资产、无形资产和其他长期资产收回的现金净额	0.85	0.25
收到的其他与投资活动有关的现金	6.93	1.11
投资活动现金流入小计	8.28	1.36
购建固定资产、无形资产和其他长期资产支付的现金	80.13	100.45
投资支付的现金	90.93	49.80
投资活动现金流出小计	171.06	150.25
投资活动产生的现金流量净额	−162.78	−148.89
三、筹资活动产生的现金流量		
取得借款收到的现金	7.00	0.00
筹资活动现金流入小计	7.00	0.00
偿还债务支付的现金	0.00	645.00
分配股利、利润或偿付利息支付的现金	330.59	29.06
支付的其他与筹资活动有关的现金	26.43	29.84
筹资活动现金流出小计	357.02	703.90
筹资活动产生的现金流量净额	−350.02	−703.90
四、汇率变动对现金的影响	0.00	0.00
五、现金及现金等价物净增加额	−44.85	−114.52
加：期初现金及现金等价物余额	715.08	829.60
六、期末现金及现金等价物余额	670.23	715.08
现金流量表补充资料		
1. 将净利润调节为经营活动的现金流量		
净利润	239.13	369.44

续表

项　　目	2018年	2017年
加：资产减值准备	9.07	34.97
固定资产折旧	210.20	198.36
无形资产摊销	7.33	7.28
长期待摊费用的摊销	0.52	0.29
处置固定资产、无形资产和其他长期资产的损失(减：收益)	-0.13	-0.07
固定资产报废损失	0.18	0.00
公允价值变动损失	0.00	0.00
财务费用	0.67	10.39
投资损失(减：收益)	113.21	121.54
存货的减少(减：增加)	46.63	-248.75
经营性应收项目的减少(减：增加)	151.20	162.49
经营性应付项目的增加(减：减少)	-310.05	82.33
其他	0.00	0.00
经营活动产生的现金流量净额	467.96	738.27
2. 不涉及现金收支的投资和筹资活动		
以固定资产偿还债务	0.00	0.00
以固定资产进行长期投资	0.00	0.00
以投资偿还债务	0.00	0.00
融资租赁固定资产	0.00	0.00
以存货偿还债务	0.00	0.00
3. 现金及现金等价物净增加情况		
现金的期末余额	670.23	715.08
减：现金的期初余额	715.08	829.60
加：现金等价物的期末余额		
减：现金等价物的期初余额		
现金及现金等价物净增加额	-44.85	-114.52

二、现金流量表结构分析

现金流量表结构分析是指通过对现金流量表中不同项目间的比较，分析企业现金流入的主要来源和现金流出的方向，并评价现金流入流出对净现金流量的影响。现金流量结构包括现金流入结构、现金流出结构、流入流出比例等，可列表进行分析。对现金流量结构分析旨在进一步掌握企业各项活动中现金流量的变动规律、变动趋势、公司经营周期所处的阶段及异常变化等情况。其中：(1) 流入结构分析分为总流入结构分析和三项(经营、投资和筹资)活动流入的内部结构分析。(2) 流出结构分析也分为总流出结构分析和三项(经营、投资和筹资)活动流出的内部结构分析。(3) 流入流出比例分析即经营活动的现金流入流出比(此比值越大越好)；投资活动的现金流入流出比(发展时期此比值应小，而衰退或缺少投资机会时此比值应大较好)；筹资活动的现金流入流出比(发展时期此比值较大较好)。财务分析人员可以利用现金流入和流出结构的历史比较和同业比较，得到更有意义的信息。

对于一个健康的正在成长的公司来说,经营活动的现金流量应是正数,投资活动的现金流量应是负数,筹资活动的现金流量应是正负相间的。如果公司经营活动现金流量的结构百分比具有代表性(可用三年或五年的平均数),财务分析人员还可根据它们和计划销售额来预测未来的经营活动现金流量。

(一)现金流入结构分析

ABC 公司的现金流入结构分析表见表 4-2。

表 4-2　ABC 公司现金流入结构分析表　　　　　单位:百万元

项目	绝对数		比重/%	
	2018 年	2017 年	2018 年	2017 年
销售商品、提供劳务收到的现金	3 973.63	4 087.58	95.39	95.67
收到的税费返还	117.56	134.21	2.82	3.14
收到的其他与经营活动有关的现金	59.29	49.24	1.42	1.15
经营活动现金流入小计	4 150.48	4 271.03	99.63	99.97
取得投资收益所收到的现金	0.50	0.00	0.01	0.00
处置固定资产、无形资产和其他长期资产收回的现金净额	0.85	0.25	0.02	0.01
收到的其他与投资活动有关的现金	6.93	1.11	0.17	0.03
投资活动现金流入小计	8.28	1.36	0.20	0.03
取得借款收到的现金	7.00	0.00	0.17	0.00
筹资活动现金流入小计	7.00	0.00	0.17	0.00
现金流入总量	4 165.76	4 272.39	100.00	100.00

从表 4-2 可以看出,ABC 公司 2018 年、2017 年的现金流入总量分别约为 42 亿元和 43 亿元,其中,经营活动现金流入量占比均在 99%以上,投资活动、筹资活动的现金流入量占比都在 1%以下,说明公司现金流量主要来自经营活动。进一步分析可以发现,经营活动的现金流入量主要是以销售商品、提供劳务收到的现金为主,这一项要占整个现金流入总量的 95%以上,这与我们前面分析的公司主业突出的观点是吻合的。另外,公司处于一个发展阶段的尾声,正在运筹另一个新的发展机会,这可以从 2018 年公司"取得借款收到的现金"的比重增加了 0.17 个百分点看出。投资活动现金流入的比重也略有增加,说明公司正处于发展转折期。

(二)现金流出结构分析

ABC 公司的现金流出结构分析表见表 4-3。

表 4-3　ABC 公司现金流出结构分析表　　　　　单位:百万元

项目	绝对数		比重/%	
	2018 年	2017 年	2018 年	2017 年
购买商品、接受劳务支付的现金	1 993.01	2 066.18	47.33	47.10
支付给职工以及为职工支付的现金	236.75	221.45	5.62	5.05
支付的各项税费	416.44	378.63	9.89	8.63

续表

项目	绝对数		比重/%	
	2018年	2017年	2018年	2017年
支付的其他与经营活动有关的现金	1 036.34	866.51	24.61	19.75
经营活动现金流出小计	3 682.54	3 532.77	87.46	80.53
购建固定资产、无形资产和长期资产支付的现金	80.13	100.45	1.90	2.29
投资支付的现金	90.93	49.80	2.16	1.14
投资活动现金流出小计	171.06	150.25	4.06	3.42
偿还债务支付的现金	0.00	645.00	0.00	14.70
分配股利、利润或偿付利息支付的现金	330.59	29.06	7.85	0.66
支付的其他与筹资活动有关的现金	26.43	29.84	0.63	0.68
筹资活动现金流出小计	357.02	703.90	8.48	16.05
现金流出总量	4 210.62	4 386.92	100.00	100.00

从表4-3可以看出，ABC公司2018年、2017年的现金流出总量分别约为42亿元和44亿元，其中，经营活动的现金流出量占比2018年达87.46%，2017年达80.53%。2018年经营活动现金流出量增加的主要原因是公司"支付给职工以及为职工支付的现金""支付的各项税费""支付的其他与经营活动有关的现金"三个项目共同增加所致，这是否与公司所称的原材料价格上升不太相符呢？因为原材料价格上升必然带来"购买商品、接受劳务支付的现金"的大幅增加，而公司的利润表中也体现出营业成本大幅上升的状态，但现金流量表中"购买商品、接受劳务支付的现金"2018年却比2017年有所下降。结合前面资产负债表中的分析可以看到：公司2018年的预付款项、存货中原材料规模都大幅下降，说明公司适应市场原材料价格上升的情况及时调整原材料采购策略，在不影响生产的情况下，暂时减少原材料的采购量，从这一点可以看出公司的理财水平和经营管理水平很高。投资活动现金流出量的比重基本稳定，两年都在4%左右，说明公司的设备投资在不断地微调。筹资活动的现金流出量这两年有较大的变化，2017年是公司的还款高峰期，"偿还债务支付的现金"占比达14.70%，2018年这一比重降至0，而"分配股利、利润或偿付利息支付的现金"所占比重从2017年的0.66%上升至2018年的7.85%，说明公司在度过还款高峰期之后，将回馈股东作为利润分配的重点。总的来说，结合前面现金流入结构的分析，说明公司的现金流量结构合理，资金来源稳定，财务状况安全，并且符合公司的经营特点和公司的具体实际。

（三）现金流入流出比例分析

ABC公司的现金流入流出比例分析表见表4-4。

表4-4 ABC公司现金流入流出比例分析表　　　　单位：百万元

项目	绝对数		流入：流出	
	2018年	2017年	2018年	2017年
经营活动现金流入小计	4 150.48	4 271.03	1.13	1.21
经营活动现金流出小计	3 682.54	3 532.77		

续表

项　　目	绝对数		流入：流出	
	2018年	2017年	2018年	2017年
投资活动现金流入小计	8.28	1.36	0.05	0.01
投资活动现金流出小计	171.06	150.25		
筹资活动现金流入小计	7.00	0.00	0.02	0.00
筹资活动现金流出小计	357.02	703.90		
现金总流入	4 165.76	4 272.39	0.99	0.97
现金总流出	4 210.62	4 386.92		

从表4-4可以看出，ABC公司2018年、2017年经营活动现金流入流出比分别为1.13和1.21，表明1元的现金流出可换回1.13元和1.21元的现金流入，此值越大越好。ABC公司投资活动的现金流入流出比两年分别为0.05和0.01，公司投资活动引起的现金流入较小，表明公司正处于发展期。一般而言，处于发展时期的公司此值比较小，而衰退或缺少投资机会时此值较大。筹资活动的现金流入流出比两年分别为0.02和0，表明还款明显大于借款。2018年筹资活动中的现金流入系举债获得，同时也说明该公司存在举借新债的现象。

一般而言，对于一个健康的正在成长的公司来说，经营活动的现金流量应为正数，投资活动的现金流量应为负数，筹资活动的现金流量应是正负相间的，ABC公司的现金流量基本体现了这种成长性公司的状况。

任务二　现金流量表主要项目分析

由于现金流量表是基于收付实现制编制的，即是以现金及现金等价物的收付时间为确认标准：凡是当期收到或付出的款项，不论其相关具体业务行为的归属期间如何，一律作为当期的现金流入或流出量列示在现金流量表中。因此，现金流量表虽然编制比较繁琐，但阅读起来却比较简单易懂。

一、经营活动现金流量

经营活动产生的现金流量，是企业在正常的营业活动中从事正常经营业务所产生的现金流量，包括物资的采购、商品的销售、提供或接受劳务、缴纳税款、支付工资、发生的其他与经营活动有关的现金流量。在持续经营的会计基本前提之下，经营活动现金流量反映的是企业经常性的、持续的现金流入和流出情况。

（1）"销售商品、提供劳务收到的现金"。该项目反映企业从事正常经营活动所获得的、与销售商品或提供劳务等业务相关的现金收入（含在业务发生时向客户收取的增值税额等）。具体包括：在本期发生的业务并在本期收到的现金收入，在以前会计期间发生的业务但在本期收到的现金收入，以及至今尚未发生但在本期已经预收了业务款项的现金收入等。

正常情况下，企业的资金所得，主要依赖于其日常经营业务，而销售商品、提供劳务收到的现金，就反映了企业日常经营活动中所能提供的、有一定可持续性的现金流入。

（2）"收到的税费返还"。这一部分主要披露企业当期收到的各种税费返还款，包括收到的增值税返还、消费税返还、营业税返还、所得税返还，以及教育费附加返还等，体现了企业在税收方面享受政策优惠所获得的已缴税金的回流金额。

（3）"收到的其他与经营活动有关的现金"。该项目反映企业除了销售商品、提供劳务收到的现金，以及收到的税费返还之外，所收到的其他与经营活动有关的现金流入，如罚款收入、流动资产损失中由个人赔偿的收入等。这部分资金来源在企业"经营活动现金流入量"中所占比重很小，通常带有一定程度的偶然性因素。

（4）"购买商品、接受劳务支付的现金"。这一项目反映企业在正常经营活动过程中所支付的、与购买物资及接受劳务等业务活动相关的现金流出（包括在业务发生时向客户一并支付的增值税额等）。具体包括：本期发生的而且也是在本期支付的现金，在以前会计期间发生的该类事项但在本期才支付款项的业务金额，以及至今尚未发生但在本期已经预付了业务款项的现金支出等。

与(1)中所述内容相对应，"购买商品、接受劳务支付的现金"是维持企业正常运营、保证企业经常性生产对劳务与物资需求的资金流出，也是企业获得经营业务收入的物质基础与劳务保证。

（5）"支付给职工以及为职工支付的现金"。这是指企业当期实际支付给从事生产经营活动的在职职工的工资、奖金、津贴和补贴，以及为这些职工支付的诸如养老保险、失业保险、商业保险、住房公积、困难补助等其他各有关方面的现金等。

职工是企业生产经营活动中不可或缺的具体实施者。支付给职工以及为职工支付的现金是保证劳动者自身生存及其再生产的必要开支，因此也属于企业持续性的现金支出项目。

（6）"支付的各项税费"。这是指企业按规定在当期以现金缴纳的所得税、增值税、营业税、房产税、土地增值税、车船使用税、印花税，以及教育费附加、城市维护建设税、矿产资源补偿费等各类相关税费，反映了企业除个别情况之外所实际承担的税费负担。

（7）"支付的其他与经营活动有关的现金"。该项目反映企业除了上述购买商品、接受劳务所付出的现金，支付给职工以及为职工支付的现金和支付的各项税费之外，所发生的其他与经营活动有关的现金流出，如支付给离退休人员的各项费用，以及企业支付罚款支出、差旅费与业务招待费支出、保险费支出、办公费用及营销费用支出等。

经营活动现金流量的最大特点在于，它与企业日常营运活动的直接的密切关系。无论是现金流入量还是流出量，都体现了企业在维持目前生产能力和生产规模状态下对现金及其等价物的获得与支出水平。

二、投资活动现金流量

此处的投资活动是指企业有关对外进行股权或债权投资，以及对内进行非货币性长期资产（如固定资产、无形资产及其他长期资产等）投资的活动。而"投资活动现金流量"便是反映企业在股权或债权投资中，以及与非货币性长期资产的增减变动相关的活动中所产生的现金收付金额。

企业对外进行股权或债权投资，并不直接影响其当期的经营活动，但是其日后的转让与收回,却是企业未来一笔不小的资金流入。此外,股权投资可能带来对被投资方的控股或重大影响,也有可能为企业未来获得经营物资或打开销售渠道提供潜在的和良好的帮助。

至于企业购建或处置固定资产、无形资产及其他长期资产等非货币性资产,则会在很大程度上影响企业未来的经营规模与生产能力,甚至在一定程度上还会改变企业的资产结构与经营方向。购建这类非货币性长期资产的现时资金的大量流出,可能意味着企业未来营运规模的扩大、生产技能的提高与经营策略的调整;而处置这类非货币性长期资产的现时资金的过多流入,也可能预示着企业压缩经营规模,或出于转变经营方向的需要而大量处置原有设备等长期资产。

(1)"收回投资所收到的现金"。这是指企业在当期收回其所持有的对外股权或债权投资所收到的现金,包括出售、转让长期股权投资和不属于现金等价物的短期股权投资所收到的现金,以及出售、转让各类债权投资所收到的现金和持有至到期投资到期收回的本金等。

(2)"取得投资收益所收到的现金"。这一项目是指企业基于各种对外投资而在当期获得的现金股利、利息,以及由于被投资方分配利润而收到的现金等。

(3)"处置固定资产、无形资产和其他长期资产收回的现金净额"。该项目主要是指企业在当期由于处置固定资产、无形资产和其他长期资产时,收到的现金扣除由于处置行为而产生的现金支付之后的净现金流入量,以及由于自然灾害造成企业该类长期资产损失而获得的保险赔偿所收到的现金等。

该项目的现金流入量与企业的日常运营没有直接的必然联系,通常也不具有持续性。因此,在分析考虑企业未来获取现金的能力时,对该项指标不应过多考虑。然而,该项现金流入量的金额过大,可能意味着企业借助于大量处置现有的固定资产、无形资产等来压缩生产经营规模,或者为转变经营方向进行相应的调整。此时,虽然对当期的经营活动没有明显的影响,但完全有可能对企业未来的经营活动以及相应的经营性现金流量产生影响。

(4)"收到的其他与投资活动有关的现金"。这是反映企业除前面三项内容之外所收到的其他与投资活动有关的现金流入。例如,企业在购买股票、债券等证券投资时所支付价款中包含了已宣告发放但尚未发放的股息,或者已到付息期但尚未领取的利息,在投资之后收到这些股息或利息时,不是记入"取得投资收益所收到的现金"之中,而是在本项目中进行反映。这一项目金额通常不大或很少出现,对企业资金流量的总体影响也相对较小。

(5)"购建固定资产、无形资产和其他长期资产支付的现金"。在这一项目中,包含了企业在当期由于购置或自行建造固定资产、获取无形资产和其他长期资产而发生的直接的现金支付金额,如购置该类固定资产所支付的买价、税金、运杂费、安装调试费等,以及建造该类资产所产生的人员开支等。

与(3)相对应,"购建固定资产、无形资产和其他长期资产支付的现金"本身也与企业当期的日常运营没有太多直接的必然联系。然而,该现金流出量的发生,有可能预示着企业未来某些方面生产经营规模的调整与扩大,从而对企业未来经营活动所需的资金流出量以及相应的经营成果的资金流入量都产生较大的、不可忽视的影响。

(6)"投资支付的现金"。此项目反映企业当期因对外投资购买股票、债券等直接发生的交易或投资价格的现金支出,不但包括企业购买股票、债券等直接发生的交易或投资价格的现金支出,也包括因此而支付的佣金、手续费等相关附加费用的现金流出。"投资支付的现金",作为企业当期的一笔现金流出,也意味着企业未来获得股息、利息、利润以及转让或出售投资所得的现金流入的潜在可能。

(7)"支付的其他与投资活动有关的现金"。该项目主要是指企业发生的不属于"购建固定资产、无形资产和其他长期资产支付的现金",也不属于"投资支付的现金"项目的其他与投资活动有关的现金流出,如企业购买股票、债券所暂时垫付的被投资方已宣告发放但尚未发放的股息及已到付息期但尚未领取的利息等。这一项目金额一般也很小或者几乎没有,更谈不上有经常性,所以对企业的现金影响也非常微弱。

投资活动现金流量的最大特点在于,就当期而言,它与企业日常营运活动几乎没有多少直接的关系或影响,但是却对企业未来的现金流量产生一定的甚至有时是不容忽视的影响:目前的大量流入可能意味着未来相关现金流入的大幅度萎缩;而目前的大量该类现金流出,又可能蕴含着未来会产生或促使大量的相应的现金流入。

三、筹资活动现金流量

正常情况下,企业经营活动中的资金需求主要由其经营活动中的资金流入量来满足,即所谓的"以收抵支",甚至还应略有剩余。然而,由于生产经营活动中也存在着各有关环节衔接不当的情况,可能会造成企业短期内资金周转不畅,出现现金短缺现象;或者企业出于战略调整、规模扩大等需要而对现金需求量提出更高的要求;等等。企业便不可避免地需要从外部筹措所需资金,从而便产生了企业的筹资活动。

筹资活动现金流量,反映了企业出于各种需求而进行资金筹措活动所产生的现金流入或流出金额。对这类现金流量的阅读,关键在于理解企业所筹资金的来源渠道及其规模大小、推测企业所筹资金的用途或动机,以及可能对未来产生的资金压力等。

(1)"吸收投资收到的现金"。这是指企业以发行股票、发行债券等方式所获得的投资者投入的现金总量,在扣除佣金和发行费用的支出之后的净现金所得。

企业以发行股票方式筹集资金,在带来可供其长期使用而无须偿还的股权资金的同时,由于在一定程度上降低了资产负债比率,从而提高了企业对债权人利益的保障程度,也为企业日后的债务筹资提供了可能。

而企业若以发行债券方式筹集资金,则在带来目前可供使用的债务资金的同时,也造成了企业日后按期还本付息的资金压力。因此,如果该项现金来源金额过大,报表使用者就应充分考虑和分析该企业未来获取现金、偿付本息的能力,以及偿还时大量的资金流出对企业正常经营可能产生的负面影响。

(2)"取得借款收到的现金"。即企业在当期向银行或非银行金融机构举借各种长期或短期借款所收到的现金。如同以发行债券的方式筹集资金一样,企业在向银行或非银行金融机构举借借款获得目前可供使用的资金的同时,同样会造成日后按期还本付息的资金压力,即现时的现金流入会导致未来相应的现金流出。

(3)"收到的其他与筹资活动有关的现金"。这是指企业除吸收投资以及借款所收到的现金之外,在其他归并于筹资活动的有关项目上所收到的现金,如企业接受的现金捐赠等。

这类现金流入通常在企业筹资活动现金流入量中所占比重很小,有时甚至不会出现。

(4)"偿还债务支付的现金"。企业在以往筹资活动中,以发行债券的方式或向银行及非银行金融机构借款的方式筹措所需资金,无论期限多长,都需要在未来一定期限内还本付息。"偿还债务支付的现金"便是反映企业在当期偿还已经到期的各项债务本金所产生的现金支出金额。

(5)"分配股利、利润或偿付利息支付的现金"。使用别人的资金是需要付出代价的,企业以吸收投资或借款的方式获得对投资者或债权人资金的占有和使用权的同时,自然也需要付出相应的使用代价,这种使用代价的现金表现便是以现金形式支付给股东的股利、利润,以及支付给债权人的借款利息或债券利息等。

(6)"支付的其他与筹资活动有关的现金"。该项目反映了除偿还债务支付的现金以及分配股利、利润或偿付利息支付的现金之外,因其他与筹资活动有关的情况而发生的现金流出金额。例如,企业为发行股票而支付的审计费、咨询费,企业对外捐出现金,企业为购建固定资产、无形资产等而发生的可以资本化的借款利息支出,以及以融资租赁形式租入固定资产而发生的租赁费开支等。

筹资活动现金流量的最大特点在于,其现时现金流量与未来现金流量在一定程度上的对应性,即:目前该类现金流入量的发生,在一定程度上意味着未来存在相应的现金流出量;而目前该类现金流出量的存在,则是以往相应的现金流入量所引起的必然结果。

四、现金流量表的补充资料

现金流量表的补充资料,以净利润为起点,通过对影响利润或现金流量的一些相关项目金额的调整,倒推出经营活动现金净流量。它一方面与正表中经营活动现金净流量相对应,另一方面也反映了企业当期所发生的不涉及现金收支活动的投资筹资活动信息。这些活动在当期不涉及现金收支,但对企业未来各期的现金流量可能会产生明显的影响。

在现金流量表的补充资料中,调整的项目主要有:

(1)当期没有实际收到或付出现金的经营活动事项。如赊购物资、赊销商品、摊销费用、计提资产减值准备等。这些项目虽然构成了企业的当期收入或费用,影响着企业的当期利润,但却没有形成企业的现金流入或流出,自然也不会影响现金净流量。

(2)不属于经营活动的损益项目。如当期发生的利息费用、固定资产处置净损益等。这些项目的产生,与企业的筹资与投资活动息息相关,却不属于企业日常生产经营活动项目,也不构成企业经营活动的现金净流量。

(3)经营性应收、应付项目的变动。如应收、应付账款,应收、应付票据,应交税金,应付职工薪酬,其他应收、应付款等。这些项目的变动,可能并不影响企业的当期利润,但却对当期的现金流量有直接的影响。

因此,经营活动产生的现金流量净额=净利润+不影响经营活动现金流量但减少净利润的项目-不影响经营活动现金流量但增加净利润的项目+与净利润无关但增加经营活动现金流量的项目-与净利润无关但减少经营活动现金流量的项目

任务三　股东权益变动表结构分析

一、股东权益变动表的基本结构与内容

股东权益变动表(或称所有者权益变动表,下同)是指反映构成所有者权益的各组成部分当期的增减变动情况的会计报表。当期损益、直接计入所有者权益的利得和损失以及与所有者(或称股东,下同)的资本交易导致的所有者权益的变动,应当分别列示。

股东权益变动表全面反映了企业的股东权益在年度内的变化情况,便于会计信息使用者深入分析企业股东权益的增减变化情况,进而对企业的资本保值增值情况做出正确判断,从而提供对决策有用的信息。

股东权益变动表包括表首、正表两部分。其中,表首说明报表名称、编制单位、编制日期、报表编号、货币名称、计量单位等;正表是股东权益变动表的主体,具体说明股东权益变动表的各项内容,包括股本(或称实收资本,下同)、资本公积、法定和任意盈余公积、法定公益金、未分配利润等。每个项目中,又分为年初余额、本年增加数、本年减少数、年末余额四小项,每个小项中又分具体情况列示其不同内容。股东权益变动表各项目应根据"股本""资本公积""盈余公积""未分配利润"等科目的发生额分别填列。

ABC 公司股东权益变动表见表 4-5。从表 4-5 中可以看出,股东权益变动反映的信息包括:(1)净利润;(2)直接计入所有者权益的利得和损失项目及其总额;(3)会计政策变更和差错变更的累积影响金额;(4)所有者投入资本和向所有者分配利润等;(5)按照规定提取的盈余公积;(6)实收资本、资本公积、盈余公积、未分配利润的期末和期初余额及其调节情况。

二、股东权益变动表简单分析

从表 4-5 可以看出 ABC 公司股东权益近两年的变化情况:(1)股本 2017 年年初为 79 765 万元,2017 年 7 月实行"10 股送 2 股派 0.5 元(含税)"的分配方案,股本增加 15 953 万元,在表中以"股份支付计入所有者权益的金额"增加股本 15 953 万元的形式表现;同时实行"每 10 股转增 3 股"的转增方案,股本又增加了 23 929 万元;2017 年年底股本总额为 119 647 万元。2018 年股本总额没有发生变化。(2)资本公积 2017 年年初为 317 301 万元,2017 年实行"每 10 股转增 3 股"的转增方案,股本增加了 23 929 万元,同时资本公积减少了 23 929 万元;2018 年年底,资本公积总额为 293 372 万元,2018 年资本公积总额没有发生变化。(3)盈余公积 2017 年年初为 107 170 万元,2017 年提取盈余公积 19 619 万元;同时根据财政部财会〔2001〕5 号文件,经过股东大会审议批准后,公司本年将上年已冲减年初未分配利润的住房周转金冲销了盈余公积——法定公益金 6 993 万元,同时增加了本年年初未分配利润 6 993 万元;2017 年年底盈余公积总额为 119 796 万元,2018 年又提取了 12 518 万元的盈余公积,到 2018 年年底,盈余公积总额达 132 314 万元。(4)未分配利润 2017 年年初为 34 660 万元,由于上述(3)的政策调整,年初未分配利润增加了 6 993 万元,本年度实现净利润 36 944 万元,2017 年 7 月实行"10 股送 2 股派 0.5 元(含税)"的分配方案

表 4-5 股东权益变动表

编制单位：ABC 公司　　单位：百万元

项目	本年金额（2018 年）						上年金额（2017 年）					
	股本	资本公积	减：库存股	盈余公积	未分配利润	所有者权益合计	股本	资本公积	减：库存股	盈余公积	未分配利润	所有者权益合计
一、上年年末余额	1 196.47	2 933.72	0.00	1 197.96	390.37	5 718.52	797.65	3 173.01	0.00	1 071.70	346.60	5 388.96
加：会计政策变更											69.93	69.93
前期差错更正												
二、本年年初余额	1 196.47	2 933.72	0.00	1 197.96	390.37	5 718.52	797.65	3 173.01	0.00	1 071.70	416.53	5 458.89
三、本年增减变动金额												
（一）净利润					239.13	239.13					369.44	369.44
（二）直接计入所有者权益的利得和损失												
1. 可供出售金融资产公允价值变动净额												
2. 权益法下被投资单位其他所有者权益变动的影响												
3. 与计入所有者权益项目相关的所得税影响												
4. 其他												
上述（一）和（二）小计												
（三）所有者投入和减少资本												
1. 所有者投入资本							159.53				(159.53)	0.00
2. 股份支付计入所有者权益的金额												
3. 其他												

续表

项目	本年金额(2018年)						上年金额(2017年)					
	股本	资本公积	减:库存股	盈余公积	未分配利润	所有者权益合计	股本	资本公积	减:库存股	盈余公积	未分配利润	所有者权益合计
(四)利润分配												
1. 提取盈余公积				125.18	(125.18)	0.00				196.19	(196.19)	0.00
2. 对股东的分配					(358.94)	(358.94)					(39.88)	(39.88)
3. 其他												
(五)所有者内部权益结转												
1. 资本公积转增股本							239.29	(239.29)				0.00
2. 盈余公积转增股本												
3. 盈余公积弥补亏损												
4. 其他										(69.93)		(69.93)
四、本年年末余额	1 196.47	2 933.72	0.00	1 323.14	145.37	5 598.70	1 196.47	2 933.72	0.00	1 197.96	390.37	5 718.52

和提取盈余公积及对股东的分配,分别减少了 15 953 万元、19 619 万元、3 988 万元,2017 年年底未分配利润总额为 39 037 万元;2018 年由于同样的利润实现及分配原因,未分配利润在 2018 年年底的数额为 14 537 万元。从表中还可以看出,公司 2018 年对股东的分配额度明显加大,这里虽然有股东人数增加的因素,但结合前面的分析,公司在度过了 2017 年的还债高峰期之后,回馈股东的幅度在加大。

股东权益变动表,可以真实全面地反映企业的收益,增进了财务报表关于企业财务业绩信息的完整性和有用性,减小了企业管理层进行盈余管理、利润操纵的空间,保证了资本市场的健康发展。

如何看透财务报表

财务报表分析是一门"艺术",背后隐藏着企业的玄机。

财务报表是企业所有经济活动的综合反映,提供了企业管理层决策所需要的信息。认真解读与分析财务报表,能帮助我们剔除财务报表的"粉饰",公允地评估企业的决策绩效。

要读懂财务报表,除了要有基本的财务会计知识外,还应掌握以下方面以看清隐藏在财务报表背后的企业玄机。

一、浏览报表,探测企业是否有重大的财务方面的问题

拿到企业的报表,首先不是做一些复杂的比率计算或统计分析,而是通读三张报表,即利润表、资产负债表和现金流量表,看看是否有异常科目或异常金额的科目,或从表中不同科目金额的分布来看是否异常。比如,在国内会计实务中,"应收、应付是个筐,什么东西都可以往里装"。其他应收款过大往往意味着本企业的资金被其他企业或人占用,甚至长期占用,这种占用要么可能不计利息,要么可能变为坏账。在分析和评价中应剔除应收款可能变为坏账的部分并将其反映为当期的坏账费用以调低利润。

1. 研究企业财务指标的历史长期趋势,以辨别有无问题

一家连续盈利的公司业绩一般来讲要比一家前 3 年亏损、本期却盈利丰厚的企业业绩来得可靠。我们对国内上市公司的研究表明:一家上市公司的业绩必须看满 5 年以上才基本上能看清楚,如果以股东权益报酬率作为绩效指标来考核上市公司,那么会出现一个规律,即如果上市公司上市当年的该项指标相对于其上市前 3 年的平均水平下跌 50% 以上,则以后的年份再也不可能恢复到上市前的水平。解释只有一个:企业上市前的报表"包装"得太厉害。

2. 比较企业的利润水平是否与其现金流量水平一致

有些企业在利润表上反映了很高的经营利润水平,而在其经营活动产生的现金流量方面却表现贫乏,那么我们就应提出这样的问题:利润为什么没有转化为现金?利润的质量是否有问题?"银广夏"在其被曝光前一年的盈利能力远远超过同业的平均水平,但是其经营活动产生的现金流量净额却相对于经营利润水平贫乏,事后证明该公司系以其在天津的全资进出口子公司虚做海关报关单,然后在会计上虚增应收账款和销售收入的方式吹起利润的"气球"。而这些子虚乌有的所谓应收账款是永远不可能转化为经营的现金的,这也就难怪其经营活动产生的现金流量如此贫乏。

3. 将企业与同业比较

将企业的业绩与同行业指标的标准进行比较也许会给我们带来更深刻的企业画面：一家企业与自己比较也许进步已经相当快了，如销售增长了20%，但是放在整个行业的水平上来看，可能就会得出不同的结论，如果行业平均的销售增长水平是50%，那么低于此速度的、跑得慢的企业最终将败给自己的竞争对手。

二、小心报表中的"粉饰"

财务报表中粉饰报表、制造泡沫的一些手法，对企业决策绩效的评估容易产生偏差甚至完全出错的现象。

1. 以非经常性业务利润来掩饰主营业务利润的不足或亏损状况

非经常性业务利润是指企业不经常发生或偶然发生的业务活动产生的利润，通常出现于投资收益、补贴收入和营业外收入等科目中。如果我们分析中发现企业扣除非经常性业务损益后的净利润远低于企业净利润的总额，如不到50%，那么我们可以肯定企业的利润主要不是来源于其主营的产品或服务，而是来源于不经常发生或偶然发生的业务，这样的利润水平是无法持续的，也并不反映企业经理人在经营和管理方面提高的结果。

2. 将收益性支出或期间费用资本化以高估利润

这是中外企业"粉饰"利润的惯用手法，如将本应列支为本期费用的利润表项目反映为待摊费用或长期待摊费用的资产负债表项目。在国内房地产开发行业中，我们可以经常地看到企业将房地产项目开发期间发生的销售费用、管理费用和利息支出任意地和长时间地"挂账"于长期待摊费用科目，这样，这些企业的利润便被严重地高估。

3. 以关联交易方式"改善"经营业绩

采用这一手法的经典例子是目前已经不存在的"琼民源"公司。为了掩盖亏损的局面不惜采用向其子公司出售土地以实现当期利润，而下一年再从该子公司买回土地的伎俩，后来"东窗事发"，遭到财政部和证监会的严厉惩处。所以，我们在分析中应关注企业关联方交易的情况，研究其占企业总的销售、采购、借款以及利润的比例，并应审查这些交易的价格是否有失公允。

4. 通过企业兼并"增加"利润

某些企业在产品或服务已经丧失盈利能力的情况下，采用兼并其他盈利企业的手段来"增加"其合并报表的利润。这些企业的会计高手利用国内尚未有合并会计报表的会计准则和目前合并报表暂行规定中的"漏洞"，将被兼并企业全年的利润不合适地并入合并报表中。在分析中应特别注意企业的收购日期，收购前被兼并企业的利润水平，在合并利润表的利润总额和净利润之间有无除所得税和少数股东收益以外的异常科目出现。

5. 通过内部往来资金粉饰现金流量

有的企业在供、产、销经营活动产生的现金流量不足时，采用向关联企业内部融通资金，并把这些资金的流入列为"收到的其他与经营活动有关的现金"的手法使现金流量表中经营活动产生的现金流量看起来更好。

三、不夸大财务报表的作用

对财务报表进行分析，有助于我们全面地把握公司的财务情况和评估决策绩效，但是也应清醒地认识到财务报表分析的局限性。

首先，企业的资产负债表以及利润表中的产品销售成本是按资产或存货获得时所支付的金额记录的,因此资产和销售成本不是按资产或存货现行价值反映的。在通货膨胀的情况下,有可能引起资产报酬率或权益报酬率的高估。另外,历史成本原则还导致同业新老企业比较的困难。比如,假设甲、乙两家企业生产完全相同的产品,生产能力一样,本年销售收入也完全一样,都是1亿元。但是,甲企业是10年前成立的企业,由于固定资产购建比较早,因此当初的成本比较便宜,再由于使用中折旧的缘故,故其固定资产的账面值较低,仅为2 000万元;而乙企业是刚成立3年的企业,固定资产的购建成本较高,累计提取的折旧较少,所以其账面值较高,为6 000万元。我们计算甲、乙两家企业的固定资产周转率可得:甲企业为10 000/2 000=5(次),而乙企业为10 000/6 000=1.67(次)。若我们将两家企业的周转率相比,则会得到乙企业的周转率仅仅为甲企业的1/3,乙企业的资产管理效率似乎远远不如甲企业的结论。但是,这样的结论显然是有失公允的。解决这一局限性的方法是在企业内部考核中采用资产的现行价值来计量资产的价值,如甲、乙企业的对比中,我们可以按固定资产重新购建的成本——重置成本来替换其账面值。

其次,会计方法选择和会计估计的普遍存在。财务会计准则和制度中常常允许对相同的业务采取多个可选择的方法之一,即使对同类固定资产都采用直线法折旧,不同企业对资产的使用年限、未来能够在市场上可变卖的价值(残值)的估计也可能是不一样的。克服这些问题的方法有:其一,在企业集团内部的绩效考核之前,应该按行业统一企业会计制度,尽可能地减少或禁止对同一类经济业务的不同会计处理方法;其二,作为分析人员,应对一些由于会计政策不一致而对财务指标产生影响的因素进行剔除。

另外,财务指标也具有局限性。企业的内部控制程序是否有效以及企业作为组织的创新和学习能力怎样等是财务指标所不能反映或不能完全反映的,必须借助于其他的非财务指标,甚至是难以量化的指标来考核。

财务报表分析是一门"艺术",正如对同一片自然的景色,画匠和大师的笔下诠释会有很大差距一样,不同的分析人员在解析同一份报表时可能得到十分不同的结论。

项目四 小 结

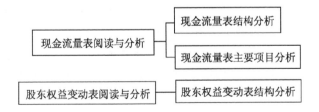

 思考与练习

一、单项选择题

1. 由现金流量表提供的信息是( )。
   A. 企业的债权人信息　　　　B. 企业的利润情况
   C. 企业的经营性现金流量　　D. 企业资产状况

2. 采用间接法编制现金流量表中经营活动产生的现金流量的起点是（　　）。
   A. 营业外收入　　B. 利润总额　　C. 主营业务收入　　D. 净利润
3. 经营活动现金流量大于零，意味着企业（　　）。
   A. 企业盈利　　　　　　　　B. 生产经营过程中，现金"入不敷出"
   C. 生产经营过程中，现金"收支平衡"　　D. 生产经营比较正常，现金支付有保障
4. 属于经营活动产生的现金流量的项目是（　　）。
   A. 发行股票收到的现金　　　　B. 借款收到的现金
   C. 处理固定资产支付的现金　　D. 支付的税费
5. 企业经营活动中现金流量等于零，意味着（　　）。
   A. 企业盈利　　　　　　　　B. 生产经营过程中，现金"入不敷出"
   C. 生产经营过程中，现金"收支平衡"　　D. 生产经营比较正常，现金支付有保障
6. 属于筹资活动产生的现金流量的项目是（　　）。
   A. 吸收投资收到的现金　　　　B. 处置无形资产收到的现金
   C. 购建固定资产支付的现金　　D. 收回投资收到的现金
7. 属于投资活动产生的现金流量的项目是（　　）。
   A. 发行债券收到的现金　　　　B. 借款收到的现金
   C. 购建固定资产支付的现金　　D. 收到的税费返还
8. 现金流量表中，导致企业资本及债务规模和构成发生变化的活动是（　　）。
   A. 经营活动　　B. 投资活动　　C. 筹资活动　　D. 长期股权投资
9. "通过将连续多年的现金流量表并列在一起加以分析，以观察现金流量的变化趋势"属于（　　）。
   A. 以总现金流入为基础的结构分析　　B. 以总现金流出为基础的结构分析
   C. 经营活动现金流入结构分析　　　　D. 现金流量的趋势分析

二、多项选择题

1. 现金流量表中对现金流量的分类包括（　　）。
   A. 投资活动现金流量　　　　B. 经营活动现金流量
   C. 日常活动现金流量　　　　D. 筹资活动现金流量
   E. 货币资金　　　　　　　　F. 企业当期经营状况良好，获得较多的现金流量
2. 下列关于现金流量的各种表述中正确的是（　　）。
   A. 现金流量总额是指流入和流出抵消后的净额
   B. 现金流量的各项目按报告年度的现金流入或流出的总额反映
   C. 现金流量总额全面揭示企业现金流量的方向、规模和结构
   D. 现金净流量可能是正数也可能是负数
   E. 现金净流量反映了企业各类活动形成的现金流量的最终结果
3. 现金流量表的内容包括（　　）。
   A. 本期现金从何而来　　　　B. 本期现金用向何方
   C. 现金余额发生什么变化　　D. 不涉及现金的投资活动
   E. 不涉及现金的筹资活动

三、判断说明题

1. 采用直接法编制现金流量表——经营活动产生的现金流量是以主营业务收入为起点。
（　　）
2. 采用间接法编制现金流量表——经营活动产生的现金流量是以主营业务收入为起点。
（　　）
3. 现金流量表中的"经营活动"是指直接进行产品生产、商品销售或劳务提供的活动。
（　　）

四、综合实践训练题

1. 根据本项目任务，要求运用网络教学资源准备一份上市公司近三年的财务报表，并对其进行结构分析和重点项目分析。
2. 财务报表阅读分析综合实例。

珠海中富实业股份有限公司2006年年度报告

重要提示

本公司董事会、监事会及董事、监事、高级管理人员保证本报告所载资料不存在任何虚假记载、误导性陈述或者重大遗漏，并对其内容的真实性、准确性和完整性承担个别及连带责任。全部董事均出席董事会。公司董事长黄乐夫先生、总经理卢焕成先生及财务经理周毛仔先生声明：保证年度报告中财务报告的真实、完整。

一、公司基本情况简介

（一）公司名称：珠海中富实业股份有限公司　缩写：珠海中富
英文名称：zhuhai zhongfu enterprise co.,ltd.　缩写：zhuhai zhongfu
（二）公司法定代表人：黄乐夫
（三）公司董事会秘书及其授权代表：陈立上、周毛仔
联系地址：广东省珠海市湾仔镇第一工业区
电话：(0756)8821350
传真：(0756)8812870　8821103
e-mail：zfzjb@zhongfu.com.cn
（四）公司注册、办公地址：广东省珠海市湾仔镇南湾南路第一工业区
邮政编码：519030
公司国际互联网网址：http://www.zhongfu.com.cn
e-mail 地址：zfzjb@zhongfu.com.cn
（五）公司选定的信息披露报纸为：《证券时报》《中国证券报》
公司年度报告登载的国际互联网网址：http://www.cninfo.com.cn
公司年度报告置放地点：公司董秘办
（六）公司股票上市交易所：深圳证券交易所
股票简称：珠海中富　股票代码：000659
（七）其他有关资料
1. 公司首次注册登记日期、登记地点
公司于1985年12月18日在珠海市注册登记，最近一次变更登记是2010年9月3日。

2. 企业法人营业执照注册号：4404001003116
3. 税务登记号码：44040219255957X
4. 会计师事务所名称：广东恒信德律会计师事务所有限公司
会计师事务所办公地址：广东省珠海市康宁路16、18号
联系电话：0756(2114788)　2227513

二、会计数据和业务数据摘要

1. 主要会计数据(表4-6)

表4-6　主要会计数据　　　　　　　　　　　　　　　　　单位：元

项　目	2006年	2005年	本年比上年增减/%	2004年
主营业务收入	2 256 047 803.95	1 926 780 539.85	17.09	1 636 650 055.22
利润总额	176 940 876.73	103 415 795.48	71.10	162 353 867.65
净利润	104 036 337.84	70 016 743.30	48.59	122 266 140.48
扣除非经常性损益的净利润	102 222 187.00	78 952 260.90	29.47	121 134 700.16
经营活动产生的现金流量净额	714 670 328.48	363 270 892.37	96.73	325 922 307.11
项　目	2006年年末	2005年年末	本年末比上年末增减/%	2004年年末
总资产	5 691 217 901.42	5 136 267 418.00	10.80	4 723 256 235.39
股东权益(不含少数股东权益)	1 940 048 130.36	1 866 007 889.48	3.97	1 841 023 969.89

2. 主要财务指标(表4-7)

表4-7　主要财务指标　　　　　　　　　　　　　　　　　单位：元

项　目	2004年	2006年	2005年	本年比上年增减/%
每股收益	0.15	0.1	50	0.18
净资产收益率	5.36	3.75	1.61	6.64
扣除非经常性损益的净利润为基础计算的净资产收益率	5.27	4.02	1.25	6.58
每股经营活动产生的现金流量净额	1.04	0.53	96.23	0.47
项　目	2006年年末	2005年年末	本年末比上年末增减/%	2004年年末
每股净资产	2.82	2.71	4.06	2.67
调整后的每股净资产	2.77	2.67	3.75	2.63

3. 非经常性损益项目(表4-8)

表4-8 非经常性损益项目   单位:元

非经常性损益项目	金　额
处置长期股权投资、固定资产、在建工程、无形资产、其他长期资产产生的损益	3 034 728.35
各种形式的政府补贴	1 288 382.11
其他各项营业外收入、支出	-3 944 709.41
以前年度已经计提各项减值准备的转回	2 947 066.98
债务重组损益	-1 725 853.94
非经常性损益的所得税影响数	214 536.75
合　　计	1 814 150.84

三、股本变动及股东情况

1. 报告期内股东权益变动情况(表4-9)

表4-9 报告期内股东权益变动情况   单位:元

项　目	股本	资本公积	盈余公积	法定公益金	未分配利润	股东权益合计
期初数	688 295 600.00	570 529 285.00	363 503 264.92	55 123 108.80	251 679 637.49	1 866 007 889.48
本期增加	17 406.40	34 735 250.97	34 886 306.87		74 040 240.88	
本期减少				-55 123 108.80		
期末数	688 295 600.00	570 546 691.40	398 238 515.89		286 565 944.36	1 940 048 130.36

变动原因:

(1) 资本公积的增加是根据子公司本年度资本公积的变动相应调整;

(2) 盈余公积的增加和法定公益的减少是根据财政部财企〔2006〕67号文《关于〈公司法〉施行后有关企业财务处理问题的通知》将公益金转为盈余公积使用;

(3) 未分配利润增加是本年度实现利润所致。

2. 公司控股股东情况说明

本公司第一大股东是珠海中富工业集团有限公司,属非国有独资有限责任公司,成立于1982年,注册资本36 884.29万元,持有本公司有限售条件流通股份24 000万股,占总股份的34.87%。

法定代表人:黄乐夫。

经营范围:塑料制品、纸制品、纺织品等,其股东为珠海中富工业集团有限公司工会委员会、珠海乐福贸易有限公司、珠海诚纬贸易有限公司、珠海家禾贸易有限公司、黄乐夫、卢焕成、叶春萱,股权比例分别为63.12%、17.72%、6.68%、4.47%、5.07%、2.40%、0.53%。珠海中富工业集团有限公司工会委员会为在珠海市民政局注册的社团法人,法定代表人黎华根。

公司与实际控制人之间的产权和控制关系如图4-1所示。

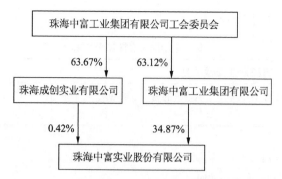

图 4-1　公司与实际控制人之间的产权和控制关系图

四、董事、监事、高级管理人员和员工情况

董事、监事、高级管理人员情况(略)。

员工情况:

截至 2006 年 12 月 31 日,公司(不含子公司)在册职工 934 名,其中,管理人员 81 人,占总人数的 8.67%;专业技术人员 173 人,占总人数的 18.52%;生产人员 655 人,占总人数的 70.12%;其他人员 25 人,占总人数的 2.68%。员工中具有大、中专以上学历的 203 人,具有专业技术职称的 138 人,公司没有需承担费用的离退休职工。

五、公司治理结构(略)

六、股东大会情况简介(略)

七、董事会报告

(一)管理层讨论与分析

1. 报告期内公司经营情况的回顾

(1)公司报告期内的总体经营情况。

2006 年饮料包装市场持续发展,公司的销售收入保持增长。在原有产品发展之外,代加工水业务增幅较大,新产品业务产销量提高。内部管理细化,成本得到控制。公司全年实现主营业务收入 2 256 047 803.95 元,比上年增加 17.09%;实现主营业务利润 520 123 315.99 元,比上年增加 24.39%;实现利润总额 176 940 876.73 元,比上年增加 71.10%;实现净利润 104 036 337.84 元,比上年增加 48.59%。

(2)公司主营业务及其经营状况。

珠海中富主要从事塑料 pet 饮料瓶、瓶胚系列,pvc、opp 标签等产品的生产和销售以及饮料代灌装业务。

① 按产品分,公司主营业务情况如表 4-10 所示。

表 4-10　按产品分的公司主营业务情况　　　　单位:万元

分行业或产品	主营业务收入		主营业务成本		主营业务利润率	
	2006 年	比 2005 年增长/%	2006 年	比 2005 年增长/%	2006 年	比 2005 年增长/%
饮料包装制品及原料生产	225 604.78	17.09	173 355.87	15.1	23.16	1.33

续表

分行业或产品	主营业务收入		主营业务成本		主营业务利润率	
	2006 年	比 2005 年增长/%	2006 年	比 2005 年增长/%	2006 年	比 2005 年增长/%
主营业务分产品情况						
饮料包装制品	317 450.73	4.51	273 026.15	1.94	13.99	2.17
饮料加工	22 390.49	35.85	20 919.94	32.25	6.57	2.54
pet 生产原料	29 414.61	-6.41	28 250.54	-7.01	3.96	0.9
公司各业务分部之间相互抵消部分	-143 651.05	0	-148 840.77	0	0	0
合计	225 604.78	17.09	173 355.86	15.1	23.16	1.33

说明：饮料加工由于代灌装线全面投产，故主营业务收入、成本增加较多。

② 按地区分，公司主营业务情况如表 4-11 所示。

表 4-11 按地区分的公司主营业务情况 单位：元

地 区	主营业务收入	主营业务成本	主营业务利润率/%	主营业务收入比上年增长/%
华南地区	1 011 267 779.30	918 452 156.55	9.18	20.38
华东地区	421 192 531.05	340 227 853.79	19.22	-23.62
华北地区	650 927 508.27	553 253 136.39	15.01	-7.59
东北地区	576 814 256.79	473 717 270.64	17.87	9.01
西南地区	757 661 054.03	680 937 004.39	10.13	5.51
其他地区	244 954 046.34	225 417 848.10	7.98	91.93
国外	29 741 100.42	29 961 039.87	9.56	-38.67
公司各业务分部间相互抵销	1 436 510 472.25	1 488 407 654.13		
合计	2 256 047 803.95	1 733 558 655.60	23.16	17.09

③ 推出新产品情况。公司新产品 pet 啤酒瓶、pet 酱油瓶已实现向客户的正常供货，随着厂商和消费者对新包装的了解和接受，新产品的产销量将会逐渐增加并为公司贡献更多利润。

④ 主要供应商、客户情况。公司向前五名供应商合计的采购金额占年度采购总额的 22.86%，前五名客户销售额合计占公司销售总额的 27.80%。

(3) 报告期公司资产构成、费用同比发生的变动及其原因。

① 资产构成的变动情况如表 4-12 所示。

表 4-12 资产构成的变动情况 单位：元

项 目	2006 年 12 月 31 日		2005 年 12 月 31 日	
	金额	占总资产比例/%	金额	占总资产比例/%
应收款项	825 608 514.76	14.50	755 864 662.68	14.72
存货	578 011 424.79	10.15	591 441 818.54	11.52

续表

项　目	2006年12月31日		2005年12月31日	
	金额	占总资产比例/%	金额	占总资产比例/%
长期股权投资	103 035 629.58	1.81	130 114 481.23	2.53
固定资产	3 364 532 509.01	59.11	3 230 554 063.86	62.90
在建工程	101 302 954.24	1.78	274 748 165.24	5.35
短期借款	1 702 400 000.00	29.91	1 822 108 709.78	35.48
长期借款	391 555 167.38	6.88	139 281 627.71	2.71

说明：

（ⅰ）存货、短期借款占比减少主要是部分业务以来料加工方式开展，自购原辅料减少相应所需资金降低所致；

（ⅱ）固定资产占比减少主要是总资产增加所致；

（ⅲ）在建工程占比减少较多主要是上年在建工程陆续完工而新增在建工程较少所致；

（ⅳ）长期借款占比增加较多主要是机器设备、房产的长期抵押借款增加所致。

② 费用、所得税的变动情况如表4-13所示。

表4-13　费用、所得税的变动情况　　　　　　　　　　　　　单位：元

项　目	2006年	2005年	比上年增减/%
营业费用	86 139 387.87	84 196 377.45	2.31
管理费用	149 623 169.45	116 005 748.58	30.39
财务费用	115 799 131.27	108 616 728.52	6.61
所得税	22 880 546.88	14 435 525.97	58.50

说明：

（ⅰ）管理费用增加主要是公司业务量扩大，产销量增加，导致工资及福利、办公费用等相应增加所致；

（ⅱ）所得税增加主要是子公司所得税"两免三减"逐渐到期所致。

（4）现金流量的构成情况如表4-14所示。

表4-14　现金流量的构成情况　　　　　　　　　　　　　　　单位：元

项　目	2006年	2005年	变动原因
经营活动产生的现金流量净额	714 670 328.50	363 270 892.40	销售商品收到及其他与经营活动有关的现金增加
投资活动产生的现金流量净额	-352 886 499.70	-426 876 207.40	处置固定资产、无形资产和其他长期资产所收回的现金净额增加
筹资活动产生的现金流量净额	26 167 821.09	54 044 526.72	部分业务来料加工，所需银行贷款减少

2. 对公司未来发展的展望

（1）行业的发展趋势及面临的竞争格局。

当前，包装行业持续发展，企业对塑料pet包装的需求不断增加，随着人们生活水平的提高和国家实施刺激内需政策，塑料包装将得到更快速的发展。pet塑料包装制造业是技

术、资本密集型行业,具有生产商集中、客户集中的特点,产品无差别化,目前行业主要由3~5家厂商垄断大部分的市场份额。

作为行业最大规模的制造商之一,公司将充分分享pet瓶制造业的增长。但主要原料pet聚酯切片受上游原油价格的影响,会对公司成本形成压力,直接影响公司的盈利水平。

(2) 公司的发展计划。

未来公司要成为以多层保鲜包装技术为核心的pet现代化包装企业,在继续巩固碳酸、热灌装、水饮料包装之外,要积极进行产品结构调整和升级,开辟新产品市场,丰富公司的产品线,降低对大客户的依赖,提高企业抗风险能力;还要进行产业结构调整,开拓水产品和oem贴牌加工市场,研发高科技原料,提高包装产品的整体附加值,推动中富整个pet包装产业升级。

为此2007年公司将大力培养高素质的干部员工,细化内部管理,健全干部员工的级别评定制度,实行预算管理严格控制开支,提高整个企业的管理水平,达到企业持续发展、效益稳步增长的目的。

(3) 资金需求及使用计划。

由于部分业务实行来料加工,公司的资金需求将主要是满足上下游业务的延伸和新产品的拓展。公司将结合新产品的发展情况,拟通过自身积累、银行借款等多种方式筹措资金,以满足业务发展的需要。

(4) 公司面临的主要风险及应对措施。

① 主要原材料供应渠道及价格波动风险。公司主要客户对产品原材料有质量认证要求,国内目前只有数家符合,原料采购存在对几家供应商的依赖风险;同时由于原油价格的波动,产品原料价格随之变动,加大了产品成本压力。

对策:部分业务采用来料加工方式供应,回避原料变动风险;培养更多供应商,密切跟踪价格走势,实施中央集中采购,降低原料成本。

② 客户集中、行业竞争加剧及饮料行业季节周期影响的风险。pet瓶行业的客户和制造商相当集中,为争取订单稳定市场份额,制造商之间的竞争非常激烈。饮料行业存在季节性的淡旺周期,影响公司产品的生产销售。

对策:一方面提高产品质量,提供更优质的服务(如提供下游的配套灌装及产品配套等),另一方面开发新产品培养新客户,实现产品系列化,满足不同客户的需求,开辟新的客户市场。

③ 新产品开发、市场化的风险。新产品可为公司带来新的增长点,但存在前期投入风险和规模产业化时间早晚的风险。

对策:依托珠海中富工程中心,组成业内最具实力的研发队伍,并保证研发资金的持续投入;组建专职市场推广部门,制订激励措施,推动新产品的市场产业化。

④ 经营场所分散、跨度较大、管理失控的风险。pet瓶体积较大运输成本高,为占领市场满足客户,公司组建了全国性的生产、销售网络,出现子公司数量多、地域分散的状况,存在管理失控的风险。

对策:设立管理区分片管理,统一进行原料采购和产品价格谈判,通过ERP系统实时监控经营和财务状况,使各子公司处于可控状态。

3. 详细分析并披露执行新会计准则后公司可能发生的会计政策、会计估计变更及其对

公司的财务状况和经营成果的影响

① 根据新《企业会计准则第2号——长期股权投资》的规定,本公司将现行政策下对子公司采用权益法核算变更为采用成本法核算,因此将减少子公司经营盈亏对本公司当期投资收益的影响,但是本事项不影响本公司合并会计报表。

② 在现行会计政策下本公司对长期股权投资过程中形成的股权投资差额分情况进行会计处理,形成借方差额时按合同规定的投资期限摊销,合同没有规定投资期限的,借方差额按不超过10年期限摊销;在财政部财会〔2003〕10号文颁布之前形成的贷方差额,按不少于10年期限摊销,直至摊销完毕;颁布之后形成的贷方差额,一次计入资本公积。根据新《企业会计准则第2号——长期股权投资》的规定,同一控制下企业合并产生股权投资差额调整资本公积,资本公积不足冲减调整留存收益;其他情况下产生的股权投资差额,记入当期损益。此项政策变化将会影响本公司当期利润和股东权益。

③ 根据新《企业会计准则第18号——所得税》的规定,公司将现行政策下的应付税款法变更为资产负债表下的纳税影响会计法,将会影响本公司当期的会计所得税费用,从而影响本公司的利润和股东权益。

④ 根据新《企业会计准则第33号——合并财务报表》的规定,本公司将现行会计政策下合并财务报表中少数股东权益单独列示,变更为合并资产负债中股东权益项目下以"少数股东权益"项目列示。此项政策变化将会影响本公司的股东权益。

上述差异事项和影响事项可能因财政部对新会计准则的进一步解释而进行调整。

(二)公司投资情况

(1)报告期内不存在募集资金或报告期之前募集资金延续报告期内的投资情况。

(2)报告期内非募集资金投资情况见表4-15。

表4-15 报告期内非募集资金投资情况

公司名称	主要经营活动	投资方式	注册资本	公司所占比例	实际进度
1. 温州中富塑料容器有限公司	生产销售pet瓶	新办	75万美元	75%	经营
2. 中富(沈阳)实业有限公司	生产销售pet瓶	收购	1 500万元	100%	正在办理变更
3. 河南中富瓶胚有限公司	生产销售pet瓶胚	新办	2 300万元	56.25%	经营
4. 新疆天山中国一号冰川水开办有限水产品公司	生产和销售	收购	600万元	55.43%	经营
5. 中富(香港)实业股份有限公司	贸易和投资	新办	298万美元	100%	筹办

注:经批准,子公司温江中富容器有限公司名称变更为"四川嘉富容器有限公司"。

(三)董事会日常工作情况(略)

(四)利润分配和资本公积金转增股本预案

经广东恒信德律会计师事务所有限公司审计,2006年度公司实现利润104 036 337.84元,按《公司章程》的规定,提取10%法定盈余公积金10 403 633.78元,加上年初未分配利润 251 679 637.49 元,年末可供分配的利润 345 312 341.55 元。

董事会提议以 2006 年年末总股本 68 829.56 万股为基数,向全体股东每 10 股派发现金红利 0.60 元(含税),合计分配金额为 41 297 736.00 元。

本年度不进行资本公积金转增股本。

以上利润分配和资本公积金转增股本预案尚需公司股东大会审议通过。

八、监事会报告(略)

九、重要事项(略)

十、财务报告

审 计 报 告

珠海中富实业股份有限公司全体股东:

我们审计了珠海中富实业股份有限公司(以下简称珠海中富公司)财务报表,包括 2006 年 12 月 31 日的资产负债表和合并资产负债表,2006 年度的利润表和合并利润表及现金流量表和合并现金流量表以及财务报表附注。

一、管理层对财务报表的责任

按照企业会计准则和《企业会计制度》的规定编制财务报表是珠海中富公司管理层的责任。这种责任包括:(1)设计、实施和维护与财务报表编制相关的内部控制,以使财务报表不存在由于舞弊或错误而导致的重大错报;(2)选择和运用恰当的会计政策;(3)做出合理的会计估计。

二、注册会计师的责任

我们的责任是在实施审计工作的基础上对财务报表发表审计意见。我们按照中国注册会计师审计准则的规定执行了审计工作。中国注册会计师审计准则要求我们遵守职业道德规范,计划和实施审计工作以对财务报表是否不存在重大错报获取合理保证。

审计工作涉及实施审计程序,以获取有关财务报表金额和披露的审计证据。

选择的审计程序取决于注册会计师的判断,包括对由于舞弊或错误导致的财务报表重大错报风险的评估。在进行风险评估时,我们考虑与财务报表编制相关的内部控制,以设计恰当的审计程序,但目的并非对内部控制的有效性发表意见。审计工作还包括评价管理层选用会计政策的恰当性和做出会计估计的合理性,以及评价财务报表的总体列报。我们相信,我们获取的审计证据是充分、适当的,为发表审计意见提供了基础。

三、审计意见

我们认为,珠海中富公司财务报表已经按照企业会计准则和《企业会计制度》的规定编制,在所有重大方面公允反映了珠海中富公司 2006 年 12 月 31 日的财务状况以及 2006 年度的经营成果和现金流量。

广东恒信德律会计师事务所有限公司	中国注册会计师:胡建波
中国·珠海	中国注册会计师:严红海

二〇〇七年三月二十二日

为分析方便,我们又搜集、整理了珠海中富 2004 年、2005 年、2006 年三年的资产负债表及 2005 年、2006 年两年的利润表和现金流量表,分别见表 4-16、表 4-17、表 4-18。

表 4-16　珠海中富资产负债表　　　　　　　　　　　单位：万元

项　目	2006年12月31日	2005年12月31日	2004年12月31日
货币资金	34 093.48	17 591.32	17 669.79
应收票据	22 800.00	71.37	122.55
应收股利	8 929.26	9 915.64	5 459.32
应收账款	67 209.56	58 335.31	35 820.58
应收账款净额	63 557.59	55 352.22	34 001.43
其他应收款	11 086.54	15 544.48	15 970.70
其他应收款净额	6 204.35	13 597.94	15 181.75
减:坏账准备	8 534.16	4 929.63	2 608.10
应收款项净额	69 761.94	68 950.16	49 183.19
预付款项	24 277.95	16 165.85	15 783.74
存货净额	13 302.99	11 850.18	10 634.24
待摊费用	41.97	64.76	63.84
流动资产合计	173 207.61	124 609.28	98 916.66
长期投资			
长期股权投资	188 770.33	172 520.41	163 118.96
长期投资合计	189 442.33	173 192.41	163 490.96
减:长期投资减值准备	672.00	672.00	372.00
长期投资净额	188 770.33	172 520.41	163 118.96
固定资产			
固定资产原价	42 800.28	43 156.90	51 861.42
减:累计折旧	17 500.73	16 596.17	20 721.09
固定资产净值	25 299.55	26 560.74	31 140.33
减:固定资产减值准备	337.04	337.04	337.04
固定资产净额	24 962.51	26 223.70	30 803.29
在建工程净额	2 234.37	4 744.68	6 042.84
长期待摊费用	1 068.43	1 034.72	1 007.02
无形资产及其他资产合计	1 946.32	1 635.51	1 629.70
资产总计	391 121.14	329 733.57	300 511.46
负债及股东权益			
短期借款	72 550.00	56 160.00	49 000.00
应付票据	51 156.42	30 695.01	20 086.61
应付账款	9 197.13	3 625.32	5 268.48
预收款项	41 872.36	36 128.50	602.56
应付工资	5.19	3.72	2.03

续表

项 目	2006年12月31日	2005年12月31日	2004年12月31日
应付福利费	266.23	223.11	200.44
应付股利	252.82	252.41	247.87
应交税金	376.59	812.50	520.39
其他应交款	17.71	21.52	11.25
其他应付款	4 473.55	14 846.71	35 333.35
预提费用	1.10	25.00	25.00
一年内到期的非流动负债	5 000.00	0.00	7 000.00
流动负债合计	185 169.11	142 793.81	118 297.96
长期负债			
长期借款	25 400.00	12 000.00	5 000.00
长期负债合计	25 400.00	12 000.00	5 000.00
负债合计	210 569.11	154 793.81	123 297.96
股东权益			
股本	68 829.56	68 829.56	68 829.56
股本净额	68 829.56	68 829.56	68 829.56
资本公积金	57 054.67	57 052.93	57 420.34
盈余公积金	31 883.18	30 842.82	29 792.57
其中:公益金	0.00	5 512.31	5 162.23
未分配利润	22 784.62	18 214.46	21 171.03
股东权益合计	180 552.03	174 939.77	177 213.50
负债及股东权益总计	391 121.14	329 733.57	300 511.46

表 4-17 珠海中富利润表 单位:万元

项 目	2006年	2005年
一、主营业务收入	39 102.48	40 959.11
减:主营业务成本	36 144.26	38 200.50
主营业务税金及附加	192.84	214.92
销售费用	1 438.32	1 682.79
管理费用	7 898.05	4 694.95
财务费用	4 239.74	3 717.34
二、主营业务利润	2 765.38	2 543.69
加:其他业务利润	3 865.81	4 829.21
三、营业利润	-6 944.92	-2 722.19
加:投资收益	16 161.81	4 740.84

续表

项　目	2006 年	2005 年
补贴收入	3.24	6.60
营业外收入	44.65	60.44
减：营业外支出	142.61	338.43
营业外收支净额	-97.97	-277.99
四、利润总额	9 122.16	1 747.26
减：所得税	70.16	212.10
五、净利润	9 052.00	1 535.16
加：年初未分配利润	18 214.46	21 171.03
六、可分配利润	27 266.46	22 706.19
减：提取法定盈余公积	1 040.36	700.17
提取法定公益金	0.00	350.08
七、可供股东分配的利润	26 226.10	21 655.94
应付普通股股利	3 441.48	3 441.48
八、未分配利润	22 784.62	18 214.46

表 4-18　珠海中富现金流量表　　　　　　　　　　单位：万元

项　目	2006 年	2005 年
一、经营活动产生的现金流量		
销售商品、提供劳务收到的现金	77 660.16	134 070.59
收到的其他与经营活动有关的现金	12 205.26	6 193.03
经营活动现金流入小计	89 901.48	140 263.62
购买商品、接受劳务支付的现金	76 118.23	117 426.62
支付给职工以及为职工支付的现金	2 832.82	2 370.26
支付的各项税费	3 088.06	2 354.33
支付的其他与经营活动有关的现金	12 656.09	5 116.18
经营活动现金流出小计	94 695.20	127 267.39
经营活动产生的现金流量净额	-4 793.71	12 996.24
二、投资活动产生的现金流量		
取得投资收益收到的现金	9 633.22	2 725.88
处置固定资产、无形资产和其他长期资产收回的现金	0.00	95.52
投资活动现金流入小计	9 633.22	2 821.40
购建固定资产、无形资产和其他长期资产支付的现金	1 904.15	3 620.34

续表

项　目	2006 年	2005 年
投资支付的现金	13 536.56	12 497.36
投资活动现金流出小计	15 440.71	16 117.69
投资活动产生的现金流量净额	−5 807.49	−13 296.29
三、筹资活动产生的现金流量		
借款收到的现金	96 550.00	37 160.00
筹资活动现金流入小计	96 550.00	37 160.00
偿还债务支付的现金	61 760.00	30 000.00
支付的其他与筹资活动有关的现金	159.13	361.67
筹资活动现金流出小计	69 446.63	36 938.42
筹资活动产生的现金流量净额	27 103.37	221.58
四、汇率变动对现金的影响	0.00	0.00
五、现金及现金等价物净增加额	16 502.16	−78.47
附注		
1. 不涉及现金收支的投资和筹资活动		
2. 将净利润调节为经营活动的现金流量		
净利润	9 052.00	1 535.16
计提的资产减值准备	3 696.42	2 618.21
固定资产折旧	2 209.21	2 455.15
无形资产摊销	21.90	21.90
长期待摊费用摊销	54.51	53.12
待摊费用的减少(减:增加)	22.78	−0.92
预提费用的增加(减:减少)	−23.90	0.00
处置固定资产、无形资产和其他长期资产的损失(减:收益)	34.55	−14.43
财务费用	4 296.23	3 658.61
投资损失(减:收益)	−18 616.72	−5 040.84
存货的减少(减:增加)	−1 452.81	−1 491.40
经营性应收项目的减少(减:增加)	−25 402.88	−28 567.36
经营性应付项目的增加(减:减少)	21 391.34	37 857.87
其他	−76.34	−88.83
经营活动产生的现金流量净额	−4 793.71	12 996.24
3. 现金及现金等价物净增加情况		

续表

项　目	2006 年	2005 年
货币资金的期末余额	34 093.48	17 591.32
减：货币资金的期初余额	17 591.32	17 669.79
现金等价物的期末余额	0.00	0.00
减：现金等价物的期初余额	0.00	0.00
现金及现金等价物净增加额	16 502.16	-78.47

案例思考题

（1）在本审计报告中，有没有不寻常的陈述？

（2）根据审计报告，注册会计师在财务报告的过程中充当什么角色？

（3）最近的资产负债表日是哪一天？最近一期的利润表包含了哪一段时期？最近一期的现金流量表包含了哪一段时期？

（4）该公司从事什么业务？如何获得收入？公司当年的净利润是多少？

（5）该公司哪一项费用最高？哪一项其次？

（6）从比较期间来看，公司的总流动资产是上升了还是下降了？变动金额为多少？你是从哪里找到答案的？

（7）在 2006 年 12 月 31 日，该公司最主要的流动资产是什么？其次呢？

（8）哪两项是该公司 2006 年和 2005 年的所得税费用？你是从哪里找到答案的？

（9）该公司 2006 年和 2005 年的净利润分别为多少？你是从哪里找到答案的？

（10）对于一个正在成长的公司而言，经营活动的现金流量通常比净利润多还是少，或者相当？请解释你的答案。

（11）如果你在阅读一个公司的会计报表时碰到一个不熟悉的项目名称，你应该从哪里获得更多信息？

（12）如果固定资产的有用年限被高估了，会对公司的资产负债表、利润表和现金流量表产生什么样的影响？

（13）什么事项通常能导致留存收益的增加？什么事项导致该项目（盈余公积和未分配利润）金额的减少？

（14）假设一家公司通过发行债券使总资产增加了，这会对公司的利润表、资产负债表和现金流量表产生什么样的影响？

（15）存货和主营业务成本分别成为资产和费用的主要组成部分，这种情况在哪种公司更有可能发生，是大型的零售商店还是快餐连锁店？请解释你的答案。

（16）麦当劳公司在 1999 财政年度报告的净利润为 19 亿美元。我们能不能因此知道它的总资产从 1998 财政年度到 1999 财政年度是增加了还是减少了？请解释原因。

项目五　企业营运能力分析

任务描述

本项目的任务是了解企业营运能力指标的构成,掌握主要指标的计算方法、内涵、作用、影响因素、评价方法,理解营运能力与偿债能力、获利能力的关系。

学习任务

1. 掌握总资产周转率高低对企业的影响;
2. 熟悉并掌握总资产周转率的计算和评价;
3. 熟悉并掌握流动资产周转率的计算和评价;
4. 熟悉并掌握应收账款周转率的计算和评价;
5. 熟悉并掌握应收账款的管理与坏账准备情况;
6. 熟悉并掌握存货周转率的计算和评价;
7. 掌握如何提高企业存货周转效率;
8. 掌握如何提高企业应收账款周转效率。

技能目标

1. 能综合运用各项指标进行总资产周转率分析;
2. 能掌握影响总资产周转率各因素之间的关系;
3. 能掌握总资产周转率和周转天数的运用与分析评价;
4. 能掌握流动资产周转率和周转天数的运用与分析评价;
5. 能掌握存货周转率和周转天数的运用与分析评价;
6. 能掌握固定资产周转率和周转天数的运用与分析评价。

知识目标

1. 总资产周转率的内涵及概念;
2. 总资产周转率与周转天数的计算公式;
3. 流动资产周转率的内涵及概念;
4. 流动资产周转率和周转天数的计算公式;

5. 应收账款周转率的内涵及概念；
6. 应收账款周转率和周转天数的计算公式；
7. 存货周转率的内涵及概念；
8. 存货周转率与周转天数的计算公式；
9. 固定资产周转率的内涵及概念；
10. 固定资产周转率与周转天数的计算公式。

项目导入

某SONY笔记本经销商,2018年的流动资产是200万元,2019年的流动资产是500万元,但利润却没有成正比增加,这是为什么呢?

2018年200万元的资产每月可以周转三次,而到了2019年500万元的资金每月顶多也就周转1.5次,看得出来流动资产周转率明显降低,那又是什么原因导致流动资产周转率降低了呢?

问题不在于经销商本身,是在于厂家。为什么这么说呢? 看看SONY这两年的产品线变化就有答案了。

2018年7月SONY笔记本的系列分别是:GR系列\Z系列\TR系列\V505系列\A系列\S系列,共6个系列11款产品。

2019年12月在售的有:TX系列\S系列\FJ系列\BX系列\A系列\FS系列,还有之前停产的U系列\T系列\Y系列\B系列……加上部分机型有两个不同颜色版本,算下来产品款数在20款以上。

产品系列多了,型号多了,颜色多了,作为经销商为了备全货动用的资金自然就要大得多,而备的货多未必销量就多,所以出现资金周转率降低。

☞请思考:

1. 你同意案例中的观点吗?
2. 通过本案例,你对流动资产周转率有了什么新的认识?
3. 流动资产周转率和固定资产周转率对于经销商来说,哪个更重要?

任务一　总资产周转率分析

一、总资产周转率的含义

总资产周转率,也称总资产利用率,是企业营业收入与总资产平均余额的比率,即企业的总资产在一定时期内(通常是一年)周转的次数。总资产是企业拥有或控制的、能以货币计量的并能给企业带来未来经济利益的全部经济资源。总资产周转率是综合评价企业全部资产经营质量和利用效率的重要指标。其计算公式为:

$$总资产周转率 = \frac{营业收入}{总资产平均余额}$$

总资产平均余额=(期初资产余额+期末资产余额)/2

总资产周转速度,也可以用周转天数来表示,计算公式为:

$$总资产周转天数 = \frac{360}{总资产周转率}$$

总资产周转率综合反映了企业整体资产的营运能力,一般来说,周转次数越多或周转天数越少,表明其周转速度越快,营运能力也就越大。在此基础上,应进一步从各个构成要素进行分析,以便查明总资产周转率升降的原因。企业可以通过薄利多销的办法,加速资产的周转,带来利润绝对额的增加。

ABC 公司有关资料及总资产周转速度的计算如表 5-1 所示。

表 5-1　ABC 公司总资产周转速度计算表　　　　单位:百万元

项　目	2018 年	2017 年
营业收入	16 623.43	15 449.48
期初资产余额	7 107.06	7 372.71
期末资产余额	6 777.50	7 107.06
总资产平均余额	6 942.28	7 239.88
总资产周转率(倍)	2.39	2.13
总资产周转天数(天)	150.34	168.70

从表 5-1 可以看出,ABC 公司 2018 年总资产周转率为 2.39 次,即平均 150 天周转一次。2018 年周转速度比 2017 年提高了 0.26 次,周转一次的时间缩短了 18 天,说明公司资产管理能力提高,资产利用效率提高。当然,仅以总资产周转率一个指标还不能说明企业的营运能力,还应结合流动资产周转率、固定资产周转率等有关资产组成部分的使用效率的分析,做进一步的判断。

对公司总资产周转率的判断还应结合行业平均水平及多期历史数据对指标的情况进行比较。如图 5-1 所示,从 ABC 公司总资产周转率与行业平均值的比较中得知,公司总资产周转率指标一直远远高于行业平均值,但 2015 年、2016 年有逐渐下滑的趋势,结合上面的分析可知,公司的总资产周转率在 2017 年和 2018 年又有所上升,且达到历史最高水平,说明公司的经营管理水平在不断提升。

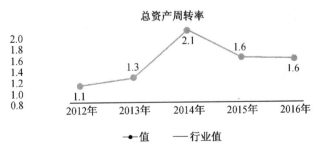

图 5-1　ABC 公司总资产周转率趋势图

二、总资产周转率的评价意义

总资产周转率综合反映了企业整体资产的营运效率。它是企业的全部资产价值在一定时期内完成周转的次数。该指标反映的是企业以1元资产赚取收入的能力,可用于衡量企业运用资产赚取利润的能力。总资产周转率经常和反映盈利能力的指标一起使用,全面评价企业的盈利能力。通过对总资产周转率的对比分析,不但能够反映出企业本年度及以前年度总资产的营运效率及其变化,而且能够发现企业与同类企业在资金利用上的差别,促进企业提高资金的使用效率。

总资产周转率的分析评价要考虑公司的行业特征和公司的经营战略,要结合公司的销售净利率和权益乘数、净资产收益率来综合衡量。

知识链接

总资产周转率指标刍议

总资产周转率是衡量企业资产管理效率的重要财务比率,在财务分析指标体系中具有重要地位。这一指标通常被定义为营业收入与平均资产总额之比。该计算公式虽然计算简便、易于操作,但含义模糊,据此进行财务分析所得出的结论,常常不能准确反映实际。说它含义模糊,主要是因为该计算公式中分子与分母计算口径不一致。公式中的分子是营业收入,是企业从事营业活动所取得的收入净额;而分母是指企业的各项资产的总和,包括流动资产(这其中包括交易性金融资产)、投资性房地产、持有至到期投资、长期股权投资、固定资产等。众所周知,总资产中的对外投资(交易性金融资产、持有至到期投资、长期股权投资)给企业带来的应该是投资收益,不能形成营业收入。可见,公式中的分子、分母口径不一。这一指标前后各期及不同企业之间会因资产结构的不同失去可比性。随着资本市场的发展,我国企业对外投资所占比重会逐渐提高,但各企业的发展又很不平衡。在这种情况下,如果仍按原方法计算总资产周转率已无多大参考价值,应进行必要的改进。

既然总资产中的对外投资与营业收入并无直接关系,就可把它从资产总额中剔除,将分母改为营业资产(总资产-对外投资总额),这样就可以得到一个新的反映资产周转率的指标——营业资产周转率。其计算公式为:营业资产周转率=营业收入÷平均营业总资产。

任务二　流动资产周转率分析

一、流动资产周转率的含义

流动资产周转率,是营业收入与流动资产平均余额的比率。流动资产周转率反映的是全部流动资产的利用效率,是衡量企业一定时期内(通常是一年)流动资产周转速度的快慢及利用效率的综合性指标。其计算公式为:

$$流动资产周转率 = \frac{营业收入}{流动资产平均余额}$$

流动资产平均余额=(期初流动资产余额+期末流动资产余额)/2

分析评价企业流动资产周转速度还可用流动资产周转期,它是指流动资产周转一次需要的时间。其计算公式为:

$$流动资产周转天数 = \frac{360}{流动资产周转率}$$

流动资产周转速度快,会相对节约流动资产,等于相对扩大资产投入,增强企业盈利能力;而周转速度慢,就需要补充流动资产参加周转,从而形成资金浪费,降低企业盈利能力。

ABC公司有关资料及流动资产周转速度的计算如表5-2所示。

表5-2　ABC公司流动资产周转速度计算表　　单位:百万元

项　目	2018年	2017年
营业收入	16 623.43	15 449.48
期初流动资产余额	3 957.79	4 000.43
期末流动资产余额	3 844.59	3 957.79
流动资产平均总额	3 901.19	3 979.11
流动资产周转率(次)	4.26	3.88
流动资产周转天数(天)	84.48	92.72

从表5-2可以看出,ABC公司2018年流动资产周转水平较2017年有所提高,其原因是营业收入增长了,而流动资产降低了,表明流动资产的利用效率提高了。当然,对该公司的流动资产周转率的评价还应结合公司历史资料和行业平均水平判断。

表5-3中列示了ABC公司近六年的流动资产周转率情况,公司的流动资产周转率从2013年起经历了上升、下降、再上升的过程,目前处于近几年的平均水平之上,说明公司的流动资产利用率处在一个比较好的状态。

表5-3　ABC公司历年流动资产周转速度计算表

项　目	2018年	2017年	2016年	2015年	2014年	2013年
流动资产周转率(次)	4.26	3.88	3.11	4.67	6.15	2.03
流动资产周转天数(天)	84.48	92.72	115.71	77.15	58.54	177.40

二、流动资产周转率的行业数据

表5-4给出了十五个不同行业上市公司的流动资产周转率,从表中大致可以看出,零售商业的流动资产周转率一般要快一些,如中兴商业,流动资产周转率为10.77,平均33天左右就周转一次;同时,流动资产周转率指标还受企业资产结构的影响,如银行业的资产以流动资产为主,其流动资产周转的速度就慢。

表5-4　2018年度十五家不同上市公司流动资产周转率　　单位:百万元

公司名称	年末流动资产	年初流动资产	平均流动资产	营业收入	流动资产周转率/次
美的电器(000527)	6 367.83	7 323.57	6 845.70	21 313.61	3.11
万科A(000002)	19 884.93	15 166.32	17 525.63	10 558.85	0.60

续表

公司名称	年末流动资产	年初流动资产	平均流动资产	营业收入	流动资产周转率/次
浦发银行(600000)	424 244.87	331 245.20	377 745.04	21 467.00	0.06
南玻A(000012)	946.75	974.91	960.83	2 302.02	2.40
格力电器(000651)	9 848.18	10 366.41	10 107.30	18 248.13	1.81
鞍钢股份(000898)	4 540.77	7 265.41	5 903.09	26 488.12	4.49
上海机场(600009)	1 222.90	1 677.73	1 450.32	2 680.79	1.85
一汽轿车(000800)	5 182.38	4 324.79	4 753.59	10 327.12	2.17
中兴商业(000715)	174.34	186.85	180.60	1 945.87	10.77
苏宁电器(002024)	3 859.05	1 818.25	2 838.65	15 936.39	5.61
沈阳机床(000410)	3 915.36	3 043.55	3 479.46	4 348.52	1.25
中技贸易(600056)	1 362.77	466.69	914.73	1 929.67	2.11
东阿阿胶(000423)	767.39	688.10	727.75	938.17	1.29
晨鸣纸业(000488)	5 668.30	5 219.49	5 443.90	9 722.35	1.79
中捷股份(002021)	926.19	690.56	808.38	685.07	0.85

另据数据显示,2017年我国企业平均流动资产周转率为每年2.16次,而同期世界先进国家企业的平均流动资产周转率为每年8次。因此,随着我国企业管理水平的不断提高,流动资产周转的速度会逐渐加快。

三、流动资产周转率的评价意义

流动资产周转率的分析评价,主要在于揭示以下几个问题:

其一,流动资产实现销售的能力,即周转额的大小。在一定时期内,流动资产周转速度越快,表明其实现的周转额越多,对财务目标的贡献程度越大。

其二,流动资产投资的节约与浪费情况。流动资产占用额与流动资产周转速度有着密切的制约关系。在销售额既定的条件下,流动资产周转速度越快,流动资产的占用额就越少,就会相对节约流动资产,相当于扩大企业资产投入,增强了企业的盈利能力;反之,若流动资产周转速度慢,为维持正常经营,企业必须不断补充流动资产,投入更多的资源,从而使得资产使用效率低,也降低了企业的盈利能力。

其三,加速流动资产周转的基本途径。从流动资产周转率的计算公式可见,企业加速流动资产周转,必须从增加产品营业收入和降低流动资产占用额两个方面努力。在增加营业收入方面,企业要加强市场调查和预测,根据市场需要,开发适销对路的产品,并根据市场变化情况,及时调整产品结构。还要强化销售工作,采取有效的销售策略开拓市场,提高市场占有率,加快销售过程。在降低流动资产占用额方面,基本途径有:(1)加强定额管理,制定和贯彻先进合理的消耗定额和储备定额,降低材料、能源等消耗量,降低各项存货的储备量;(2)努力降低材料采购成本和产品制造成本;(3)采取技术措施和管理措施,提高生产效率和工作效率,缩短周转期,包括生产周期,存货的供应、在途、验收、整理准备和库存等环节的时间;(4)加快货款结算,及时收回货款;(5)定期清仓查库,及时处理积压产品和物资;(6)避免过量存款。

在分析、了解企业流动资产总体周转情况的基础上,为了对流动资产的周转状况做出更加详尽的分析,并进一步揭示影响流动资产周转速度变化的因素,还必须对流动资产中的主要构成项目,如应收账款、存货、现金等的周转率进行分析,以增强对企业经营效率的分析,并查明流动资产周转率升降的原因所在。

任务三 应收账款周转率分析

一、应收账款周转率的含义

应收账款周转率,是企业一定时期(通常是一年)营业收入与应收账款平均余额的比率。应收账款是企业购销活动中所发生的债权,在市场经济条件下,应收账款所占用的资金比重不断上升,构成了流动资产中的一个重要项目。应收账款周转率是衡量应收账款流动程度和管理效率的指标。其计算公式为:

$$应收账款周转率 = \frac{营业收入}{应收账款平均余额}$$

公式中的"营业收入"数据来自利润表,"应收账款平均余额"是指因销售商品、提供劳务等而应向购货单位或接受劳务单位收取的款项平均数,它是资产负债表中"应收账款"的期初、期末金额的平均数。

应收账款周转速度也可用应收账款周转期来表示,计算公式为:

$$应收账款周转期(天数) = \frac{360}{应收账款周转率}$$

应收账款周转率反映了企业应收账款变现速度的快慢及管理效率的高低。应收账款周转率高表明:(1)企业收账迅速,账龄期限相对较短;(2)资产流动性大,短期偿债能力强;(3)可以减少收账费用和坏账损失,从而相对增加企业流动资产的投资收益;(4)借助应收账款周转天数与企业信用期限的比较,可以更好地评价客户的信用程度及企业原定信用条件的合理性。

ABC公司有关资料及应收账款周转率的计算如表5-5所示。

表5-5 ABC公司应收账款周转率计算表　　　　　　　　　单位:百万元

项　　目	2018年	2017年
营业收入	16 623.43	15 449.48
期初应收账款	958.04	613.15
期末应收账款	1 012.35	958.04
应收账款平均余额	985.19	785.59
应收账款周转率(次)	16.87	19.67
应收账款周转天数(天)	21.34	18.31

从表 5-5 可以看出,ABC 公司应收账款周转率 2018 年比 2017 年下降了 2.8 次,应收账款的回收期由 2017 年的 18 天延长到 2018 年的 21 天。

二、应收账款周转率的行业数据

表 5-6 是不同行业上市公司在 2014—2017 年的应收账款周转率平均值,可以看出不同行业不同时期的应收账款周转率呈现出不同的特点。

表 5-6　2014—2017 年不同行业平均应收账款周转率　　　　　　　　　　单位:次

行　　业	2017 年	2016 年	2015 年	2014 年
电力、蒸汽、热水的生产和供应业	7.96	4.86	4.20	3.92
房地产开发与经营业	5.63	3.65	3.26	2.43
计算机应用服务业	3.32	2.84	2.72	3.09
交通运输辅助业	5.41	3.38	3.82	3.19
零售业	15.57	11.15	10.15	9.98
商业经纪与代理业	25.71	14.78	13.17	11.12
通信及相关设备制造业	4.23	3.71	3.87	3.41
土木工程建筑业	10.65	3.15	2.82	2.67
综合类	5.85	3.41	2.92	2.49

三、应收账款周转率的评价意义

一般来说,应收账款周转率越高,平均收现期越短,说明应收账款的收回越快;否则,企业的营运资金会过多地停滞在应收账款上,影响资金的正常周转。影响该指标正常计算的因素有:(1) 季节性经营的企业使用这个指标时不能反映实际情况;(2) 大量使用分期收款结算方式;(3) 大量使用现金结算的销售;(4) 年末销售大量增加或年末销售大幅度减少。这些因素都会对该指标计算结果产生较大的影响。财务报表的外部使用人可以将计算出的指标与该企业前期指标、行业平均水平或其他类似企业的指标相比较,判断该指标的高低,但仅根据指标的高低分析不出上述各种原因。

分析评价应收账款周转率时,需要注意以下几个问题:

(1) 分子、分母的数据应注意其时间的对应性。

(2) 对于经营状况受季节性销售影响较大的企业来说,指标的计算应当尽可能缩短间隔期,否则会降低这一指标的准确性。

(3) 运用这一指标时,应结合企业的信用政策。应收账款周转率高,并不一定好,也可能是企业信用政策过于严格的结果,从长期来看将会影响企业的销售水平,从而影响企业的获利水平。

此外,在分析应收账款营运能力时,还可以用期末应收账款来计算期末应收账款占年度赊销金额的天数,该指标表明企业有多少天的销货金额的资金滞留在应收账款上。计算期末应收账款占年度赊销金额的天数的公式是:

$$期末应收账款占年度赊销金额的天数 = \frac{计算期天数 \times 期末应收账款余额}{赊销金额(净额)}$$

$$= \frac{期末应收账款余额}{日赊销金额(净额)}$$

该指标说明了期末应收账款的期间长度。如果销售具有季节性,或企业采用自然营业年度,那么这个指标可能不反映实际情况。如果公司采用自然营运年度作为会计期间,期末应收账款占年度赊销金额的天数就会被低估,因为年底的每日销货额通常会低于全年日平均销售额。

假设期末应收账款占年度赊销金额的天数的偏差并非由于季节性经营和自然营业年度的影响,一般有以下几种情况会使该指标偏高:(1)大量的销售集中在年底;(2)应收账款无法收回,而且应当冲销;(3)企业按销售季节发账单;(4)大多数应收账款为应收分期账款。

假设偏差并非由于季节性经营和自然经营年度的影响,一般有以下几种情况会使该指标偏低:(1)年末销货额大量减少;(2)大量的现金销货;(3)企业在年末卖出大量应收账款。

在进行外部分析时,如果没有掌握内部信息就不能分析出该指标异常的原因。

账龄越短,期末应收账款占年度赊销金额的天数越少,这些都说明企业应收账款变现的速度加快,在应收账款管理上的效率较高,从而能使企业降低坏账损失和催收应收账款的费用。

企业的获利能力、偿债能力与应收账款的回收情况有直接的关系。如果企业的账款回收期延长,说明企业的获利能力和偿债能力都降低,这可能是企业信用政策过宽造成的,也可能是收账不力,还可能是坏账过多的原因,要具体分析。如果企业账款回收期延长,利润却没有增长,可能是企业经营形势恶化的信号,即企业为了保住顾客,不得不给予延长付款期的优待,说明企业产品的竞争力下降,也可能是宏观经济形势恶化或相关产业衰退,顾客产生支付困难的结果。这两种情况都使企业的处境恶化,应及时采取应变措施。如账款回收期缩短,则表明企业加强了应收账款的管理,或者是企业借助于金融机构进行短期融资的结果,如进行信用抵押融资。这些活动都体现了企业经营管理能力的高低。

企业加强应收账款的管理,要从以下几个方面入手:

(1)选择资信状况良好的销售客户,这是降低坏账损失,提高收款及时性的基础。

(2)选择适宜的结算方式。一般来说,风险比较小,金额有保证的结算方式有预收货款销售、银行汇票结算方式、银行本票结算方式、汇兑结算方式、支票结算方式;风险比较大的结算方式有委托收款结算方式、分期付款结算方式等。

(3)制定合理的信用政策,一是要确定信用标准,即哪些信用等级的企业可以允许其赊销;二是确定信用期限,即正常情况下客户必须付清货款的时间限制;三是现金折扣标准,即达到多少购买金额时给予多少现金折扣。

(4)加强应收账款的日常管理,包括登记、提醒、催收等日常工作。

知识链接

对应收账款周转率评价方法的改进

一、应收账款传统评价方法的缺陷

1. 部分企业的销售活动具有周期性或季节性,编制账龄分析表和计算坏账损失比率无法剔除周期性或季节性变动对应收账款余额分布的影响,从而也就无法正确评价应收账款的管理水平。如在销售旺季,应收账款的余额一般会增加,由此就认为企业赊销政策有问题,肯定是不科学的。

2. 应收账款的多少与企业赊销政策有直接联系,而企业赊销政策不仅与企业内部因素,如企业规模、资金状况等有关,也与企业外部因素,如所属行业、竞争状况、宏观经济环境等有关。

就某个企业来讲,应收账款余额应是多少、账龄分布成什么样算是最合理,并没有客观上的规定。这就需要有合适的财务指标能够与同行业的平均水平或优秀企业的相关比率以及本企业历史水平进行比较,而仅使用应收账款账龄分析表提供的信息做相关比较并不是最方便和最有效的。

3. 将应收账款管理水平的评价指标仅局限在应收账款账龄和坏账损失比率上,会使管理人员尽量缩短应收账款账龄和减少坏账损失。但企业赊销政策是在增加销售、减少资金占用与减少坏账损失之间寻求平衡,而不是单纯追求坏账损失的最小化。错误地或过窄地设定评价目标,会致使管理人员偏离对企业最优的选择。

二、应收账款平均周转天数与企业应收账款管理的评价

要克服上述缺陷,计算企业的应收账款平均周转天数,并将其与同行业的平均水平或优秀企业的相关比率进行比较是一个可行的方法。企业应收账款余额用公式表示为:应收账款余额=(全年赊销额÷360)×应收账款平均周转天数。将该公式稍加变形就得到应收账款平均周转天数的计算公式,即应收账款平均周转天数=应收账款余额÷日平均赊销额。

计算出这个比率,就可以和同行业的平均水平或优秀企业的相关比率进行比较,以确定本企业应收账款的管理水平。这个比率的优点是计算比较简单,有关数据容易获得,并且该比率是一个综合性指标,其经济意义也很明确。但是,这个比率仍旧不能剔除周期性或季节性销售对应收账款分析带来的影响。

三、对应收账款周转率评价方法的改进

为剔除周期性或季节性销售带来的影响,一个方法是,在年末用全年的赊销额计算出全年的应收账款平均周转天数。但对于财务管理工作来讲,财务信息的及时性是十分重要的,只有在年末才能得出有关数据,这显然是不能令人满意的。

另一个更有效的方法是,在每一季度末将每月赊销额尚未收回部分与当月赊销总额相除,由此得出三个比率。将每季度的三个比率汇总,得出每一季度赊销额尚未收回部分占当季度赊销总额的比率,并进行季度间指标的比较,从而得出企业应收账款的回收情况。如果企业应收账款的回收情况发生了变化,将会反映在该比率上。

任务四　存货周转率分析

一、存货周转率的含义

存货周转率，是企业一定时期（通常是一年）的营业成本与平均存货的比率。通过存货周转率的计算与分析，可以测定企业一定时期内存货资产的周转速度，是反映企业购、产、销平衡效率的一种尺度。

存货周转率有两种计算方式：一种是以成本为基础的存货周转率，即存货周转率是企业一定时期营业成本与存货平均余额的比率，主要运用于流动性分析；另一种是以收入为基础的存货周转率，即存货周转率是企业一定时期的营业收入与平均存货的比率，主要运用于获利能力分析。其计算公式为：

$$以成本为基础的存货周转率 = \frac{营业成本}{存货平均余额}$$

$$以收入为基础的存货周转率 = \frac{营业收入}{存货平均余额}$$

公式中的营业收入、营业成本数据来自利润表。平均存货余额来自资产负债表"期初存货"与"期末存货"的平均数，公式为：

$$平均存货余额 = \frac{期初存货余额 + 期末存货余额}{2}$$

分析存货周转速度，也可采用周转天数来表示，即存货周转一次所需要的天数。其计算公式为：

$$存货周转天数 = \frac{360}{存货周转率}$$

以成本为基础和以收入为基础的存货周转率各自有不同的意义：以成本为基础的存货周转率运用较为广泛，因为与存货相关的是营业成本，它们之间的对比更符合实际，能够较好地表现存货的周转状况；以收入为基础的存货周转率既维护了资产运用效率比率各指标计算上的一致性，又因为由此计算的存货周转天数与应收账款周转天数建立在同一基础上，从而可直接相加并得出另一个分析指标——营业周期。

营业周期是指从取得存货开始到销售存货并收回现金为止的这一段时间。营业周期的计算公式为：

$$营业周期 = 存货周转天数 + 应收账款周转天数$$

一般情况下，营业周期短，说明资金周转速度快；营业周期长，说明资金周转速度慢。决定流动比率高低的主要因素是存货周转天数和应收账款周转天数。

ABC 公司有关资料及存货周转率（以营业收入为基础）的计算如表 5-7 所示。

表 5-7　ABC 公司存货周转率计算表（以营业收入为基础）　　单位：百万元

项　目	2018 年	2017 年
营业收入	16 623.43	15 449.48
期初存货	851.21	602.00
期末存货	878.11	851.21
存货平均余额	864.66	726.61
存货周转率（次）	19.23	21.26
存货周转天数（天）	18.73	16.93

从表 5-7 可以看出，ABC 公司存货周转率 2018 年比 2017 年下降了 2.03 次，存货的周转期由 2017 年的 17 天延长到 2018 年的 19 天，说明 ABC 公司存货管理水平下降。

ABC 公司存货周转率（以营业成本为基础）的计算如表 5-8 所示。

表 5-8　ABC 公司存货周转率计算表（以营业成本为基础）　　单位：百万元

项　目	2018 年	2017 年
营业成本	14 667.80	13 407.09
期初存货	851.21	602.00
期末存货	878.11	851.21
存货平均余额	864.66	726.61
存货周转率（次）	16.96	18.45
存货周转天数（天）	21.22	19.51

从表 5-8 可以看出，以营业成本为基础计算的存货周转率指标值要小一些，反映存货的周转速度要比用营业收入为基础计算出的结果慢一些。实际应用时，注意比较指标之间的计算口径一致即可。

二、存货周转率的行业数据

表 5-9 是 2018 年度十五家不同上市公司存货周转率指标值，可以看出不同行业的存货周转率呈现出不同的特点。通常情况下，零售商业的存货周转率速度较快；上海机场的存货规模小，所以有极高的存货周转率；银行业没有存货，不用计算存货周转率；一般制造业的存货周转率一般都在 5~10 次之间。

表 5-9　2018 年度十五家不同上市公司存货周转率　　单位：百万元

公司名称	年末存货	年初存货	平均存货	营业收入	存货周转率/次
美的电器（000527）	3 277.41	3 771.67	3 524.54	21 313.61	6.05
万科 A（000002）	14 849.48	10 545.59	12 697.54	10 558.85	0.83
浦发银行（600000）	0.00	0.00	0.00	21 467.00	—
南玻 A（000012）	310.92	301.05	305.99	2 302.02	7.52

续表

公司名称	年末存货	年初存货	平均存货	营业收入	存货周转率/次
格力电器(000651)	3 172.84	3 526.37	3 349.61	18 248.13	5.45
鞍钢股份(000898)	2 608.29	2 221.41	2 414.85	26 488.12	10.97
上海机场(600009)	14.24	14.54	14.39	2 680.79	186.30
一汽轿车(000800)	1 000.71	1 011.15	1 005.93	10 327.12	10.27
中兴商业(000715)	62.98	73.01	68.00	1 945.87	28.62
苏宁电器(002024)	2 017.44	768.71	1 393.08	15 936.39	11.44
沈阳机床(000410)	1 049.74	771.62	910.68	4 348.52	4.78
中技贸易(600056)	345.60	62.61	204.11	1 929.67	9.45
东阿阿胶(000423)	114.06	106.53	110.30	938.17	8.51
晨鸣纸业(000488)	2 174.78	1 611.94	1 893.36	9 722.35	5.13
中捷股份(002021)	284.74	152.96	218.85	685.07	3.13

三、存货周转率的评价意义

存货是流动资产乃至总资产中最重要的组成部分之一,它不仅金额比重大,而且增值能力强。因此,存货周转速度的快慢,不仅反映出企业采购、储存、生产销售各环节管理工作状况的好坏,而且对企业的偿债能力及获利能力产生决定性的影响,是对流动资产周转率的补充说明。一般来讲,一定时期内,企业的存货周转率越高,周转次数越多,表明企业存货回收速度越快,企业的经营管理效率越高,资产流动性越强,从而企业的利润率越高(在企业有利经营的条件下);反之,则表明企业存货的管理效率较低,存货周转速度慢,存货占用资金较多,企业的利润率较低。因此,通过存货周转率分析,有利于企业从不同的角度、环节上找出存货管理存在的问题,使存货管理在保证生产经营连续性的同时,尽可能降低资金占用水平,提高存货投资的变现能力和获利能力。

在分析评价存货周转率指标时,应注意以下几个问题:

(1)存货周转率通常能够反映企业存货流动性的大小和存货管理效率的高低,但存货周转率过高也可能意味着企业存货不足而可能造成脱销;反之,在存货周转率过低时,企业应当进一步分析存货的质量结构,弄清存货中是否包含有实际远远低于账面价值的即将报废或已损坏的原材料、商品(产品)等。

(2)企业管理者和有条件的外部报表使用者,除了分析批量因素、季节性生产的变化等情况外,还应对存货的结构以及影响存货速度的重要项目进行分析,分别就原材料、在产品、产成品三个部分计算周转率,借以分析各构成对整个存货周转的影响。其计算公式为:

$$原材料周转率 = \frac{耗用原材料成本}{平均原材料成本}$$

$$在产品周转率 = \frac{制造成本}{平均在产品成本}$$

$$产成品周转率 = \frac{产品销售成本}{平均产成品成本}$$

（3）在其他条件不变的前提下，存货周转越快，所实现的周转额也就越大，利润数额和水平相应也就越高，所以该指标也可以用来衡量企业的获利能力，当然也可以作为分析偿债能力的辅助指标。

（4）企业采用不同的存货计价方法，将影响存货周转率的高低。如采用先进先出法对存货进行计价，当存货周转速度慢于通货膨胀的速度时，存货成本不能准确地反映其现时成本，从而降低存货价值，导致低估企业的短期偿债能力。因此，在计算和分析时应保持口径一致。当存货计价方法变动时，应对此加以说明，并计算这一变动对周转率的影响。

（5）存货批量的不同也会影响存货周转率。当存货批量很小时，存货可以很快地转换，因而存货周转率较高；当存货批量过小，甚至低于安全储备量时，会导致经常性的缺货，影响企业的正常生产经营。

（6）存货周转率快，表示存货量适度，存货积压和价值损失的风险相对降低，存货所占资金使用效益高，企业变现能力和经营能力强。但存货周转率与企业生产经营周期有关。生产经营周期短，表示无需储备大量存货，故其存货周转率就会相对加速。因此，在评价存货周转率时，应考虑各行业的生产经营特点。

（7）如果企业的生产经营活动具有很强的季节性，则年度内各季度的销售或成本与存货都会有较大幅度的波动，仅仅用年初和年末余额简单计算存货平均占用额，显然是不客观的。因此，为了客观反映企业的营运状况，平均存货应该按月份或季度余额来计算，先求出各月份或各季度的平均存货，然后再计算全年的平均存货。

（8）如果企业的存货周转率恶化，则可能由以下因素引起：

① 低效率的存货控制与管理导致存货的购买过度；② 低效率的生产导致存货缓慢地转换到生产中；③ 存货冷背、需求疲软或者难以出售，甚至丧失交换价值，导致库存积压；④ 企业可能存在不适当的营销政策，如对信用政策控制过严而导致销路不畅。

知识链接

行业环境对企业营运能力的影响

贵州茅台2017年的存货周转率只有2.10次，而科龙电器这一指标为4.02次，几乎是贵州茅台的2倍。贵州茅台的经营不好吗？几乎可以断言，没有人会认为贵州茅台会陷入财务困境。贵州茅台存货周转率低是茅台酒的生产工艺造成的，经过长达数年的酿造过程才能造出真正的好酒，而这也使得茅台酒的毛利率高达80%以上。而科龙电器的存货周转率尽管高得多，但处于竞争激烈的家电行业，如果存货周转率稍有下降，其产成品就有可能需要提取跌价准备，对于管理者而言，切不可认为存货周转率比平均水平高而掉以轻心，盲目乐观，因为家电行业的产业结构不允许。

对企业营运能力分析必须考虑行业的特征。对商业零售企业来说，存货周转率是反映营运能力的一个十分重要的指标，实现库存的最小化、最优化，扩大营业收入是零售企业的经营目标。由于零售企业大部分是现金销售，应收账款的数额很小，应收账款周转率指标便无关紧要；但对于商业批发企业来说，情况往往刚好相反，存货周转率常常是不重要的，但应收账款周转率指标却对企业的生存至关重要。同样道理，汽车工业与其他行业也不同，它是一个大规模协同的产业，需要总装厂商、一级供应商、二级供应商和售后服务网络等协同作业,而客户应该能够通过公共媒体阅览产品目录,根据自身不同的需求进行选择,向经销商订货,经销商再向总装厂订货,总装厂根据客户的订单要求,发出装配指令,供应商在接到指示后,安排其生产序列,对组装厂寄存的物料进行加工和零部件生产。而完成订单后,除了将汽车发运外,还需向其售后服务网络提供备品备件。这个过程中时间跨度比较大,因此资产周转率相对比较低。而对电气行业,特别是公用电气来说,其产品的市场周期比较短,产品生产出来就立即卖出去,其总资产周转率和流动资产周转率都比较高,平均收款期也很短。

行业内不同的产业结构和发展战略也会造成不同的营运能力状况。企业获得竞争优势的基本方法有两种:成本领先和差异化。对实施成本领先战略的企业而言,由于其毛利率低,企业需要提高资产的运营效率才能获得满意的收益。因此,对此类企业进行财务分析时,其资产周转率指标非常重要,资产周转率的下降往往意味着公司产品的销售情况恶化,而公司往往对此苦无良策。实施差异化战略的公司就有所不同,由于产品具有差异性使得其毛利率较高,一般情况下,对此类企业进行财务分析时更应关注其产品差异化的基础是否牢固。例如,有的企业因为售后服务备受赞扬而具有差异性,相应地就需要企业留出足够的服务费用,也有的企业因为广告做得好而具有差异性,那么如果广告费用下降可能会对公司的盈利产生不良影响。与实施成本领先战略的企业不同,实施差异化战略的企业在销售恶化时,可以通过压缩研发费用、服务费用或广告费用来谋求利润表的好看,尽管这会使公司丧失长期竞争优势,但对公司避免陷入财务困境却可以立竿见影,对这类企业更应该关注对其营销能力的分析。

因此,在进行财务分析时,不仅要关注财务比率指标值的比较,同时也要关注行业特征与经营战略对营运能力的影响。从以上分析来看,营运能力低不一定是坏事,营运能力低的公司可能具有更高的营业利润率,因此也就不容易陷入困境。如果只会机械地照搬教科书对财务指标的解释,那就永远得不到答案。

任务五 固定资产周转率分析

一、固定资产周转率的含义

固定资产周转率,也称固定资产利用率,是企业营业收入与固定资产平均余额占用额之比。它反映企业固定资产周转的快慢、变现能力和有效利用程度。其计算公式为:

$$固定资产周转率 = \frac{营业收入}{固定资产平均余额}$$

固定资产周转率也可以用周转天数表示,其计算公式为:

$$固定资产周转天数 = \frac{360}{固定资产周转率}$$

固定资产周转率指标没有绝对的判断标准,一般通过与企业原来的水平相比较加以考察,因为种类、数量、时间均基本相似的机器设备与厂房等外部参照物几乎不存在,即难以找到外部可资借鉴的标准企业和标准比率。一般情况下,固定资产周转率越高越好,该指标高,说明企业固定资产投资得当,固定资产结构分布合理,能够较充分地发挥固定资产的使用效率,企业的经营活动越有效,闲置的固定资产越少;反之,则表明固定资产使用效率不高,企业的营运能力较差。

ABC 公司有关资料及固定资产周转率的计算如表 5-10 所示。

表 5-10 ABC 公司固定资产周转率计算表 单位:百万元

项　目	2018 年	2017 年
营业收入	16 623.43	15 449.48
期初固定资产	1 597.26	1 704.48
期末固定资产	1 506.54	1 597.26
固定资产平均余额	1 551.90	1 650.87
固定资产周转率(次)	10.71	9.36
固定资产周转天数(天)	33.61	38.47

从表 5-10 可以看出,ABC 公司固定资产周转率 2018 年比 2017 年上升了 1.35 次,固定资产的周转期由 2017 年的 38 天缩短到 2018 年的 33 天,说明 ABC 公司固定资产的利用效率提高。

二、固定资产周转率的行业数据

表 5-11 是 2018 年度十五家不同上市公司固定资产周转率指标值,从中可以看出不同行业的固定资产周转率呈现出不同的特点。通常情况下,零售商业的固定资产周转率速度较快;中兴商业与苏宁电器虽同属商业企业,但两者经营模式不同,导致两者固定资产周转率指标出现了较大的差异;上海机场的固定资产规模大,所以有极低的固定资产周转率;一般制造业的固定资产周转率一般都在 5~10 次之间;房地产行业的固定资产规模小,所以有较高的固定资产周转率。

表 5-11 2018 年度十五家不同上市公司固定资产周转率 单位:百万元

公司名称	年末固定资产	年初固定资产	平均固定资产	营业收入	固定资产周转率/次
美的电器(000527)	2 485.12	2 999.74	2 742.43	21 313.61	7.77
万科 A(000002)	236.40	231.43	233.92	10 558.85	45.14
浦发银行(600000)	5 640.54	4 941.09	5 290.82	21 467.00	4.06
南玻 A(000012)	4 485.62	3 669.59	4 077.61	2 302.02	0.56
格力电器(000651)	2 392.39	1 962.52	2 177.46	18 248.13	8.38
鞍钢股份(000898)	9 373.31	7 691.52	8 532.42	26 488.12	3.10
上海机场(600009)	7 363.42	5 548.19	6 455.81	2 680.79	0.42
一汽轿车(000800)	2 212.68	2 193.36	2 203.02	10 327.12	4.69
中兴商业(000715)	701.34	694.06	697.70	1 945.87	2.79
苏宁电器(002024)	288.28	144.96	216.62	15 936.39	73.57
沈阳机床(000410)	1 190.37	1 286.16	1 238.27	4 348.52	3.51

续表

公司名称	年末固定资产	年初固定资产	平均固定资产	营业收入	固定资产周转率/次
中技贸易(600056)	108.56	78.14	93.35	1 929.67	20.67
东阿阿胶(000423)	277.74	278.72	278.23	938.17	3.37
晨鸣纸业(000488)	12 019.73	10 492.93	11 256.33	9 722.35	0.86
中捷股份(002021)	253.42	228.72	241.07	685.07	2.84

结合前几项指标分析可知，固定资产周转率指标受企业的行业特点、资产结构的影响最明显。分析判断指标的高低，一定要注意与企业的资产结构综合分析。

三、固定资产周转率的评价意义

运用和计算固定资产周转率时要注意以下几个问题：

（1）企业固定资产所采用的折旧方法和折旧年限的不同，会导致不同的固定资产账面净值，这会对固定资产周转率的计算产生重要影响，造成指标的人为差异。

对式中分母的平均固定资产占用额目前有两种观点：一种观点主张采用固定资产原值计算，理由是固定资产生产能力并非随着其价值的逐步转移而相应降低，比如，一种设备在其全新时期和半新时期往往具有同样的生产能力；再者，用原值，便于企业不同时间或与不同企业进行比较，如果采用净值计算，则失去可比性。另一种观点主张采用固定资产净值计算，理由是固定资产原值并非一直全部都被企业占有着，其价值中的磨损部分已逐步通过折旧收回，只有采用净值计算，才能真正反映一定时期内企业实际占用的固定资产。一般应按固定资产原值的平均余额计算，否则会因所采用的折旧方法或折旧年限的不同而产生人为的差异，导致该指标缺乏可比性。若采用固定资产平均值计算，一般适用于自身纵向比较；如果与其他单位横向比较，则要注意两个企业的折旧方法是否一致。本书采用固定资产净值计算平均固定资产占用额。

（2）企业的固定资产一般采用历史成本法记账，因此在企业的固定资产、销售情况都并未发生变化的条件下，也可能由于通货膨胀导致物价上涨等因素而使营业收入虚增，导致固定资产周转率的提高，而实际上企业的固定资产效能并未增加。

（3）严格地讲，企业的营业收入并不是由固定资产的周转价值带来的。企业的营业收入只能直接来自流动资产的周转，而且固定资产要完成一次周转必须经过整个折旧周期，因此，用营业收入除以固定资产平均占用额来反映固定资产的周转速度具有很大的缺陷，即它并非固定资产的实际周转速度。但如果从固定资产对推动流动资产周转速度和周转额的作用来看，固定资产又与企业的营业收入有着必然的联系，即流动资产规模、周转额的大小及周转速度的快慢在很大程度上取决于固定资产的生产能力及利用效率。

（4）一般而言，固定资产的增加不是渐进的，而是突然上升的，这会导致固定资产周转率的变化。

（5）在进行固定资产周转率比较时，固定资产的不同来源将对该比率的大小产生重要影响。如果一家公司的厂房或生产设备是通过经营性租赁得来的，而另一家公司的固定资产全部是自有的，那么对这两家的固定资产周转率进行比较就会产生误导。如表 5-11 中的中兴商业与苏宁电器，苏宁电器的店铺都是租赁的，而中兴商业的店铺则是自有的，两者同为商业类公司,固定资产周转率却出现了很大的差异。中兴商业的固定资产周转率只有 2.79 次,而苏宁电器的固定资产周转率却达到了 73.57 次,但这并不能说中兴商业的固定资产利用率不高。评价这两家公司的固定资产周转率时,可以找资产结构类似的公司进行比较或同公司本身的历史数据来比较,这样才有意义。

基于上述分析,在对固定资产营运能力进行分析时,必须充分结合流动资产的投资规模、周转额、周转速度才更有价值。固定资产周转率反映出既定质量的固定资产通过对流动资产价值转换规模与转换速率的作用而对营业收入实现所做出的贡献。公式为:

$$固定资产周转率 = \frac{流动资产平均占用额}{固定资产平均占用额} \times 流动资产周转率$$

一般而言,固定资产的质量与使用效率越高,其推动流动资产运行的有效规模与周转率就越大、越快,实现的周转额也就越多。因此,在不断提高流动资产自身营运能力的同时,如何卓有成效地提高固定资产的质量与使用效率,并以相对节约的固定资产投资推动尽可能多的流动资产规模,加速流动资产价值的转换速率,从而实现更多的营业收入,成为固定资产营运效率分析评价工作的重要内容。

在进行固定资产周转率分析时,应以企业历史水平和同行业平均水平为标准进行对比分析,从中找出差距,努力提高固定资产周转速度。周转率越高,说明固定资产的利用效率越高;周转率越低,说明固定资产量过多或设备闲置。与同行相比,如果固定资产周转率较低,意味着企业生产能力过剩;固定资产周转率较高,可能是企业设备的较好利用引起的,也可能是设备老化即将折旧完了造成的。在后一种情况下,可能会引起较高的生产成本,使企业实现的利润降低,使将来的更新改造更加困难。企业一旦形成固定资产过多的局面,除了想办法利用以扩大销售之外,没有其他有效办法。由于设备等固定资产具有成套性和准用性特点,使其既不能拆散处理,又不能移做他用,因此,拥有过多的固定资产处理起来比较困难。但如果固定资产使用率极低、设备多余,就必须想办法处理。

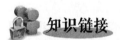 **知识链接**

资产质量对企业营运能力的影响

这里说的资产质量指资产的变现能力。在我国,传统的营运能力分析一般有流动资产周转率、应收账款周转率、存货周转率和固定资产周转率等。这些指标都涉及资产总额及其资产项目这两个核心数据,但撇开了资产质量这个核心问题,营运能力分析指标恐怕就带有一定的虚假性和欺骗性,由此产生的财务分析结论也可能不正确。

以流动资产中的应收账款为例,应收账款周转率或收账时间的长短,可以测验应收账款的有效性和周转性。应收账款的有效性表示应收账款转换为现金时是否发生账款损失,其周转性则指应收账款转换为现金的速度。以上两方面对应收账款而言,具有相互影响的作用。应收账款周转率偏低,可能显示下列问题:销售条件或收账政策不当,收账工作执行不力或者客户发生财务困难。如果前两个问题存在,则企业管理者必须采取对策改进。企业的应收账款周转率或收账期限,可能由于某些特殊原因存在,如销售条件改变、现销或分期付款销售政策对正常赊销的影响、景气程度、同行业竞争、物价水平变动、信用或收账政策更新、新产品开发等而发生变化。

严格说来,应收账款周转率或收账期限仅表示全部应收账款中的一项平均值,无法全面了解应收账款中涉及的各个客户的情况。

比如,甲公司全年实现的营业收入为9 600万元,而应收账款平均占用额为20万元,则该企业的应收账款周转率计算的结果为:

应收账款周转率 = 9 600 ÷ 20 = 480(次)

应收账款周转天数 = 360 ÷ 480 = 0.75(天)

如果单看计算结果,该企业的应收账款的周转速度非常快,应收账款平均不到1天就收回1次,企业的应收账款管理情况良好。但实际情况可能并非如此。该企业当年可能就没有赊销业务发生或者当年发生少量的应收账款当年已收回,而20万元的应收账款是以前年度发生的,拖欠时间较长有可能无法收回。这样该企业的应收账款管理应该存在着严重的问题。

再如,红利公司的存货质量,其存货情况如表5-12所示。

表5-12　红利公司存货情况分析表　　　　　　　　单位:元

项目	期末金额	其中三年以上部分		计提跌价准备		净值
		金额	百分比	金额	百分比	
原材料	5 689 087.00	3 989 700.00	70.13	1 137 817.40	20.00	4 551 269.60
在产品	1 765 990.00		0.00			1 765 990.00
产成品	3 483 579.00	2 098 970.00	60.25	522 536.85	15.00	2 961 042.15
合计	10 938 656.00	6 088 670.00		1 660 354.25		9 278 301.75

假设红利公司在该会计期间计算出来的存货周转率为4.8次,行业平均水平为4.73次,略高于行业平均水平。从资产的账面数字来看,其营运能力还是可以的,但是从表5-12又看出,企业的存货中,原材料和产成品中3年以上部分分别占了70.13%和60.25%,存货积压严重,跌价准备也有一定规模,说明公司存货的质量有严重的问题,变现能力差。不仅其本身为企业带来利益的能力大大下降,而且也影响到企业的偿债能力,其实际的营运状况就大打折扣了。

有时,企业的营运能力比率数字分析起来令人满意,各比率也被控制在合理的范围,但是其财务状况实际上却没有这些指标所表示的那么好。红利公司的问题,就是因为企业的"资产质量"很差。那么,什么是"资产质量"呢?它有两层含义:

(1) 资产的物理质量。资产的物理质量主要通过资产的质地、结构、性能、耐用性和新旧程度等表现出来。资产的物理质量对企业营运能力的影响是显然的。如果有两个拥有同样数额资产的企业,一个企业资产为近年来购置的,另一个则是若干年前购置的,那么,它们的营运能力状况一定存在差别。但是,在以数量化为主体的财务会计报告中,这方面的信息非常缺乏。我们在分析固定资产周转率时,通过"固定资产原价"和"累计折旧"的比较,可以得到有关企业资产新旧程度的一些情况。至于其他方面,无论采用原值还是净值都无法得到资产的真实使用状况。

(2) 资产的结构质量。这里的结构是指以各种形态存在的资产在企业总资产中所占的比重,对一个具体的企业而言,企业各种资产必须合理分配、配套运作,总体资产的效用才能充分发挥出来。否则就会出现"木桶效应",即某项资产成为企业整体发展的瓶颈,其他资产也得不到最大程度的利用。从某一阶段的经营过程来看,企业的资产(流动资产和长期资产)都应该保持一个合理的比例。例如,总资产中流动资产与固定资产的比重,如果固定资产比重过高,就会削弱营运资金的作用;如果固定资产比重偏低,则说明企业缺乏发展后劲;如果流动资产中的结算资产太高,则产生不良资产的可能性大大增加。企业资产结构的质量,一般可以通过各种比例的计算来判断,但最重要的问题是,什么样的比例算高,什么样的比例算低,某一个项目的变化幅度到底达到多大就属于"例外",需要财务分析人员的职业判断,要对企业所在行业和相关背景比较了解,对企业内部经营过程比较熟悉,才可以比较迅速地获得正确结论。

由于企业生产经营环境的复杂性,资产的物理质量与结构质量都对企业资产的营运能力产生影响。为解决这一问题,在进行企业营运能力分析时,有必要对资产的真实质量进行评价,然后再结合周转率的各种指标,才能更好地反映企业的真实状况,获得对决策有用的信息。

项目五 小 结

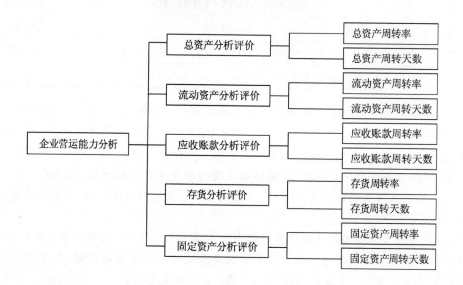

 思考与练习

一、单项选择题

1. 营业周期等于(   )。
   A. 存货周转天数 + 应收账款周转天数   B. 存货周转率 + 应收账款周转率
   C. 存货周转天数 + 存货周转率   D. 应收账款周转天数 + 应收账款周转率
2. 营运资本的计算公式是(   )。
   A. 流动负债 – 流动资产   B. 长期资产 – 长期负债
   C. 总资产 – 总负债   D. 流动资产 – 流动负债

3. 衡量企业资产营运能力的指标是( )。
   A. 资产负债表　　B. 总资产收益率　　C. 销售增长率　　D. 总资产周转率
4. 能够引起总资产周转率变动的指标是( )。
   A. 总资产收益率　　　　　　B. 流动资产周转率
   C. 净资产收益率　　　　　　D. 营运资金周转率

二、多项选择题

1. 应收账款周转率提高意味着企业( )。
   A. 短期偿债能力增强　　　　B. 流动比率提高
   C. 长期偿债能力增强　　　　D. 坏账成本下降
2. 应收账款周转率越高( )。
   A. 应收账款周转天数越长　　B. 应收账款的流动性越强
   C. 应收账款发生坏账的可能性越小　　D. 应收账款周转天数越短
   E. 应收账款发生坏账的可能性越大
3. 存货周转率越高( )。
   A. 存货周转天数越长　　　　B. 存货的流动性越强
   C. 存货发生坏账的可能性越小　　D. 存货周转天数越短
   E. 存货发生坏账的可能性越大
4. 衡量企业资产营运能力的指标是( )。
   A. 权益乘数　　　　　　　　B. 资产负债率
   C. 总资产周转率　　　　　　D. 应收账款周转率
   E. 存货周转率
5. 分析评价存货周转率应注意( )。
   A. 季节性生产的公司,其存货波动起伏较大,可按季或月计算存货平均余额
   B. 结合企业的竞争战略分析存货周转率
   C. 分析了解企业目前所处的产品生命周期
   D. 存货周转率分析并不能找出企业存货管理中存在的问题
   E. 不同企业的存货周转率是不能简单相比的
6. 影响总资产周转率的因素包括( )。
   A. 各项资产的合理比例　　　B. 各项资产的利用程度
   C. 资产结构　　　　　　　　D. 营业收入
   E. 固定的费用支出

三、判断说明题

1. 应收账款周转率越高,应收账款周转天数越长。　　　　　　　　　　( )
2. 应收账款周转率越高,应收账款的流动性越强,发生坏账的可能性越小。( )
3. 存货周转天数是存货周转率的倒数。　　　　　　　　　　　　　　　( )
4. 存货周转率越高,存货周转天数越长。　　　　　　　　　　　　　　( )
5. 一般来讲,在销售规模一定的情况下,存货周转速度越快,存货的占用水平越低。
   　　　　　　　　　　　　　　　　　　　　　　　　　　　　　　( )
6. 以成本为基础的周转率指标更符合实际表现的存货周转状况。　　　　( )

7. 企业所采用的财务政策会影响企业的资产周转率。（ ）

8. 筹资活动现金流入与资产负债表的短期借款有内在联系，但无直接核对关系。
（ ）

四、计算分析题

1. A 公司本年赊销收入净额为 1 600 万元，本期应收账款期初和期末余额分别为 312 万元和 328 万元。（一年按 360 天计算）

  要求：（1）计算 A 公司应收账款周转率和应收账款周转天数；

  （2）对该公司应收账款周转情况进行分析。

2. B 公司本年赊销收入净额为 3 200 万元，本年主营业务成本为 2 560 万元，其中存货期初、期末余额分别为 444 万元和 836 万元。（一年按 360 天计算）

  要求：（1）计算 B 公司存货周转率、存货周转天数；

  （2）进行企业流动资产周转情况总体分析时还需要分析哪些问题？主要采用哪些指标？

3. C 公司本年赊销收入净额为 3 200 万元，本年主营业务成本为 2 560 万元，流动资产只有存货和应收账款，其中应收账款期初余额和期末余额分别为 624 万元和 656 万元，存货期初余额和期末余额分别为 444 万元和 836 万元。（一年按 360 天计算）

  要求：（1）计算 C 企业的应收账款周转天数、存货周转天数和营业周期；

  （2）简要说明如何进行营业周期分析。

4. L 公司 2017—2019 年流动资产周转率如表 5-13 所示。

表 5-13　2017—2019 年 L 公司流动资产周转率

项　目	2017 年	2018 年	2019 年
流动资产周转率（次）	9.2	10.9	12.2

该公司所处行业流动资产周转率和周转天数如表 5-14 所示。

表 5-14　L 公司所处行业流动资产周转率和周转天数

项　目	2017 年	2018 年	2019 年
流动资产周转率（次）	4.5	6	4
流动资产周转天数（天）	80	60	90

要求：（1）计算 L 公司流动资产周转天数；（一年按 360 天计算，计算结果保留整数）

（2）分析 L 公司流动资产周转效率。

5. M 公司本年主营业务收入为 6 400 万元，固定资产只有厂房和机器设备，厂房期初和期末余额分别为 300 万元和 640 万元；机器设备期初和期末余额分别为 100 万元和 240 万元。（一年按 360 天计算）

  要求：（1）计算 M 公司固定资产周转率、固定资产周转天数；

  （2）简要说明企业提高固定资产周转率应该注意的问题。

6. N 公司本年主营业务收入为 3 200 万元，流动资产只有存货和应收账款，其中应收账款期初和期末余额分别为 624 万元和 656 万元，存货期初和期末余额分别为 444 万元和 836

万元。固定资产只有机器设备,期初和期末余额分为 200 万元和 440 万元。(一年按 360 天计算)

要求:(1) 计算 N 公司流动资产周转率和固定资产周转率;

(2) 简要说明企业资产周转还应考虑哪些因素。

7. 华维公司本年实现销售收入 3 750 万元,净利润 3 000 万元,当年期初总资产和期末总资产分别为 3 500 万元和 6 500 万元。

要求:(1) 计算华维公司的销售净利率;

(2) 计算华维公司的总资产周转率;

(3) 计算华维公司的总资产收益率,并分析销售净利率和总资产周转率对总资产盈利能力的影响。

五、企业营运能力分析实例

表 5-15、表 5-16 分别是 W 公司 2019 年年末的资产负债表、2019 年的利润表,请根据表中数据计算 W 公司的下列指标:(1) 总资产周转率;(2) 流动资产周转率;(3) 应收账款周转率;(4) 存货周转率;(5) 固定资产周转率(不能计算平均数的用年末数代替),并简要分析。

表 5-15　资产负债表

编制单位:W 公司　　　　2019 年 12 月 31 日　　　　单位:万元

项　目	年末余额	年初余额
货币资金	4 104	11 412
应收票据	96	124
应收账款	2 620	2 984
其他应收款	127 384	119 920
预付款项	632	2 376
应收补贴款		4
存 货	5 520	5 260
流动资产合计	140 356	142 080
长期股权投资	17 760	18 472
固定资产净值	101 688	67 884
在建工程	2 076	39 184
固定资产合计	103 764	107 068
无形资产	1 872	2 036
长期待摊费用	3 544	2 192
非流动资产合计	126 940	129 768
资产总额	267 296	271 848
短期借款	80 252	63 652
应付票据	572	988

续表

项　　目	年末余额	年初余额
应付账款	5 908	5 648
预收款项	2 124	532
应付职工薪酬	1 612	1 392
应付股利		340
应交税费	9 084	8 916
其他应付款	30 136	32 236
一年内到期的非流动负债		24 000
流动负债合计	129 688	137 704
长期借款	11 400	8 000
股本	61 492	61 492
资本公积	53 248	53 248
盈余公积	8 024	9 184
未分配利润	3 444	2 220
负债及所有者权益合计	267 296	271 848

表 5-16　利润表

编制单位：W 公司　　　　　　　2019 年度　　　　　　　单位：万元

项　　目	本年金额	上年金额
一、营业收入	52 940	40 452
减：营业成本	29 064	20 928
营业税金及附加	1 996	1 784
销售费用	14 812	11 424
管理费用	9 928	8 520
财务费用	156	-660
加：投资收益	-164	8 084
二、营业利润	-3 180	6 540
加：营业外收入	92	64
减：营业外支出	40	232
三、利润总额	-3 128	6 372
减：所得税费用	576	1 296
四、净利润	-3 704	5 076
五、每股收益（61 492 万股）	-0.06	0.08

项目六 企业盈利能力分析

任务描述

本项目的任务是了解企业盈利能力分析常用的财务指标,掌握各种指标的计算方法、内涵、作用、影响因素、评价方法以及如何利用多个盈利能力指标综合分析评价企业的获利能力。

学习任务

1. 掌握净资产收益率高低对企业盈利能力的影响;
2. 熟悉并掌握净资产收益率的计算和评价;
3. 熟悉并掌握总资产收益率的计算和评价;
4. 熟悉并掌握销售净利率的计算和评价;
5. 熟悉并掌握销售毛利率的计算和评价;
6. 熟悉并掌握存货周转率的计算和评价;
7. 熟悉并掌握销售收入现金含量影响因素和评价方法;
8. 熟悉并掌握净利润现金含量主要指标和评价方法。

技能目标

1. 能综合运用各项指标进行企业盈利能力分析;
2. 能掌握影响净资产收益率的各因素之间的关系;
3. 能掌握净资产收益率的运用与分析评价;
4. 能掌握总资产收益率的运用与分析评价;
5. 能掌握销售净利率的运用与分析评价;
6. 能掌握销售毛利率的运用与分析评价;
7. 能结合现金流量表与利润表对销售收入现金含量进行分析;
8. 能结合现金流量表与利润表对净利润现金含量进行分析。

知识目标

1. 净资产收益率的内涵及概念;

2. 净资产收益率的计算公式；
3. 总资产收益率的内涵及概念；
4. 总资产收益率的计算公式；
5. 销售净利率的内涵及概念；
6. 销售净利率的计算公式；
7. 销售毛利率的内涵及概念；
8. 销售毛利率的计算公式；
9. 销售收入现金含量的内涵和计算；
10. 净利润现金含量的内涵和计算。

项目导入

表 6-1 是 A、B 两家公司的部分财务数据。

表 6-1　A、B 两家公司的部分财务数据　　　　　　　　单位：百万元

项　目	A 公司	B 公司
负债（10% 利息率）	900	0
权益	100	1 000
总资产	1 000	1 000
息税前利润	120	120
利息费用	90	0
税前利润	30	120
所得税（税率 25%）	7.5	30
税后利润	22.5	90

☞请思考：

1. 试分别计算 A、B 公司的净资产收益率和资产收益率。
2. 比较两家公司收益率的大小，并简要分析收益率不同的原因，进而总结利用净资产收益率分析公司盈利能力的注意事项。

任务一　净资产收益率分析

一、净资产收益率的含义

净资产收益率表明所有者每一元钱的投资能够获得多少净收益，它衡量了一个公司股东资本的使用效率，即股东投资企业的收益率。净资产是股东投入企业的股本、公积金和留存收益等的总和，这里的收益指税后净利润。净资产收益率计算公式如下：

$$净资产收益率 = \frac{净利润}{平均股东权益} \times 100\%$$

平均股东权益 =（期初股东权益 + 期末股东权益）/2

可以毫不夸大地说,许多资深管理者的职业生涯是随公司的净资产收益率一起沉浮的。在现行公司制度下,投资者投入企业的资本委托给经营者经营,经营者就要确保给投资者带来收益,而且收益率至少应高于同期的市场利率。一份资产,如果收益率与市场利率一样,那就没有什么附加价值。正是因为这份资产的盈利能力大于市场的平均水平,投资者才愿意为它支付溢价。

ABC 公司有关资料及净资产收益率的计算如表 6-2 所示。

表 6-2　ABC 公司净资产收益率计算表　　　　　　　　　单位：百万元

项　　目	2018 年	2017 年
净利润	239.13	369.44
期初股东权益	5 718.52	5 388.97
期末股东权益	5 598.70	5 718.52
平均股东权益	5 658.61	5 553.75
净资产收益率/%	4.23	6.65

由表 6-2 可以看出,ABC 公司 2018 年的净资产收益率比 2017 年下降了 2.42 个百分点,下降幅度达 36%,说明从公司股东角度来看,ABC 公司盈利能力出现了下滑趋势。结合表 6-4 中电器机械及器材制造业的行业数据及表 6-3 公司本身历史数据,可得出 ABC 公司盈利能力下降且低于行业平均值的结论,应积极寻找原因,解决问题。

表 6-3　ABC 公司历年赢利指标　　　　　　　　　单位：%

年度指标	净资产收益率	总资产收益率	净利率	毛利率	销售收入现金含量	净利润现金含金量
2017 年	6.85	5.00	3.16	14.68	28.35	1.78
2016 年	7.80	5.37	3.44	12.95	30.68	1.85
2015 年	12.53	8.90	5.40	16.89	24.27	1.15
2014 年	14.67	10.51	8.78	18.24	16.57	0.98
2013 年	12.03	8.22	7.82	20.82	25.64	1.14
2019 年	14.74	7.94	7.17	19.01	24.39	1.13
2018 年	15.34	7.24	6.39	19.46	12.53	0.12
2017 年	19.67	13.58	6.74	17.05		
2016 年	19.09	12.02	7.66	15.26		
2015 年	14.51	11.95	10.41	100.00		

二、净资产收益率的行业数据

表 6-4 给出了不同行业在不同时间的平均净资产收益率。表中数据表明,不同行业的

净资产收益率在同一时间表现出趋同的特征。原因是什么呢？市场竞争。一个行业获得经常性的高净资产收益率，会像一块磁铁，吸引投资者急切地想要加入，当投资者进入市场后，增大的竞争压力就会使成功公司的净资产收益率回到平均水平。反之，经常性的低净资产收益率吓跑了潜在的新投资者，也会淘汰掉现存的公司，这样经过一段时间后，幸存下来的公司的净资产收益率就会上升到社会平均水平。

表6-4　2015—2018年不同行业平均净资产收益率　　　　　　　单位：%

行　业	2018年	2017年	2016年	2015年
电力、蒸汽、热水的生产和供应业	6.47	9.03	9.79	9.56
电器机械及器材制造业	7.60	7.43	5.78	3.79
电子元器件制造业	-4.24	5.48	6.44	4.58
房地产开发与经营业	6.49	6.37	5.06	3.35
纺织业	4.02	-0.67	3.96	0.65
非金属矿物制品业	3.24	1.98	3.85	2.22
黑色金属冶炼及压延加工业	10.57	17.96	15.3	10.26
化学原料及化学制品制造业	6.26	8.43	4.21	1.47
计算机应用服务业	4.79	-17.64	-4.39	2.43
交通运输辅助业	8.58	9.21	9.23	7.53
交通运输设备制造业	5.97	7.26	9.45	-0.94
零售业	5.80	2.12	3.18	2.14
普通机械制造业	6.39	7.56	4.53	-1.38
商业经纪与代理业	7.56	10.14	6.52	7.37
食品加工业	5.64	0.96	-1.34	1.69
通信及相关设备制造业	2.06	-1.33	0.45	5.44
土木工程建筑业	4.81	1.85	1.27	3.52
医药制造业	5.52	3.38	6.79	5.11
造纸及纸制品业	5.87	-1.3	2.93	-1.08
专用设备制造业	9.38	5.47	6.86	7.11
综合类	3.55	1.81	0.58	-0.76
银行业	8.76	12.96	12.06	14.71

三、净资产收益率的影响因素及评价方法

为更明确分析净资产收益率的影响因素，可以将其分解成三个指标：

$$净资产收益率 = \frac{净利润}{营业收入} \times \frac{营业收入}{平均总资产} \times \frac{平均总资产}{平均股东权益}$$

分解后的三个指标分别为销售净利率、总资产周转率以及权益乘数。因此，净资产收益

率可改写为:净资产收益率=销售净利率×总资产周转率×权益乘数

即有三个因素影响净资产收益率:

(1) 一元营业收入带来的净利润;

(2) 已动用的每一元总资产所产出的营业收入;

(3) 总资产与股东权益的比值。

这与前面阅读的会计报表是相互紧密对应的。销售净利率概括了利润表的情况,同时,权益乘数反映了资产负债表右边的信息,而总资产周转率则将资产负债表左边的内容与利润表联系起来。

ABC公司有关资料及三个分解指标的计算如表6-5所示。

表6-5　ABC公司净资产收益率分解指标计算表　　　单位:百万元

项　　目	2018年	2017年
净利润	239.13	369.44
营业收入	16 623.43	15 449.48
期初资产总额	7 107.06	7 372.71
期末资产总额	6 777.50	7 107.06
平均资产总额	6 942.28	7 239.89
平均股东权益	5 658.61	5 553.74
销售净利率/%	1.44	2.39
总资产周转率(倍)	2.39	2.13
权益乘数	1.23	1.30

从表6-5可知,2018年与2017年的净资产收益率分解如下:

2018年:4.23%≈1.44%×2.39×1.23

2017年:6.62%≈2.39%×2.13×1.30

采用因素分析法对ABC公司净资产收益率的变动分析如下:

销售净利率的变动影响额≈(1.44%-2.39%)×2.13×1.30=-2.63%

总资产周转率的变动影响额≈1.44%×(2.39-2.13)×1.30=0.49%

权益乘数的变动影响额≈1.44%×2.39×(1.23-1.30)=-0.24%

4.23%-6.65%≈-2.63%+0.49%+(-0.24%)

(注:利用分解后的三个指标计算净资产收益率,因经过多次四舍五入,故计算的结果会比原公式计算结果略有偏差。)

从以上分析过程中,可以看出:ABC公司2018年净资产收益率下降的主要原因是销售净利率下降和权益乘数下降两方面原因造成的;其总资产周转率虽然略有上升,但抵挡不了销售净利率下降的强劲势头。

表6-6给出了十五个不同上市公司的净资产收益率及其三个分解指标。它非常清楚地表明"条条大路通罗马":公司的净资产收益率非常之类似,但产生最后结果的销售净利率、总资产周转率及权益乘数的组合变动很大。比如,净资产收益率的幅度从苏宁电器高达29.99%到最低一汽轿车的6.3%;而销售净利率最高为上海机场的51.820 8%,最低则为

苏宁电器的 2.201 6%,相差达 25 倍多。

同时,大家也可以注意到,销售净利率与总资产周转率总体上呈反向变动。高销售净利率的公司呈现出低的总资产周转率,反之亦然。这并非偶然。公司增加了产品的价值,这需要保持大量的生产设备,要求大量的总资产,这类公司倾向于保持低的总资产周转率。另一种极端,零售商没有增加产品价值,如苏宁电器会有极低的销售净利率但有极高的总资产周转率。因此,高销售净利率与低销售净利率没有必然的好坏之分。因为,结果好坏依赖于销售净利率和总资产周转率的共同作用。

表 6-6 2018 年度十五家不同上市公司净资产收益率及分解指标

公司名称	净资产收益率/%	=	销售净利率/%	×	总资产周转率/次	×	权益乘数/倍
美的电器(000527)	9.28	=	1.791 2	×	2.071 9	×	2.50
万科 A(000002)	18.42	=	12.788 9	×	0.562 7	×	2.56
浦发银行(600000)	16.09	=	11.577 9	×	0.041 7	×	33.33
南玻 A(000012)	12.58	=	13.745 0	×	0.448 6	×	2.04
格力电器(000651)	18.23	=	2.792 7	×	1.434 5	×	4.55
鞍钢股份(000898)	17.82	=	7.850 6	×	1.787 7	×	1.27
上海机场(600009)	16.43	=	51.820 8	×	0.301 9	×	1.05
一汽轿车(000800)	6.65	=	3.269 3	×	1.382 8	×	1.47
中兴商业(000715)	9.16	=	3.387 2	×	2.033 7	×	1.33
苏宁电器(002024)	37.93	=	2.200 2	×	4.996 6	×	3.45
沈阳机床(000410)	10.98	=	2.597 3	×	0.888 3	×	4.76
中技贸易(600056)	11.91	=	3.761 3	×	1.459 5	×	2.17
东阿阿胶(000423)	10.86	=	11.692 1	×	0.780 2	×	1.19
晨鸣纸业(000488)	8.91	=	6.196 4	×	0.575 0	×	2.50
中捷股份(002021)	13.65	=	8.070 6	×	0.643 0	×	2.63

净资产收益率受当期净利润与公司净资产规模的影响。净资产规模基本稳定的情况下,净利润越高,净资产收益率越高;若公司有增资扩股行为,当期会出现净资产收益率下降的现象,因为新融进资金不能马上发挥效用,但这种现象若长期持续的话,说明公司盈利能力下降。

所得税率的变动也会影响净资产收益率。通常,所得税率提高,净资产收益率下降;反之,净资产收益率上升。

净资产收益率是从股东角度考核其盈利能力,其比值一般越高越好。但当公司净资产规模很小时,就不能单纯依净资产收益率的高低来判断公司的盈利能力。例如,ST 郑百文 1997 年净资产占总资产的比率仅为 12.03%,但同期净资产收益率高达 20%,如果就此来评价它的盈利能力高的话,显然失之偏颇。

净资产收益率指标计算方法比较

净资产收益率有两种计算方法：一种是全面摊薄净资产收益率；另一种是加权平均净资产收益率。不同的计算方法得出不同净资产收益率指标结果，那么如何选择计算净资产收益率的方法就显得尤为重要。

一、两种计算方法得出的净资产收益率指标的性质比较

全面摊薄净资产收益率＝报告期净利润÷期末净资产　（1）

加权平均净资产收益率＝报告期净利润÷平均净资产　（2）

在全面摊薄净资产收益率计算公式中，分子是时期数值，分母是时点数值。很显然分子分母是两个性质不同但有一定联系的总量指标，比较得出的净资产收益率指标，说明期末单位净资产对经营净利润的分享。

在加权平均净资产收益率计算公式中，分子净利润是由分母净资产提供，净资产的增加或减少将引起净利润的增加或减少。根据平均指标的特征可以判断通过加权平均净资产收益率计算公式计算出的结果，说明单位净资产创造净利润的一般水平。

二、两种计算方法得出的净资产收益率指标的含义比较

由于两种计算方法得出的净资产收益率指标的性质不同，所以其含义也有所不同。

利用全面摊薄净资产收益率计算公式计算出的指标含义是强调年末状况，是一个静态指标，说明期末单位净资产对经营净利润的分享，能够很好地说明未来股票价值的状况，所以当公司发行股票或进行股票交易时对股票的价格确定至关重要。另外，全面摊薄计算出的净资产收益率是影响公司价值指标的一个重要因素，是常常用来分析每股收益的指标。

利用加权平均净资产收益率计算公式计算出的指标含义是强调经营期间净资产赚取利润的结果，是一个动态的指标，说明经营者在经营期间利用单位净资产为公司新创造利润的多少。它是一个说明公司利用单位净资产创造利润能力大小的一个平均指标，该指标有助于公司相关利益人对公司未来的盈利能力做出正确判断。

三、净资产收益率指标的计算选择

净资产收益率指标是一个综合性很强的指标。

从经营者使用会计信息的角度来看，应使用加权平均净资产收益率计算公式计算出的净资产收益率指标，因为该指标反映了过去一年的综合管理水平，对于经营者总结过去，制订经营决策意义重大。因此，企业在利用杜邦财务分析体系分析企业财务情况时应该采用加权平均净资产收益率。另外，在对经营者业绩评价时也可以采用。

从股东角度来看，应使用全面摊薄净资产收益率计算公式计算出的净资产收益率指标，这是基于股份制企业的特殊性：在增加股份时新股东要超面值缴入资本并获得同股同权的地位，期末的股东对本年利润拥有同等权利。正因为如此，在中国证监会发布的《公开发行股票公司信息披露的内容与格式准则第二号：年度报告的内容与格式》中规定了采用全面摊薄法计算净资产收益率。全面摊薄法计算出的净资产收益率更适用于股东对于公司股票交易价格的判断，所以对于向股东披露的会计信息，应采用该方法计算出的指标。

任务二 总资产收益率分析

一、总资产收益率的含义

总资产收益率反映企业总资产能够获得净利润的能力,是反映企业资产综合利用效果的指标。该指标越高,表明资产利用效果越好,整个企业的活力越强,经营管理水平越高。计算公式如下:

$$总资产收益率 = \frac{净利润}{平均总资产} \times 100\%$$

$$平均总资产 = (期初资产总额 + 期末资产总额)/2$$

企业的资产是指能为企业带来利润的财产物资,总资产收益率提供了企业利用资产获取利润的有效性,它表明资产负债表上的每 1 元的资产能产生的净利润。

总资产收益率是站在企业总体资产利用效率的角度上来衡量企业的盈利能力的,是对企业分配和管理资源效益的基本衡量。它与净资产收益率的区别在于:前者反映股东和债权人共同提供的资金所产生的利润率,后者则反映仅由股东投入的资金所产生的利润率。

ABC 公司有关资料及总资产收益率的计算如表 6-7 所示。

表 6-7　ABC 公司总资产收益率计算表　　　　单位:百万元

项　目	2018 年	2017 年
净利润	239.13	369.44
期初资产总额	7 107.06	7 372.71
期末资产总额	6 777.50	7 107.06
平均资产总额	6 942.28	7 239.89
总资产收益率/%	3.44	5.10

由表 6-7 可知,ABC 公司 2018 年的总资产收益率比 2017 年下降了近 2 个百分点,下降幅度达 32.6%,但结合表 6-8 中电器机械及器材制造业行业数据来看,公司的总资产收益率仍远远高于行业平均值。

二、总资产收益率的行业数据

表 6-8 给出了不同行业上市公司在不同时间的平均总资产收益率。表中数据表明,不同行业的总资产利用效率不尽相同,比较高的有黑色金属冶炼及压延加工业、交通运输辅助业等;而纺织业、计算机应用服务业等行业的总资产收益率则比较低。

表 6-8　2015—2018 年不同行业上市公司平均总资产收益率　　　单位：%

行　业	2018 年	2017 年	2016 年	2015 年
电力、蒸汽、热水的生产和供应业	2.51	3.66	4.62	4.75
电器机械及器材制造业	-0.71	2.69	2.24	1.58
电子元器件制造业	-2.51	2.39	2.95	2.32
房地产开发与经营业	2.97	2.44	2.06	1.49
纺织业	-0.14	-0.31	1.79	0.30
非金属矿物制品业	0.28	0.78	1.74	1.08
黑色金属冶炼及压延加工业	6.82	9.08	8.27	5.53
化学原料及化学制品制造业	1.88	3.80	1.92	0.71
计算机应用服务业	-9.26	-6.78	-2.02	1.17
交通运输辅助业	5.65	5.97	6.04	5.11
交通运输设备制造业	1.51	3.16	4.24	-0.42
零售业	0.79	0.82	1.30	0.92
普通机械制造业	3.24	2.88	1.97	-0.65
商业经纪与代理业	1.11	2.90	1.70	2.62
食品加工业	0.62	0.37	-0.55	0.71
通信及相关设备制造业	0.00	-0.54	0.18	2.18
土木工程建筑业	1.74	0.57	0.42	1.26
医药制造业	1.96	1.47	3.05	2.39
造纸及纸制品业	0.67	-0.50	1.21	-0.39
专用设备制造业	2.98	2.23	3.00	3.62
综合类	0.25	0.57	0.20	-0.30
银行业	0.40	0.37	0.36	0.38

三、总资产收益率的影响因素及评价方法

总资产收益率是一个综合指标,企业的资产是由投资人投入或举债形成的。净利的多少与企业资产的多少、资产的结构、经营管理水平有着密切的关系。为了正确评价企业经济效益的高低、挖掘提高利润水平的潜力,可以用该指标与本企业前期、计划、本行业平均水平和本行业内先进企业进行对比,分析形成差异的原因。总资产收益率主要取决于总资产周转速度的快慢以及销售净利率的大小。企业销售净利率越大,资产周转速度越快,总资产收益率就越高。因此,影响总资产收益率高低的因素主要有:产品的价格、单位成本的高低、产品的产量和销售的数量、资金占用量的大小、资金来源结构等。

评价总资产收益率指标,还要结合行业的经营特点来分析评价。

 知识链接

论净资产收益率与总资产收益率

长期以来,我国上市公司对净资产收益率指标非常重视,因为它是决定企业配股资格的唯一硬指标,围绕净资产收益率的达标问题(以前是连续三年平均10%,现在是连续三年平均6%),衍生出不少问题。有人曾做过研究,发现上市公司净资产收益率分布于10%~11%之间的企业比重明显偏大,将配股资格线降低为6%以后,这种局面同样存在。当然,企业为了得到再融资资格,在合理的范围内进行资产重组或资金运筹,倒也无可非议,关键是指标本身应科学合理,能恰当地评价和反映企业资金使用效果。

近年来,上市公司配完股就"变脸"的情况越来越多,有的配完股当年就亏损,这种问题不能不引起我们的重视。不少专业人士认为,以单项指标作为认定配股资格的依据并不合适,企业可通过"数字游戏"来达到资格线。不难发现,配股后"变脸"的公司,大部分前几年净资产收益率平均处于10%~11%之间,现在则往往正好是在6%以上。由此可以看出,对企业配股的考核依据需要完善。仅从单项指标的考核来看,净资产收益率并不是最优的选择,因为净资产收益率作为一项财务指标,虽然有一定的考核作用,但也有着明显的缺陷。

第一,净资产收益率的计算,分子是净利润,分母是净资产,由于企业的净利润并非仅是净资产所产生的,因而分子分母的计算口径并不一致,逻辑上是不合理的。

第二,净资产收益率可以反映企业净资产(股权资金)的收益水平,但并不能全面反映一个企业的资金运用能力。

道理十分明显,全面反映一个企业资金运作的整体效果的指标,应当是总资产收益率,而非净资产收益率。总资产收益率的计算公式是:

$$总资产收益率 = 净利润 \div 平均资产总额(负债 + 所有者权益) \times 100\%$$

比较一下它与净资产收益率的差别,仅在于分母的计算范围上,净资产收益率的计算分母是净资产,总资产收益率的计算分母是全部资产,因此用总资产收益率才具有可比性,在计算口径上才是一致的。

第三,运用净资产收益率考核企业资金利用效果,存在很多局限性。

(1)每股收益与净资产收益率指标互补性不强。由于各个上市公司的资产规模不相等,因而不能以各企业的收益绝对值指标来考核其效益和管理水平。目前,考核标准主要是每股收益和净资产收益率两项相对数指标,然而,每股收益主要是考核企业股权资金的使用情况,净资产收益率虽然考核范围略大(净资产包括股本、资本公积、盈余公积、未分配利润),但也只是反映了企业权益性资金的使用情况,显然在考核企业效益指标体系的设计上,需要调整和完善。

(2)以净资产收益率作为考核指标不利于企业的横向比较。由于企业负债率的差别,如某些企业负债畸高,但净资产收益率却偏高,甚至达到了配股要求,而有些企业尽管效益不错,但由于财务结构合理,负债较低,从而净资产收益率较低,因此却有可能达不到配股要求。

比较典型的例子是陕西的一家上市公司"ST黄河科技"(现已更名为广电网络),1997年时总股本1.1亿元,总资产5.2亿元,由于前两年连续亏损,每股净资产仅为0.51元,净

资产总额 0.57 亿元,资产负债率高达近 90%,当年实现利润仅为 0.058 2 亿元,每股收益仅 0.052 元,净资产收益率却达 10.18%。1998 年实现利润仅为 0.06 亿元,每股收益仅为 0.06 元,然而净资产收益率却达 11.19%。到了 1999 年则更离谱,实现净利润不足 0.04 亿元,净资产收益率却是达到了 34.34%。显然,该公司从配股资格上是无问题的。虽然该公司后来并没有获得管理层的配股许可,但至少说明我们的考核依据是值得商榷的。

配股作为一项再筹资活动,目的是形成社会资源的优化配置,使社会资金向优势企业流动,然而以黄河科技为例,连续三年的利润额分别为 0.052 亿元、0.06 亿元和 0.04 亿元,相对于每年 5.2 亿元、6.6 亿元和 4.6 亿元的总资产,总资产收益率分别只有 0.001%、0.001% 和 0.06%,资金使用效果是十分低下的,还远不及银行存款利率,假如该企业获准配股,虽然我们并不怀疑该企业今后配股募入资金也可能会产生良好的效果,但从考核依据来说,相对于总资产收益率较之高得多而净资产收益率并未达到配股资格线的企业,显然是不公平的。

产生这一问题的原因,就在于净资产收益率不一定能全面反映企业资金利用效果。这一点可从净资产收益率与负债比率的关系上看出来:

因为:总资产收益率 = 净资产收益率 × 净资产占总资产的比重 = 净资产收益率 ×(1 - 负债比重)

因此:净资产收益率 = 总资产收益率 ÷(1 - 负债比重)

从公式可以看出,在总资产收益率一定的情况下,负债比重越高的企业,净资产收益率会越高,这虽然给上市公司以启示,即要提高净资产收益率,必须相对提高负债比率,但同时也会带来一些负作用,即企业想方设法提高负债率,使企业产生借款冲动。例如,很多企业在发行新股或配股后,不得不立即考虑"配套"借款,巨额筹资往往找不到投向,便大量地委托理财,从而使我国股市"资金推动市"的效应明显。如果以总资产收益率指标来考核,无论是企业的权益性资金,还是借入资金,均纳入资金利用效果的考核范围,企业就不可能通过调节负债率来提升指标,这样既有利于企业的横向比较,也能比较真实地反映企业资金利用效果,避免净资产收益率指标的片面性。

(3) 考核净资产收益率指标也不利于对企业进行纵向比较分析。企业可通过诸如以负债回购股权的方式来提高每股收益和净资产收益率,而实际上,该企业经济效益和资金利用效果并未提高。以 2000 年度实施国有股回购的上市公司"云天化"为例,该公司 2000 年的利润总额和净利润分别比 1999 年下降了 33.66% 和 36.58%,但由于当年回购国有股 2 亿股,每股收益和净资产收益率分别只下降了 0.01 元和 2.33%,下降幅度分别只是 2% 和 13%。这种考核结果无疑会对投资者的决策产生不良影响。

由上可以看出,以净资产收益率指标作为企业再筹资的考核标准,弊病较多,而改用总资产收益率考核,较之要合理得多,一方面可以恰当地反映企业资金利用效果,帮助投资者做出正确的投资决策,另一方面也可以在一定程度上避免企业玩"数字游戏"达标。因此,为全面地考核企业资金利用效率,引导社会资源的合理流动,真正使资金流向经济效益高的企业,抑制企业筹资冲动,应改用总资产收益率作为配股和增发的考核标准。

任务三 销售净利率分析

一、销售净利率的含义

销售净利率反映营业收入带来净利润的能力。这个指标越高,说明企业每销售出1元的产品所能创造的净利润越高。通常,这个指标值越高越好。计算公式如下:

$$销售净利率 = \frac{净利润}{营业收入} \times 100\%$$

ABC公司有关资料及销售净利率的计算如表6-9所示。

表6-9　ABC公司销售净利率计算表　　　单位:百万元

项　　目	2018年	2017年
净利润	239.13	369.44
营业收入	16 623.43	15 449.48
销售净利率/%	1.44	2.39

由表6-9可以看出,ABC公司2018年的销售净利率与2017年比,呈现了下降的趋势,这和其他的盈利指标反映出相同的变动趋势,但略高于行业平均值,说明该行业的整体盈利能力下降,但ABC公司在同行业中还处于较好的位置。

销售净利率对管理人员特别重要,反映了企业的价格策略以及控制管理成本的能力。

二、销售净利率的行业数据

表6-10给出了不同行业上市公司在不同时间的销售净利率。表中数据表明,不同行业的销售净利率差异很大,最高的是交通运输辅助业,达30%以上,最低的是计算机应用服务业,处于持续亏损状态。销售净利率依赖于企业产品的属性及公司的竞争战略,比如交通运输辅助业的主要资产是港口、高速公路、机场,总资产规模巨大,资产周转缓慢,只能依赖高的销售净利率来支持净资产收益率。

表6-10　2015—2018年不同行业上市公司平均销售净利率　　　单位:%

行　　业	2018年	2017年	2016年	2015年
电力、蒸汽、热水的生产和供应业	6.24	10.10	13.85	14.85
电器机械及器材制造业	-0.72	3.08	2.90	2.15
电子元器件制造业	-4.41	4.35	5.20	4.53
房地产开发与经营业	9.93	7.21	6.23	4.23
纺织业	-0.02	-0.44	2.74	0.46
非金属矿物制品业	0.66	1.88	4.52	2.85

续表

行　业	2018 年	2017 年	2016 年	2015 年
黑色金属冶炼及压延加工业	6.04	7.75	8.68	6.84
化学原料及化学制品制造业	2.93	5.08	3.12	1.34
计算机应用服务业	-11.50	-9.26	-3.2	1.95
交通运输辅助业	32.36	31.07	36.46	32.28
交通运输设备制造业	1.62	3.25	4.73	-0.55
零售业	0.63	0.75	1.31	1.01
普通机械制造业	4.46	4.42	3.5	-1.29
商业经纪与代理业	0.49	1.25	0.94	1.43
食品加工业	0.56	0.38	-0.64	0.92
通信及相关设备制造业	-1.21	-0.63	0.2	2.53
土木工程建筑业	2.17	0.72	0.62	2.09
医药制造业	2.43	1.96	4.23	3.61
造纸及纸制品业	1.38	-1.16	2.74	-1.00
专用设备制造业	4.08	3.26	4.47	6.15
综合类	0.47	1.09	0.41	-0.67
银行业	0.00	9.79	10.86	12.49

三、销售净利率的影响因素及评价方法

销售净利率的大小主要受营业收入和净利润的影响,这两个项目分别是利润表中的第一项和最后一项,从利润的源泉到最终的净利润,中间要经过营业成本、营业税金及附加、三项期间费用、资产减值损失、公允价值变动损益、投资收益及所得税的多个环节才能形成企业的净利润,因此,这些项目的增减变化都会影响到销售净利率的大小。

销售净利率与净利润成正比关系,与营业收入成反比关系,企业在增加营业收入额的同时,必须相应地获得更多的净利润,才能使销售净利率保持不变或有所提高。要想提高销售净利率:一是要扩大营业收入;二是要降低成本费用。而降低各项成本费用开支是企业财务管理的一项重要内容。通过各项成本费用开支的列示,有利于企业进行成本费用的结构分析,加强成本控制,以便为寻求降低成本费用的途径提供依据。通过分析销售净利率的升降变动,可以促使企业在扩大销售的同时,注意改进经营管理,提高盈利水平。

销售净利率是企业销售的最终获利能力指标。比率越高,说明企业的获利能力越强。但是它受行业特点影响较大。通常说来,越是资本密集型企业,其销售净利率就越高;反之,资本密集程度较低的行业,其销售净利率也较低。

任务四 销售毛利率分析

一、销售毛利率的含义

销售毛利率是评价企业经营业务的获利能力,通常,这个指标越高越好。该指标的优点在于可以对企业某一主要产品或主要业务的盈利状况进行分析,这对于判断企业核心竞争力的变化趋势极有帮助。计算公式如下:

$$销售毛利率 = \frac{营业收入 - 营业成本}{营业收入} \times 100\%$$

ABC 公司有关资料及销售毛利率的计算如表 6-11 所示。

表 6-11　ABC 公司销售毛利率计算表　　　　单位:百万元

项　　目	2018 年	2017 年
营业收入	16 623.43	15 449.48
营业成本	14 667.80	13 407.09
销售毛利率/%	11.76	13.22

由表 6-11 可知,ABC 公司 2018 年的销售毛利率比 2017 年略有下降,且低于行业平均值,说明公司产品的盈利空间不如同行业公司。

二、销售毛利率的行业数据

表 6-12 给出了不同行业上市公司在不同时间的销售毛利率。表中数据表明,不同行业的销售毛利率差异很大,最高的是交通运输辅助业,达 50% 以上;最低的是商业经纪与代理业,只有 5% 左右,该行业主要经营贸易,这与其行业经营特点是相符的。

表 6-12　2015—2018 年不同行业上市公司平均销售毛利率　　　　单位:%

行　　业	2018 年	2017 年	2016 年	2015 年
电力、蒸汽、热水的生产和供应业	19.28	24.07	28.90	28.78
电器机械及器材制造业	16.30	18.82	20.55	21.53
电子元器件制造业	10.27	17.02	18.90	18.92
房地产开发与经营业	27.48	23.76	22.79	22.85
纺织业	12.08	12.65	14.46	15.54
非金属矿物制品业	21.68	24.49	25.89	25.43
黑色金属冶炼及压延加工业	12.74	14.64	16.92	15.55
化学原料及化学制品制造业	19.51	18.04	17.23	17.39
计算机应用服务业	16.89	16.61	18.49	19.96
交通运输辅助业	52.69	53.24	53.77	54.67

续表

行　业	2018年	2017年	2016年	2015年
交通运输设备制造业	13.50	14.80	16.54	16.70
零售业	14.64	14.71	14.99	15.20
普通机械制造业	18.02	18.16	19.56	2 032
商业经纪与代理业	4.68	5.98	5.10	5.99
食品加工业	16.56	18.20	19.85	20.44
通信及相关设备制造业	18.87	21.93	20.46	22.17
土木工程建筑业	8.31	8.36	8.54	9.45
医药制造业	26.26	27.46	29.81	30.85
造纸及纸制品业	19.66	21.01	23.24	23.61
专用设备制造业	17.22	17.83	17.79	19.86
综合类	14.05	14.28	16.72	16.81
银行业	0.00	33.29	26.90	31.72

三、销售毛利率的影响因素及评价方法

销售毛利率反映了企业产品销售的初始获利能力，是企业净利润的起点，没有足够高的毛利率便不能形成较大的盈利。与同行业比较，如果公司的毛利率显著高于同行业水平，说明公司产品附加值高，产品定价高，或与同行比较公司存在成本上的优势，有竞争力。与历史数值比较，如果公司的毛利率显著提高，则可能是公司所在行业处于复苏时期，产品价格大幅上升，在这种情况下分析者需考虑这种价格的上升是否能持续，公司将来的盈利能力是否有保证。相反，如果公司毛利率显著降低，则可能是公司所在行业竞争激烈，在发生价格战的情况下往往是两败俱伤的结局，这时分析者就要警觉了，我国20世纪90年代的彩电业就是这样的例子。

通常来说，毛利率随行业的不同而高低各异，但同一行业的毛利率一般相差不大。与行业同期的平均毛利率相比，可以揭示企业在定价政策、产品或商品推销及生产成本控制方面存在的问题。同时，企业之间的存货计价和固定资产的折旧方法等会计处理的差异也会影响营业成本，进而影响毛利率的计算，这一点应在企业间的横向比较时加以注意。

毛利率是公司产品经过市场竞争后的结果，公司很难单方面主观地左右毛利率的变化，因此毛利率是一个十分可信的指标。如果毛利率连续不断提升，就说明公司产品市场需求强烈，产品竞争力不断增加；如果毛利率连续下跌，则说明公司在走下坡路。

任务五　销售收入现金含量分析

一、销售收入现金含量的含义

虽然现金流量与利润数据在单个会计期间一般是不一致的，但从长期来看，两者之间应

该保持某种相对稳定的比例关系,其差别则反映了非现金支出与收入的变动趋势。目前,现金流量表和利润表的结合分析日益受到人们的重视,销售收入现金含量便是其中最常用的指标之一。该指标把现金流量表与利润表分析有机结合起来,使我们可以估计每单位营业收入所能带来的现金流入量,并由此把握企业流动性风险及商业信用等方面的状况及重要变化。该比率的计算公式为:

销售收入现金含量 = 销售商品或提供劳务收到的现金 / 营业收入

销售商品或提供劳务收到的现金 = 销售收入 - 应收账款增加额 - 应收票据增加额 + 预收款项增加额

该指标反映企业经营业务获得的现金与营业收入的比例关系,表明营业收入的现金保障程度,可以用来判断企业营业收入的质量。由于营业收入是企业净利润的来源,营业收入质量越高,企业当期净利润的质量也就越高,同时表明企业的产品、劳务畅销受欢迎,市场占有率高、回款能力强。一般说来,离普通百姓较近的食品和商业类公司的该项指标应该较高。

ABC 公司有关资料及销售收入现金含量的计算如表 6-13 所示。

表 6-13　ABC 公司销售收入现金含量计算表　　　单位:百万元

项　　目	2018 年	2017 年
销售商品提供劳务收到的现金	3 973.63	4 087.58
营业收入	16 623.43	15 449.48
销售收入现金含量/%	23.90	26.46

由表 6-13 可知,ABC 公司 2018 年销售收入现金含量比 2017 年有所下降。

二、销售收入现金含量的影响因素及评价方法

在赊销政策无重大变化、应收账款正常回收时,由于"销售商品、提供劳务收到的现金"涵盖了主营业务收入和其他业务收入项目,因此该指标的正常值水平应当大于 1。这一标准对于我们分析企业当期营业收入的现金含量很有帮助。

正常情况下,营业收入含金量越高,意味着企业的货款回收越快,流动资金的使用效率越高;反之,营业收入含金量低,则企业的营运周期就会相应被拉长,积压在应收账款、其他应收款或预付款项上的资金无法回笼,则必然会加大企业的短期融资需求和资金调度压力。

结合 A、B、C 公司的财务数据来说明这一指标的分析与评价方法,见表 6-14。

表 6-14　A、B、C 公司的历年销售收入现金含量表　　　单位:%

公司名称	2015 年	2016 年	2017 年	2018 年
A 公司	68	96	126	110
B 公司	116	101	114	112
C 公司	99	103	112	111

从表 6-14 可以看出,B、C 公司的销售现金流量状况较好,最近四年的销售收入现金含量基本上都大于 1,而且波动幅度较小;相形之下,A 公司 2015 年的销售收入现金含量显著

低于正常水平,的确值得关注。通过对 A 公司 2016 年及前后年度比较财务报告的分析,我们发现:A 公司 2015 年经营情况比较正常,应收账款政策及规模增长也无重大变化,显然不足以导致销货现金流入量(14 862 万元)与当期主营收入净额(21 756 万元)之间出现如此巨大的差距,而我们根据其财务资料计算的当期销货现金流量大致数据却在 2 亿元以上。唯一合理的解释是,该公司对当年预付款项巨额增长(6 640 万元)的项目处理可能存在问题,即把应计入"购买商品、接受劳务支付的现金"的预付款项增加额列入了销货现金流入量的计算过程。这样虽然"经营现金流量净额"不受影响,但却虚减了当期销货现金流入量。如果这一判断属实,那么 A 公司当年的实际销售收入现金含量应为 99,这样就非常接近正常水平。

这一案例虽然可能只是反映了报表编制过程中的失误,但也从侧面说明销售收入现金含量在判断企业销货现金流量是否异常时所具有的显著效用。不过在实际运用时,我们还应注意:该指标只着重反映特定期间销售收入所对应的现金含量信息,而不能说明整体经营情况的变动趋势。我们可以结合销售现金流量及主营收入绝对额的趋势分析来弥补该指标的不足。

 知识链接

上市公司盈利能力与现金流量能力比较分析

一、盈利能力分析

"上市公司盈利是永恒的话题",公司盈利能力主要反映企业经营业务创造利润的能力,它一方面直接表现为企业实现利润的多少和利润的稳定程度,另一方面也通过企业投入资金的收益能力或企业资产周转和消耗的盈利能力等经济效益指标反映出来。我们主要利用成本费用净利率、主营业务利润率、销售净利率、总资产净利率、每股盈余、净资产收益率等经济效益指标来分析。成本费用净利率反映企业每付出单位成本费用所取得利润的大小,也可判断企业对成本费用的控制能力。主营业务利润率指标剔除了其他业务、投资和营业外收支的影响,反映企业主营业务本身的获利能力和竞争能力。只有主营业务发展稳健,企业才能实现净利润的可持续增长,才能在激烈的市场竞争中取胜。每股收益反映发行在外的普通股每股获取收益的能力,它是上市公司的年报指标。净资产收益率,也称为股东权益报酬率,即资本金净利率,主要反映企业经营业务创造利润的能力,是衡量投资者(股东)资本金收益能力的重要指标,一直是投资者和管理者关注的重点。净资产收益率也是杜邦分析体系的核心指标,可以将其分解为权益乘数、销售净利率、资产周转率等分别反映偿债能力、盈利能力和营运能力方面的指标具体分析。

尽管以盈利为核心的评估指标能在一定程度上反映公司的经营状况,但它也容易受公司高层管理者利润粉饰或操纵的影响,从而对投资者正确评估公司价值以做出正确的投资决策产生干扰,对投资者的利益造成损失。

二、现金流量能力分析

公司的现金流量能力主要反映公司经营业务利润带来经营活动现金流量的能力,能从另一个角度反映上市公司盈利能力以及盈利质量高低。由于现金流量同盈利能力指标相比受会计估算和分摊的影响较小,因此公司的现金流量能力分析,可以在一定程度上检验上市

公司是否有盈余粉饰和操纵的现象,识别盈利能力强弱的真伪。这也是近些年来,现金流量表以及现金流量能力分析日益备受关注的原因之一。盈利能力指标是以权责发生制为基础的;而现金流量分析则是以现金收付实现制为基础的。一般而言,收入增加迟早会带来现金的流入,费用增加迟早会带来现金的流出。因此,如果公司盈利较好,应该也有较好的现金流入,特别是较好的营业现金流量。我们主要利用营业现金流量、主营业务收入现金含量和自由现金流量等指标来分析,并将其与盈利能力指标对比分析。如果盈利能力和现金流量能力都较好,说明盈利能力有其营业现金流量作为保障,其盈利质量较好。而通过利润操纵来显示较高的盈利水平,一般是没有营业现金流入作保障的。

营业现金流量是指公司正常经营活动所发生的现金流入和现金流出之间的净额。主营业务收入现金含量反映主营业务收入带来营业活动现金流量的多少,其指标越高,表明主营业务收入盈利能力、现金能力和盈利质量越好。

自由现金流量是指从客户处获得的现金净额减去用以维持公司目前增长所需的现金支出,其公式为:

$$自由现金流量 = 经营现金净流量 - 资本支出$$

自由现金流量是企业在不影响其成长前景的前提下,可以分配给股东的最大现金流量,或可以留用以便将来增值的最大自由现金流量。企业的自由现金流量越大,企业的市场价值越高。

上述现金流量能力指标共同的优点是:(1)不受存货估价、费用摊销、折旧计提等方面不同会计方法的影响,也不受公司经理的操纵,它们的计算没有随意主观性,是客观性强的指标。(2)按照收付实现制的原则计算,是企业在一定时期内实际收到的现金收入,它们不存在未实际收到的现金收入的风险,是确定性很强的指标。(3)自由现金流量与营业现金流量及主营业务收入现金含量相比的一大优势是:自由现金流量考虑了资本性支出对现金流量的影响,是在不影响企业当前增长的情况下可供自由使用的超额现金流量,是投资者进行投资决策的重要依据。

任务六 净利润现金含量分析

一、净利润现金含量的含义

该指标表明企业本期经营活动产生的现金净流量与利润之间的比例关系,可以用来衡量净利润质量的高低。计算公式如下:

$$净利润现金含量 = \frac{经营活动产生的现金净流量}{净利润}$$

一般情况下,如果比率大于1,说明企业净利润与经营活动产生的现金净流量协调较好,净利润现金实现程度高,企业净利润质量也高;反之,若该比率小于1,则说明企业本期净利润中存在尚未实现的收入,企业净利润的质量欠佳。如果企业当期投资收益、筹资费用数额较大,应当在分母"净利润"中剔除。

ABC公司有关资料及净利润现金含量的计算如表6-15所示。

表 6-15　ABC 公司净利润现金含量计算表　　　　　单位：百万元

项　　目	2018 年	2017 年
经营活动产生的现金流量净额	467.95	738.26
净利润	239.13	369.44
净利润现金含量（倍）	1.96	2.00

由表 6-15 可知，ABC 公司 2018 年的净利润现金含量比 2017 年略有下降，但综合多年的历史数据分析，近两年公司的净利润质量是不断提高的，说明虽然从其他盈利能力指标上看，公司盈利能力略有下降，但公司的盈利质量有所提高。

二、净利润现金含量的行业数据

表 6-16 给出了部分行业上市公司净利润现金含量的数据。净利润现金含量是企业市场竞争力的根本体现。

表 6-16　2017 年度部分行业上市公司净利润现金含量

行　业	净利润现金含量/倍	行　业	净利润现金含量/倍
建筑材料	168.25	贸易公司与经销商	54.32
酒店、餐馆与休闲	165.11	家庭耐用消费品	1.92
综合性零售	226.71	房地产	8.41
饮料	164.79	软件	66.03
电力	186.90	通讯设备	55.77

三、净利润现金含量的影响因素及评价方法

由于净利润容易变化和操纵，所以该指标稳定性没有"销售收入现金含量"好，往往需要具体公司具体分析。与"销售收入现金含量"一样，这一指标对于发现企业操纵利润的嫌疑也具有重要的作用。企业操纵账面利润，一般是没有相应的现金流量的。这一指标过低，就有虚盈实亏的可能性，应进一步分析会计政策、会计估计和会计差错变更的影响以及应收款项及存货的变现能力。若该指标大于 1，反映的是公司经营活动所产生的现金流量净值高于当期净利润，企业的净利润有足够的现金保障。反之，现金利润比低于正常水平，甚至企业的净利润极高但经营活动净现金流量为负，则说明企业的账面利润没有实实在在的现金流入作为保证，或者说企业的利润来源于非正常生产经营性活动。企业的经营成果缺乏现金流入作保障，则企业生产在未来的可持续发展将受到怀疑。

利润表中的净利润是建立在权责发生制基础上的，对应计收入、应计费用等项目存在着估计成分，对有关资产、损益项目的确认和分配也因存在不同方法而产生不同的结果。这样就可能出现账面反映有较高利润，但资金周转却发生困难，缺乏足够的现金支付能力。而现金流量表是以收付实现制为基础，通过分析调整利润表中各项目对现金流量的影响计算编制的，它能揭示经营活动所得现金和净利润的关系，有助于解释为什么有的企业有盈利却没有足够的现金支付工资、股利和偿还债务，有的企业没有盈利却有足够的现金支付能力。如

果企业的净利润大大高于经营活动产生的现金流量净额,则说明企业利润的含金量不高,存在大量的赊销行为及未来的应收账款收账风险,同时某种程度上存在着利润操纵之嫌。在了解该指标的过程中,我们还可以了解到企业相关税费的缴纳情况。

四、进行收益质量分析应该注意的问题

收益质量分析是一个主观判断过程,其判断的正确性与分析者的经验、能力和风险偏好密切相关,分析者必须努力提高自己的专业素质并在实践中积累丰富的经验才能胜任这项工作。目前还没有一种比较客观、可以量化的统一评价方法。另外,收益质量分析仅仅是对一个上市公司整体投资质量评价过程中要考虑的因素之一,并非全部。因此,在对公司整体进行评价时,分析者应该将财务报表分析和公司的整体环境结合起来,根据各个公司的具体情况,灵活运用各种分析指标,不要生搬硬套各种指标和公式,这样才能得出恰当的评价。

知识链接

上市公司收益质量分析

所谓收益质量,是指财务报告收益的可信程度或现金的保障程度以及公司持续获得收益的能力。一般情况下,报告收益与公司业绩之间的相关性,可以反映出公司收益质量的好坏。如果报告收益能如实地反映公司业绩,则认为收益质量好;如果报告收益不能如实地反映公司业绩,则认为收益质量不好。

公司的收益能力影响到社会公众对公司的正常评价,影响到公司的价值、股票的价格等。因此,公司管理层常用各种手段粉饰会计报表,由此引发了人们对会计报表反映的收益质量的高度关注。

一、影响上市公司收益质量的因素

影响收益质量的因素很多,大体上可以分为三个方面:

(1)会计政策的选择。公司在选择可接受的会计政策时,有一定的自由决定能力。赋予公司一定的自由决定能力,是任何国家的会计规范都存在的,只不过程度有区别。公司在选择会计政策时,可以采取稳健的政策,也可以采取乐观的政策。采取稳健的会计政策,通常认为比采取乐观的会计政策收益质量高。稳健主义减少了高估收益的可能性,如固定资产的加速折旧等。

(2)会计政策的运用。在选定会计政策之后,如何运用会计政策,公司仍然有一定的自由决定能力。例如,在选定提取资产减值准备的会计政策之后,提取多少数额,公司仍有自由决定权。公司在广告费、营销费、修理费、研发费等酌量性费用的发生时间上有一定的自由决定权。利用这种自由决定权,公司可以操纵报告利润的水平。例如,任意收缩在短期内不易被察觉具有不良影响的支出(如研究开发费、资产维护费、广告费及员工训练费),经营欠佳时,有意减少这类开支,可以提高收益。这种操纵使报告收益与实际业绩的相关性减少,降低了收益质量。

(3)收益与经营风险的关系。经营风险的高低与公司的管理战略有关,也与环境有关。经营风险大,收益不稳定,会降低收益的质量。影响经营风险的因素包括经营周期的长短、收益水平对外部环境变化的敏感程度、收益的稳定性、收益的可变性、收益来源的构成等。

另外,还有其他一些影响因素,如收入与费用的确认原则、资产的质量、财务结构和汇率波动性等。

二、如何分析上市公司收益质量

(一) 利用相关的财务比率指标分析

公司的生存与发展,取决于有没有足够的现金用于各种支付,有没有现金进行再投资。众所周知,有的收益有现金流入,有的收益没有现金流入,只有伴随着现金流入的收益才有较高的质量。因此,从公司收益是否有足够的现金保障来看,经营现金净流量越大,收益的现金保障程度越高,收益质量越好;反之,经营现金净流量越小,收益的现金保障程度越低,收益质量越差。

长期以来,对上市公司收益质量的评价主要是用销售利润率、净资产收益率、投资报酬率和每股收益等指标。这些以应计制为基础的收益指标仅仅反映上市公司的获利能力,但无法反映公司获取收益的同时能否带来相应的现金流入。因此,对上市公司收益质量的分析还必须关注其现金流量信息,具体来说还应关注如下指标:

1. 现金支付能力指标

现金支付能力的算术表达式为:(公司现金流入−债权性现金流入)/(经营现金流出+偿还债务本息付现+现金股利支付+资本支出)。它是综合公司的支付项目在剔除债权性现金流入的情况下,分析公司经营活动、投资活动等运用资金产生现金流量的能力以及付现的承受能力。通常情况下该比率越大越好。比率越大,说明有足够的现金支付能力,公司的收益质量好。上述分母中的经营性付现和偿还债务本息付现属于公司的强制性支出,公司通过经营及投资活动所得到的现金流量必须满足公司在经营和偿还本息方面的需要,如果公司连续几个会计期间不能满足这种资金需求,就有可能面临难以为继的困境。分母中的现金股利付现是投资者取得回报的现金支付,在相同的股利分配政策下,该比率越大表明公司有足够的资金支付股利,分母中第四项资本付现支出是公司扩大经营规模、创造未来现金流量或利润的能力支付,该比率越大表明公司创造未来收益的能力越强。

2. 净收益营运指数

有关收益质量的信息,列示在现金流量的"补充资料"的第二部分,以 D 公司为例,见表 6-17。

表 6-17　D 公司现金流量补充资料　　　　　单位:万元

将净利润调整为经营现金流量	金额	说明
净利润	2 379	
加:计提的坏账准备或转销的坏账	9	没有支付现金的费用,共 2 609 万元。提取这类费用,减少收益却不减少现金,应将其加入
提取折旧	2 000	
无形资产摊销	600	
处置固定资产收益	−500	非经营净收益 403 万元,不代表正常的收益能力。计算经营现金时应将其扣除
固定资产报废损失	197	
财务费用	215	
投资收益	−315	

续表

将净利润调整为经营现金流量	金额	说明
存货减少	53	经营资产净增加437万元,收益不变而现金减少,收益质量下降
经营性应收项目减少(减:增加)	-490	
经营性应付项目增加(减:减少)	-337	负债减少337万元,收益不变而现金减少,收益质量下降
经营活动现金流量净额	3 811	

净收益营运指数是指经营净收益与全部净收益的比值。

净收益营运指数 = 经营净收益÷净收益 = (净收益-非经营净收益)÷净收益

D公司净收益为2 379万元,非经营净收益403万元,计算的净收益营运指数为:

净收益营运指数 = (2 379-403)÷2 379 = 1 976÷2 379 = 0.830 6

通过净收益营运指数的历史比较和行业比较,可以评价一个公司的收益质量。例如,2008年12月申请破产的安然公司,从1997年开始净利润逐年大幅上升,而经营净收益逐年下降,净收益营运指数越来越低。这是净收益质量越来越差的明显标志。在2008年5月6日,波士顿一家证券分析公司曾建议投资者卖掉安然公司股票,其理由之一就是其越来越低的营业利润率。该公司1996年的营业利润率是21.15%,到2000年已经跌至6.22%,2008年第一季度只有1.59%。该公司的收益越来越多地依靠证券交易和资产处置。

为什么非经营收益越多,收益质量越差呢?这是因为与经营收益相比,非经营收益的可持续性低。非经营收益的来源主要是资产处置和证券交易。资产处置不是公司的主要业务,不反映公司的核心能力。许多公司正是利用"资产置换"达到操纵利润的目的。通过短期证券交易获利是靠运气。由于资本市场的有效性比商品市场高得多,取得正的净现值只是偶然的,不能依靠短期证券交易增加股东财富。一般企业进行的短期证券买卖,只是现金管理的一部分,目的是减少持有现金的损失。企业长期对外投资的主要目的是控制子公司,通过控制权取得额外的好处,而不是直接获利。通过证券交易增加股东财富,主要靠运气。一个人的运气不会总是那么好,如同买彩票不会每次都中奖一样。如果公司靠证券交易获利,不如把钱还给股东,让他们自己去直接进行交易,还可以节约一部分交易费用。因此,非经营收益虽然也是"收益",但不能代表企业收益"能力"。

3. 现金营运指数

现金营运指数,它是经营现金净流量与经营应得现金的比值。经营应得现金是经营活动净收益与非付现费用之和。仍以D公司为例,由表6-17可得:

经营应得现金 = 经营活动净收益+非付现费用 = 净收益-非经营净收益+非付现费用 = 1 976+2 609 = 4 585万元

现金营运指数 = 经营现金净流量÷经营应得现金 = 3 811÷4 585 = 0.831 2

营运指数小于1,说明收益质量不够好,D公司每1元的经营活动现金收益只收回约0.83元。那么另外的0.17元到哪里去了?分析得知它们被投入营运资金了,应收款增加、应付款减少、存货增加等使实际得到的经营现金减少。这种情况不是一个好兆头。首先,现金营运指数小于1,说明一部分收益尚没有取得现金还停留在实物或债权形态,而实物或债权资产的风险大于现金,应收账款能否足额变现是有疑问的,存货也有贬值的风险,所以未实现的收益质量低于已实现的收益质量。其次,现金营运指数小于1,说明营运资金增加了,反映企业为取得同样的收益占用了更多的营运资金,取得收益的代价增加了,同样的收益代表着较差的业绩。

需要注意的是,无论是净收益营运指数还是现金营运指数的分析,通常都需要使用连续若干年的数据,仅仅靠一年的数据未必能说明问题。

(二) 公司会计政策分析

投资者在分析公司会计政策过程中应特别重视会计政策的变更。一般情况下,收益质量高的公司,其会计政策应该是持续、稳健的,该政策对公司财务状况和净收益的计量是谨慎的。企业会计准则规定,企业只有在下列两种情况下才可以更改会计政策:(1) 法律或会计准则等行政法规、规章要求变更;(2) 变更会计政策以后,能使所提供的企业财务状况、经营成果、现金流量信息更为可靠,更为相关。实际上,上市公司为了调节利润,往往以各种理由变更会计政策。投资者要依靠自己的分析,判断公司会计政策的变更是否满足上述两项条件,是否会对收益质量造成影响。

项目六 小 结

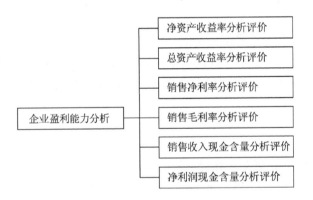

 思考与练习

一、单项选择题

1. 企业销售毛利率与去年基本一致,销售净利率却大幅度下降,最可能的原因是( )。
   - A. 期间费用上升
   - B. 主营业务成本上升
   - C. 主营业务收入上升
   - D. 营业外收支净额下降

2. 总资产收益率 = ( )。
   - A. 销售毛利率×净资产周转率
   - B. 销售毛利率×总资产周转率
   - C. 销售净利率×净资产周转率
   - D. 销售净利率×总资产周转率

3. 可能导致总资产收益率下降的经济业务是( )。
   - A. 用银行存款支付一笔销售费用
   - B. 用银行存款购入一台设备

C. 将可转换债券转换为普通股　　D. 用银行存款归还银行存款

4. 净资产收益率=(　　)。
   A. 销售净利率×总资产周转率　　B. 总资产收益率×总资产周转率
   C. 销售净利率×权益乘数　　D. 总资产收益率×权益乘数

5. 净资产收益率越高说明(　　)。
   A. 债权人投入的资金获得的报酬能力越强
   B. 股东投入的资金获得的报酬能力越强
   C. 债务人投入的资金获得的报酬能力越强
   D. 企业全部资产的报酬能力越强

6. 现金比率=(　　)。
   A. 现金/流动资产
   B. (现金+应收账款)/流动负债
   C. (现金+短期有价证券)/流动负债
   D. (现金+短期有价证券)/流动资产

7. 在一定时期内,企业应收账款的周转天数越多,说明(　　)。
   A. 企业收回应收账款的速度快
   B. 应收账款的流动性强
   C. 收账费用和坏账损失减少
   D. 企业的营业资金过多滞留在应收账款上

8. 某公司 2019 年 12 月 31 日资产负债表显示,货币资金总额为 1 200 万元,短期有价证券为 1 000 万元,流动负债总额为 1 600 万元。假设没有其他资产,则该公司 2019 年现金比率为(　　)。
   A. 1　　B. 1.1　　C. 1.375　　D. 1.5

9. 某公司的流动资产由速动资产和存货组成,年末流动资产余额 70 万元,年末流动比率为 2,年末速动比率为 1,则年末存货余额为(　　)。
   A. 60 万元　　B. 35 万元　　C. 45 万元　　D. 10 万元

10. 上市公司股东最关注的指标是(　　)。
    A. 股利支付率　　B. 净资产收益率
    C. 每股收益　　D. 市盈率

11. 总资产收益率反映了(　　)。
    A. 债权人投资形成的全部资产的收益率
    B. 投资人投资形成的全部资产的收益率
    C. 债权人和投资人投资形成的全部资产的收益率
    D. 所有者权益的收益率

12. 衡量企业盈利能力的指标是(　　)。
    A. 资产负债率　　B. 总资产收益率
    C. 速动比率　　D. 固定资产周转率

13. 销售毛利率=(　　)。
    A. 销售收入-销售成本

B. 销售收入－销售成本－管理费用

C. （销售收入－销售成本－销售费用）/销售收入

D. （销售收入－销售成本）/销售收入

二、多项选择题

1. 衡量企业盈利能力的指标有（　　）。
   A. 资产负债率　　　　　　　　B. 总资产收益率
   C. 净资产收益率　　　　　　　D. 销售净利率
   E. 每股收益

2. 与盈利能力相关的比率包括（　　）。
   A. 与偿债相关的盈利能力　　　B. 与销售相关的盈利能力
   C. 与股本相关的盈利能力　　　D. 与投资相关的盈利能力
   E. 与现金流量相关的盈利能力

3. 总资产收益率 =（　　）。
   A. 净利润/总资产平均余额
   B. （净利润 + 所得税）/总资产平均余额
   C. （净利润 + 利息）/总资产平均余额
   D. （净利润 + 所得税 + 利息）/总资产平均余额
   E. 净利润/净资产平均余额

三、判断说明题

1. 如果企业的收益率高于借款利率，企业不会考虑银行借款融资。（　　）
2. 广告费用计入管理费用。（　　）
3. 赊销收入净额就等于销售收入净额。（　　）
4. 净资产收益率越高，反映了企业股东投入的资金获得报酬的能力越强。（　　）
5. 产权比率属于静态指标。（　　）
6. 销售毛利率越大，说明主营业务收入净额中主营业务成本占的比重越小，企业销售带来的盈利能力越强。（　　）
7. 盈利能力的趋势分析是指对比企业连续几个期间的收入、费用等数据，得出盈利变化趋势。（　　）

四、计算分析题

1. 安阳公司2019年实现净利润50万元，当年期初总资产和期末总资产分别为400万元和600万元，期初所有者权益和期末所有者权益分别为200万元和400万元。
   要求：（1）计算安阳公司2019年总资产收益率和净资产收益率；
   （2）简要分析总资产收益率和净资产收益率的差异。

2. 阳光公司本年实现的净利润为4 000万元，当年期初总资产为8 000万元，期末总资产为12 000万元，资产负债率为50%。
   要求：（1）计算阳光公司的净资产收益率；
   （2）采用净资产收益率指标分析企业盈利能力的缺陷。

3. 华微公司2016年、2017年和2018年的流动资产平均额分别为10 500万元、12 500万元和16 500万元，净利润分别为800万元、900万元和1 100万元。该公司的竞争对手

2016 年、2017 年和 2018 年的流动资产收益率分别为 9%、8% 和 7%。

要求：（1）分别计算华微公司 2016 年、2017 年和 2018 年的流动资产收益率；

（2）分析华微公司流动资产的盈利能力。

4. 伟光公司 2016 年、2017 年、2018 年和 2019 年销售收入和销售成本数据如表 6-18 所示。

表 6-18　伟光公司销售收入和销售成本数据　　　　　　　　单位：万元

项　　目	2016 年	2017 年	2018 年	2019 年
销售收入	457 745	228 907	17 787	6 114
销售成本	88 450	150 963	13 153	5 577

要求：（1）计算伟光公司每年的销售毛利率，填入表 6-19 中。

表 6-19　伟光公司的销售毛利率计算　　　　　　　　单位：万元

项　　目	2016 年	2017 年	2018 年	2019 年
销售收入	457 745	228 907	17 787	6 114
销售成本	88 450	150 963	13 153	5 577
销售毛利率/%				

（2）该公司所处行业 2016—2019 年每年的销售毛利率分别为 85%、83%、80% 和 79%，试分析该公司的销售毛利率变化趋势。

5. 瑞阳公司 2017—2019 年每年的销售收入和净利润情况如表 6-20 所示。

表 6-20　瑞阳公司的销售收入和净利润情况　　　　　　　　单位：万元

项　　目	2017 年	2018 年	2019 年
销售收入	178 794	333 786	457 745
净利润	66 091	70 217	101 096

要求：（1）计算瑞阳公司每年的销售净利率，填入表 6-21 中。

表 6-21　瑞阳公司的销售净利率计算　　　　　　　　单位：万元

项　　目	2017 年	2018 年	2019 年
销售收入	178 794	333 786	457 745
净利润	66 091	70 217	101 096
销售净利率/%			

（2）简要分析销售净利率指标的意义。

6. 伟锐公司本年期初总资产和期末总资产分别为 820 万元和 860 万元，期初净资产和期末净资产分别为 600 万元和 800 万元，当年总资产收益率为 5.7%。

要求：（1）计算伟锐公司的权益乘数和净资产收益率；

（2）根据上述计算结果，分析总资产和权益乘数对净资产收益率的影响。

五、企业盈利能力分析实例

A 公司盈利能力分析

表 6-22 至表 6-28 是 A 公司的部分财务数据。

表 6-22　2017 年 A 公司部分利润指标数据　　单位：万元

项目	一季度	二季度	三季度	四季度	全年
主营业务收入	7.34	2.75	5.44	8.48	24.01
主营业务利润	4.77	1.73	3.31	6.33	16.14
营业利润	3.41	0.69	1.84	3.8	9.74
利润总额	3.41	0.71	1.85	3.81	9.78
净利润	2.18	0.35	1.02	2.32	5.87
每股收益	0.79	0.13	0.25	0.77	1.94

表 6-23　2018 年 A 公司部分利润指标数据　　单位：万元

项目	一季度	二季度	三季度	四季度	全年
主营业务收入	8.53	4.61	7.56	9.4	30.1
主营业务利润	5.82	3.04	4.96	7.68	21.5
营业利润	4.01	1.69	3.06	6.12	14.88
利润总额	4.01	1.69	3.06	6.14	14.9
净利润	2.62	0.87	1.66	3.05	8.2
每股收益	0.67	0.22	0.42	0.78	2.09

表 6-24　A 公司历年产销量

项目	2015 年	2016 年	2017 年	2018 年
产量（吨）	8 610.00	10 686.00	11 794.49	15 010.00
销量（吨）	5 204.46	5 323.00	5 647.56	6 100.00
销售均价（万元/吨）	31.09	34.47	42.50	49.34

表 6-25　A 公司毛利率　　单位：%

产品	2016 年	2017 年	2018 年			
			一季度	二季度	三季度	全年
X 产品	83.29	80.88	83.61	83.60	83.28	93.39
Y 产品	78.79	80.73	81.42	82.17	81.67	81.50

表 6-26 A 公司收入结构表   单位：亿元

产品	2015年	2016年	2017年	2018年				
				一季度	二季度	三季度	四季度	全年
X 产品	12.48	14.34	19.35	6.54	3.97	6.12	7.9	24.53
Y 产品	3.12	3.41	3.86	1.44	0.53	1.2	1.09	4.26
其他产品	0.58	0.6	0.806 4	0.55	0.11	0.24	0.41	1.31
合计	16.18	18.35	24.016	8.53	4.61	7.56	9.4	30.1

表 6-27 2017 年 A 公司收入费用表   单位：亿元

项目	一季度	二季度	三季度	四季度	全年
主营业务收入	7.34	2.75	5.44	8.49	24.02
主营业务成本	1.36	0.61	1.06	1.74	4.77
主营业务税金及附加	1.21	0.41	1.06	0.40	3.08
营业费用	0.999 6	0.480 5	1.000 0	1.170 0	3.650 1
管理费用	0.389 5	0.582 8	0.557 7	1.390	2.920 0
财务费用	-0.022 1	-0.021 6	-0.078 8	-0.038 0	-0.161 0

表 6-28 2018 年 A 公司收入费用表   单位：亿元

项目	一季度	二季度	三季度	四季度	全年
主营业务收入	8.53	4.61	7.56	9.40	30.10
主营业务成本	1.51	0.79	1.38	1.67	5.35
主营业务税金及附加	1.2	0.78	1.22	0.05	3.25
营业费用	1.4	0.6	1.38	0.39	3.77
管理费用	0.482	0.778	0.640	1.210	3.110
财务费用	-0.067 5	-0.032 1	-0.123 5	-0.037 0	-0.260 0

案例思考题

（1）分别计算 A 公司 2017 年、2018 年的主营业务利润率、营业利润率、净利润率，并简要分析。

（2）分别计算 A 公司 2018 年主营业务收入、主营业务利润、营业利润、利润总额、净利润、每股收益比 2017 年的增长速度，并简要分析。

（3）阅读 A 公司历年产销量数据表，计算各年的产销率。分析存货积压会对公司带来什么影响？

（4）根据 A 公司毛利率，简要分析其毛利率的变动趋势。

（5）根据 A 公司收入结构数据表，计算各项收入占总收入的比重并简要分析。

（6）根据 A 公司 2017 年、2018 年收入费用表，计算各项费用占当年主营业务收入的比重，并简要分析。

项目七　企业偿债能力分析

任务描述

本项目的任务是了解企业偿债能力分析常用的财务指标,掌握各种指标的计算方法、内涵、作用、影响因素、评价方法,学会利用多个偿债能力指标综合分析评价企业的偿债能力。

学习任务

1. 掌握短期偿债能力分析主要财务指标的内涵;
2. 掌握短期偿债能力分析主要财务指标的计算方法;
3. 掌握短期偿债能力分析财务指标的评价方法;
4. 掌握长期偿债能力分析主要财务指标的内涵;
5. 掌握长期偿债能力分析主要财务指标的计算方法;
6. 掌握长期偿债能力分析财务指标的评价方法。

技能目标

1. 能进行各种偿债能力指标的计算;
2. 能正确评价各个偿债能力指标;
3. 能对多个偿债能力指标综合分析评价;
4. 能对偿债能力指标进行趋势分析;
5. 能对偿债能力指标进行比较分析。

知识目标

1. 短期偿债能力分析财务指标的内涵;
2. 短期偿债能力分析主要财务指标的计算;
3. 短期偿债能力分析财务指标的评价;
4. 长期偿债能力分析财务指标的内涵;
5. 长期偿债能力分析主要财务指标的计算;
6. 长期偿债能力分析财务指标的评价。

项目导入

A、B、C 三家公司 2018 年有关资料如表 7-1 所示。

表 7-1　2018 年 A、B、C 三家公司部分财务数据　　　　　　单位：万元

项　　目	A 公司	B 公司	C 公司
存货	50	25	25
应收账款	25	50	25
现金	25	25	50
流动资产	100	100	100
流动负债	80	80	80
营业利润	40	40	20
折旧	10	10	5

请思考：

1. A、B、C 三家公司的流动比率分别是多少？是否可以通过流动比率判断它们短期财务状况的优劣？

2. A、B、C 三家公司的速动比率分别是多少？是否可以通过速动比率判断它们短期财务状况的优劣？

3. 如果 A、B、C 三家公司属于同一行业，以上述资料为依据，仅以偿付应付账款的能力评估的话，外界会对哪家公司的信心最高？

任务一　短期偿债能力分析

短期偿债能力是指一个企业以其流动资产支付流动负债的能力。一个企业的短期偿债能力大小，要看流动资产和流动负债的多少和质量状况。

流动资产的质量是指其"流动性"，即转换成现金的能力，包括是否能不受损失地转换为现金以及转换需要的时间。对于流动资产的质量应着重理解以下三点：

第一，资产转变成现金是经过正常交易程序变现的。

第二，流动性的强弱主要取决于资产转换成现金的时间和资产预计出售价格与实际出售价格的差额。

第三，流动资产的流动性期限在 1 年以内或超过 1 年的一个正常营业周期。

流动负债也有"质量"问题。一般说来，企业的所有债务都是要偿还的，但是并非所有债务都需要在到期时立即偿还，债务偿还的强制程度和紧迫性被视为负债的质量。

一般地，将流动资产与流动负债的数量进行对比，可以初步看出企业的短期偿债能力。在对比分析中采用的指标主要有营运资金、流动比率、速动比率、现金比率和现金流量比率。但在评价这些指标时，必须同时关注流动资产和流动负债的质量状况。

一、营运资金

(一) 营运资金的含义

营运资金是指企业可长期自由支配使用的流动资金,也就是企业在某一时点所拥有的流动资产与流动负债的差额,是反映企业短期偿债能力的绝对数指标。其计算公式为:

$$营运资金 = 流动资产 - 流动负债$$

营运资金是表示流动资产超过流动负债的部分。当营运资金为正值时,表明企业有能力用流动资产偿还全部短期债务;当营运资金为零或负值时,表明企业的流动资产已无力偿还全部短期负债,企业资金将无法周转。但是,并不是说营运资金越多越好。营运资金过多,说明企业有部分资金闲置,没有充分发挥其效益,会影响获利能力。因此,营运资金应保持适当的数额。

(二) 营运资金的影响因素及评价方法

由于营运资金是一个绝对量,它是否适合公司生产经营的实际需要,取决于公司生产经营规模的大小。因此,在财务分析中,通常需要将营运资金与以前年度的该指标进行比较,方能确定其是否合理。同样,由于不同企业之间及同一企业的不同年份之间,可能存在显著的规模差异,因此,直接比较该指标而不考虑规模因素通常是没有意义的。

一般来说,零售商的营运资金较多,因为它们除了流动资产外没有什么可以偿债的资产;信誉好的餐饮企业营运资金很少,有时甚至是一个负数,因为其稳定的收入可以偿还同样稳定的流动负债;制造业一般有正的营运资金,但其数额差别很大。

ABC 公司有关资料及营运资金的计算如表 7-2 所示。

表 7-2　ABC 公司营运资金计算表　　　　　单位:百万元

项　　目	2018 年年末	2017 年年末	2016 年年末
流动资产	3 844.59	3 957.79	4 000.43
流动负债	721.73	783.45	1 392.26
营运资金	3 122.86	3 174.34	2 608.17

ABC 公司 2018 年年末营运资金比 2017 年年末略有下降,但与 2016 年年末相比较仍然有较大的增加。为了对公司的营运资金有全面的认识,我们可以取更多期的数据来分析,表 7-3 是 ABC 公司多期的营运资金指标。

表 7-3　ABC 公司营运资金历史数据　　　　　单位:百万元

年　　份	营运资金	资产总额	营运资金占总资产比重/%
2018 年年末	3 122.86	6 777.50	46.08
2017 年年末	3 174.34	7 101.06	44.70
2016 年年末	2 608.17	7 372.71	35.38
2015 年年末	1 590.59	7 394.14	21.51
2014 年年末	1 831.64	6 942.41	26.38

续表

年　份	营运资金	资产总额	营运资金占总资产比重/%
2013年年末	1 435.43	3 933.56	36.49
2012年年末	1 538.63	3 780.55	40.70
2011年年末	888.21	3 450.89	25.74
2010年年末	616.93	3 378.00	18.26
2009年年末	176.81	1 312.59	13.47
2008年年末	160.54	976.01	16.45

从表7-3可以看出,绝对数上,ABC公司的营运资金随着公司资产规模的增长而不断增长;相对数上,公司营运资金占总资产的比重也随着总资产规模的增长而增加。分析时可结合资产负债表的结构分析:公司的流动资产中货币资金和预付款项的比重逐年降低,而应收票据、应收账款和存货的比重逐年上升;流动负债中,以应付账款为主。所以,应收账款和存货的质量是影响公司短期偿债能力的重要因素。

二、流动比率

(一)流动比率的含义

流动比率是指在某一特定时点上的流动资产与流动负债之比,即

$$流动比率 = \frac{流动资产}{流动负债}$$

对于制造业企业,流动比率的经验值为2。之所以流动资产通常应该是流动负债的2倍,那是因为:(1)流动资产中的一定比例事实上是长期存在的,因而具有实质上的长期资产特性,即资金占用的长期性,因而应该由长期资金予以支撑;(2)流动资产如果全部由流动负债支撑,亦即流动比率为1,那么,一旦发生金融危机或公司信用危机,公司生产经营周转将会面临十分严重的困难。

ABC公司有关资料及流动比率的计算如表7-4所示。

表7-4　ABC公司流动比率计算表　　　　　单位:百万元

项　目	2018年年末	2017年年末	2016年年末
流动资产	3 844.59	3 957.79	4 000.43
流动负债	721.73	783.45	1 392.26
流动比率	5.33	5.05	2.87

由表7-4可知,ABC公司三年来的流动比率呈上升趋势,显示出公司的短期偿债能力逐步增强。结合同行业情况看,ABC公司的流动比率仍好于行业平均值。

(二)流动比率的行业数据

表7-5是不同行业上市公司在2015—2018年的流动比率平均值,可以看出不同行业不同时期的流动比率呈现出不同的特点。

表 7-5　2015—2018 年不同行业平均流动比率

行　　业	2018 年	2017 年	2016 年	2015 年
电力、蒸汽、热水的生产和供应业	0.74	0.91	1.07	1.17
房地产开发与经营业	0.62	0.81	0.95	1.08
计算机应用服务业	1.15	1.31	1.51	1.52
交通运输辅助业	0.79	1.12	1.48	1.25
零售业	0.84	0.84	0.87	0.87
商业经纪与代理业	1.11	1.18	1.17	1.28
通信及相关设备制造业	1.35	1.47	1.42	1.54
土木工程建筑业	1.11	1.16	1.22	1.28
综合类	0.94	0.91	1.02	1.15

（三）流动比率的影响因素及评价方法

一般而言，流动比率的高低与营业周期很有关系：营业周期越短，则材料、在产品存货库存较少，应收账款周转速度也快，流动比率相对较低；反之，营业周期较长的企业，其存货规模必然较大，应收账款的周转速度也较慢，因而流动比率也必然较高。例如，制造业公司的平均营业周期通常要长于贸易公司，因而前者的流动比率通常要高于后者。正因如此，在进行流动比率分析时，与行业平均水平进行比较是十分必要的，或者说，跨行业的比较需要适当谨慎。即使同一企业在不同时期，如销售旺季和淡季，流动比率也会有较大的差别。因此，对流动比率的分析要根据企业的性质和实际情况来评价，不能一概而论。同时，运用流动比率还应结合其他指标进行综合分析。

企业流动资产与流动负债的匹配方式主要取决于企业对收益与风险的态度，主要有三种：

（1）激进型：流动负债不仅融通临时性流动资产的资金需要，而且还要解决部分永久性流动资产的需要，资本成本较低，但财务风险较大。此时，企业的流动比率接近于 1。

（2）保守型：流动负债只融通部分临时性流动资产的需要，另一部分临时性流动资产和永久性流动资产均由长期负债和自有资本作为其资金来源，资本成本较高，资产投资回报率较低，但财务风险较低。此时，企业的流动比率大于 2。

（3）适中型：临时性流动资产用流动负债筹资来解决；对于永久性流动资产和长期资产则用长期负债和自有资本来解决资金需求。此时，企业的流动比率接近于 2。

流动比率的横向或纵向比较，只能反映高低差异，但不能解释原因。欲知原因，则需具体分析应收账款、存货及流动负债水平的高低。如果应收账款或存货的量不少，但其流动性（即周转效率）存在问题，则应要求更高的流动比率，因为，此时的流动比率值（实际上是指其分子）是含有"水分"的。因此，在对流动比率做具体分析时，需要注意以下几点：

（1）要注意对企业流动资产结构分析，因为流动资产各组成项目的变现能力是各不相同的。流动资产中应收账款、预付款项和存货等项目，相对来说，流动性并不强。流动比率高，也许是存货积压、应收账款或预付款项增多，而现金和银行存款可能并不充足。

（2）要注意观察一个较长时期内（如 5 年或 10 年）企业流动比率值变动的趋势情况。

表 7-6 是 ABC 公司连续 11 年的流动比率数据。

表 7-6　ABC 公司流动比率历史数据　　　　　　　单位：百万元

年　　份	流动资产	流动负债	流动比率
2018 年	3 844.59	721.73	5.33
2017 年	3 957.79	783.45	5.05
2016 年	4 000.43	1 392.26	2.87
2015 年	3 493.70	1 903.11	1.84
2014 年	3 444.95	1 613.31	2.14
2013 年	2 263.10	827.66	2.73
2012 年	2 495.68	957.05	2.61
2011 年	2 230.08	1 341.87	1.66
2010 年	2 202.94	1 586.01	1.39
2009 年	502.51	325.70	1.54
2008 年	411.74	251.20	1.64

（3）要注意分析企业有关债权、债务人的信用授受条件。
（4）要注意分析流动资产的真实价值。
（5）要注意分析季节性变动对流动比率的影响。
（6）要注意经常分析企业现金流入、流出的时间、数量及差额。
（7）要注意分析企业向银行举债的条件。
（8）要注意分析企业或有负债的大小。

值得注意的是，由于流动比率逐渐被大众分析者所认可，因此，报表制作者为了达到某种目的，往往使用一些简单的办法便可以使该指标表现出所希望的状态（良好或很差）。比如，某商业企业在年底进了一批代销（又称赊销，意指进货时未付款，售完方付款）的货物，那么在做账时，流动资产与流动负债将同时增加（该笔数值），这样一来，如果记入当年账务，则由于流动比率公式的分母（流动负债）增幅大于分子（流动资产）增幅，流动比率将有所下降；但是，如果记入下一年度，则流动比率又会显得稍高一些。

三、速动比率

（一）速动比率的含义

速动比率是指速动资产与流动负债之比，即

$$速动比率 = \frac{速动资产}{流动负债}$$

其中，速动资产一般是指流动资产扣除存货之后的差额。

之所以要在流动比率之外，再以速动比率来说明公司的短期偿债能力，就是因为流动资产中的存货可能存在流动性问题，即缺乏正常的变现能力。若是如此，流动比率即便看起来很正常（如流动比率为 2），而速动比率偏低，那么，公司的实际短期偿债能力依然存在问题。

速动比率的经验值为1,意味着存货占流动资产的适当比例应该为50%左右。存货比例过高且变现有困难时,就意味着可用于偿还流动负债的速动资产过少。

ABC公司有关资料及速动比率的计算如表7-7所示。

表7-7　ABC公司速动比率计算表　　　　　　单位:百万元

项　　目	2018年	2017年	2016年
流动资产	3 844.59	3 957.79	4 000.43
存货	878.11	851.21	602.00
速动资产	2 966.48	3 106.58	3 398.43
流动负债	721.73	783.45	1 392.26
速动比率	4.11	3.97	2.44

由表7-7可知,ABC公司三年来的速动比率呈上升趋势,显示出公司的短期偿债能力逐步增强。结合同行业情况来看,公司的速动比率仍好于行业平均值。

(二)速动比率的行业数据

表7-8是不同行业上市公司在2015—2018年的速动比率平均值,可以看出不同行业不同时期的速动比率呈现出不同的特点。

表7-8　2015—2018年不同行业平均速动比率

行　　业	2018年	2017年	2016年	2015年
电力、蒸汽、热水的生产和供应业	0.62	0.81	0.95	1.08
房地产开发与经营业	0.52	0.60	0.59	0.69
计算机应用服务业	0.84	1.01	1.19	1.20
交通运输辅助业	0.74	1.05	1.43	1.21
零售业	0.54	0.55	0.57	0.60
商业经纪与代理业	0.64	0.75	0.76	1.00
通信及相关设备制造业	1.01	1.07	0.96	1.08
土木工程建筑业	0.69	0.73	0.83	0.87
综合类	0.60	0.58	0.66	0.75

(三)速动比率的影响因素及评价方法

在分析速动比率时还要注意,速动比率虽然剔除了变现能力较弱的存货资产,但速动资产中的应收账款本身也可能存在一些潜在的问题,如可能隐藏着未冲销的坏账、逾期待催收的账款所占比重过大等,这些都会影响速动比率的真实性。因此,还应当对应收账款的"质量"做进一步分析。另外,还要注意,速动比率是假设企业面临财务危机或者办理清算时,在存货等资产全无市场价值的情况下,以速动资产支付流动负债的短期偿债能力,是在衡量企业应付紧急情况下的应变能力,不要以为速动比率低,企业就失去了偿债能力。最后,应当注意在进行速动比率分析时,还应该对速动资产的结构与速动资产的变动趋势进行必要的分析,注意与本企业历史年份的资料进行比较以及与同行业的平均水平进行比较。

比如,友谊股份(600827)2000年年末的速动比率为0.35,2000年中期的速动比率为1.08,1999年年末的速动比率为1.09。单从这些数据上来看,说明该企业的短期偿债能力大幅下降,但考虑到该企业为商业企业,年报也显示2000年企业大规模重组收购,一些新并入的下属企业对此值也有较大影响;再考虑到作为一家商业企业,这一值虽然低于1较多,但仍可承受,尚不能轻易断言该企业在走下坡路,我们还应参考其他指标,如应收账款周转率等。当然,由于该企业大规模扩张造成偿债能力的下降,这也是不可争辩的事实,对此,只要该企业管理层加以重视,通过适当管理手段来优化这一指标应非难事。

在速动比率的计算中,还可以考虑扣除预付款及待摊费用等,形成更为保守的速动比率,即

$$保守速动比率 = \frac{现金及现金等价物 + 有价证券 + 应收账款净额}{流动负债}$$

需要注意的是,在有些行业或企业,很少发生赊销业务,故而很少存在应收账款。在这种情况下,它们的速动比率往往低于经验标准,但这并不一定意味着它们缺乏短期偿债能力。换言之,企业在几乎没有应收账款的情况下,如果其流动比率为正常,则其速动比率就一定显著地低于经验值。但这未必是个问题,只要存货周转正常即可。

ABC公司有关资料及保守速动比率的计算如表7-9所示。

表7-9　ABC公司保守速动比率计算表　　　　　　　单位:百万元

项　目	2018年年末	2017年年末
现金及现金等价物	670.23	715.08
有价证券	1 259.78	1 379.99
应收账款净额	1 012.35	958.04
流动负债	721.73	783.45
保守速动比率	4.08	3.90

由表7-9可知,ABC公司两年来的保守速动比率呈上升趋势,显示出公司的短期偿债能力逐步增强。结合同行业情况看,公司的保守速动比率仍好于行业平均值。

有时还采用现金比率来衡量公司资产的流动性。

现金比率是指现金、现金等价物及有价证券之和与流动负债之比,即

$$现金比率 = \frac{现金及现金等价物 + 有价证券}{流动负债}$$

ABC公司有关资料及现金比率的计算如表7-10所示。

表7-10　ABC公司现金比率计算表　　　　　　　单位:百万元

项　目	2018年年末	2017年年末
现金及现金等价物	670.23	715.08
有价证券	1 259.78	1 379.99
流动负债	721.73	783.45
现金比率	2.674	2.674

由表 7-10 可知,ABC 公司两年来的现金比率呈稳定的态势,显示出公司有较强的短期偿债能力。结合同行业情况看,公司的现金比率好于行业平均值。

现金比率是最保守的短期偿债能力比率。在通常情况下,分析者很少重视这一指标。因为,如果企业的流动性不得不依赖现金和有价证券,而不是依赖应收账款和存货的变现,那么就意味着企业已处于财务困境,所以该比率只有在企业已处于财务困境时,才是一个适当的比率。或者,在企业已将应收账款和存货作为抵押品的情况下,或者分析者怀疑企业的应收账款和存货存在流动性问题时,以该指标评价企业短期偿债能力才是比较适当的选择。就正常情况下的企业而言,该比率过高,可能意味着该企业没有充分利用现金资源,当然也有可能是因为已经有了现金使用计划(如厂房扩建等)。

四、经营现金流量与流动负债之比

(一) 经营现金流量与流动负债之比的含义

经营现金流量与流动负债之比,反映用经营现金净流量偿还本期到期债务(一年内到期的非流动债务及流动负债)的能力。该比率值越高,企业资产流动性就越强。

ABC 公司有关资料及经营现金流量与流动负债之比的计算如表 7-11 所示。

表 7-11　ABC 公司经营现金流量与流动负债之比计算表　　　单位:百万元

项　目	2018 年年末	2017 年年末
经营活动产生的现金流量净额	467.95	738.26
流动负债	721.73	783.45
经营现金流量与流动负债之比	0.65	0.94

由表 7-11 可知,ABC 公司 2018 年年末经营现金流量与流动负债之比与 2017 年年末相比有明显的下降,考虑到经营现金流量的下降幅度,应该是公司的现金流量不足造成的。鉴于流动比率、速动比率的情况,仍可以判断该公司的短期偿债能力较强。结合同行业情况看,该公司的营业现金流量与流动负债之比好于行业平均值。

由于该比率的"分子"仅仅是"经营现金流量",即不包括财务活动(筹资与投资活动)产生的现金流量,故该比率事实上旨在说明公司通过"经营"活动产生的"净"现金流量对于短期(到期)债务偿还的保障程度。

(二) 经营现金流量与流动负债之比的行业数据(见表 7-12)

表 7-12　2015—2018 年不同行业平均经营现金流量与流动负债之比

行　业	2018 年	2017 年	2016 年	2015 年
电力、蒸汽、热水的生产和供应业	35.13	36.40	46.72	46.41
房地产开发与经营业	0.49	3.91	-3.29	6.63
计算机应用服务业	6.80	0.33	5.49	0.27
交通运输辅助业	39.35	59.79	41.02	60.88
零售业	13.88	13.48	11.69	11.88
商业经纪与代理业	-3.51	17.89	-10.63	9.15

续表

行　　业	2018年	2017年	2016年	2015年
通信及相关设备制造业	1.97	5.49	4.13	4.56
土木工程建筑业	9.22	6.23	3.63	3.14
综合类	10.83	7.99	6.31	7.33

五、短期偿债能力分析应注意的问题和考虑的因素

营运资金、流动比率、速动比率和现金比率是从流动资产与流动负债对比关系上评价企业短期偿债能力的四个主要指标。分析时,不能孤立地看某个指标,应该综合考察才能全面和客观地判断企业短期偿债能力的大小。在流动资产中,现金和银行存款以及交易性金融资产、应收票据的变现能力最强;应收账款和存货的变现能力较弱,是影响流动资产变现能力的主要项目,也是影响短期偿债能力的主要因素。

（一）应收账款的变现速度

一般来说,应收账款周转速度越快,表明企业回款迅速,收账费用和坏账损失少,同时也表明企业的流动资金流动性高、偿付能力强。如果应收账款占流动资产比重很大,即使流动比率和速动比率指标都很高,但其短期偿债能力仍值得怀疑,还要进一步分析原因。

（二）存货的变现速度

就一般企业而言,存货在流动资产中占有相当比重。尽管存货不能直接用于偿还流动负债,但是如果企业的存货变现速度较快,则意味着资产的流动性良好,会有较大的现金流入量在未来注入企业。企业投资于存货的目的,在于通过存货销售而获得利润。一般的制造企业为了配合销售的需要,都要维持相当数量的存货。存货对企业经营活动的变化非常敏感,这就要求企业将存货控制在一定水平上,使其与经营活动基本上保持一致。因此,分析企业短期偿债能力时,必须考虑存货变现速度。

（三）影响企业短期偿债能力的其他因素

上述应收账款和存货的变现能力指标,都是从会计报表资料中取得的。但还有一些会计报表资料中没有反映出来的因素,也会影响企业的短期偿债能力,甚至影响力更大。

1. 可动用的银行贷款指标

银行已同意、企业尚未办理贷款手续的银行贷款限额,可以随时增加企业的现金,提高支付能力。

2. 准备很快变现的长期资产

由于某种原因,企业可能将一些长期资产出售转变为现金,这将增加企业资产的流动性。企业出售长期资产,应根据近期和长期利益的辩证关系,正确决定出售长期资产问题。所以,在分析该因素时,应结合具体情况具体分析,以正确评价企业偿债能力。

3. 偿债能力的声誉

具有良好偿债能力声誉的企业,在短期偿债方面出现困难时,通常有能力筹得资金,提高偿债能力,这个增强变现能力的因素,取决于企业自身的信用声誉和当时的筹资环境。

4. 担保责任引起的负债

企业可能以它自己的一些流动资产为他人提供担保,如为他人向金融机构借款提供担

保、为他人购物担保、为他人履行有关经济责任提供担保等。这种担保有可能成为企业的负债,增加企业的偿债负担。为他人提供担保的信息一般在会计报表附注中披露。

企业盈利能力和财务状况的关系

企业的收入、支出和企业的资产、权益之间存在着如下的关系:企业的收入是使企业资产增加(如货币资金或应收账款等的增加)或权益减少的金额(如预收货款等);企业的支出是使企业资产减少(如消耗存货)或权益增加(如应付账款)的金额。这种关系可以用图7-1和图7-2来表示,图7-1是当企业盈利时的情况,图7-2是当企业亏损时的情况。

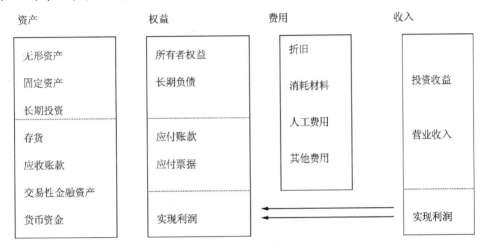

图7-1　盈利时经营成果与财务状况的关系

企业盈利时,收入大于费用,在利润表中表现为企业实现利润,在资产负债表中表现为企业资产(资产方)和未分配利润(权益方)的增加,企业的财务状况因此而改善。

企业发生亏损时,企业费用大于收入,在利润表中表现为企业实现利润为负,在资产负债表中表现为企业资产的减少和所有者权益的减少(未分配利润为负数),企业财务状况因之恶化。

企业是以其所有者权益(或净资产)来担负盈亏责任的。企业盈利,企业已实现但未分配的利润增加,因而企业的净资产增加,企业总资产也相应地增加。当企业亏损时,则企业亏损掉上期未分配的利润,如果上期未分配利润小于当期亏损额,则未分配利润为负,将使所有者权益总额减少,企业总资产也减少等额部分。企业资产负债表和利润表之间所存在的数量关系,反映了企业的财务状况和企业的盈利能力之间存在的相互作用关系。企业在一个会计期间内,其财务状况也可能好转,也可能恶化,要进行具体分析。一般来讲,如果企业的资产和负债从图7-1的结构向图7-2的结构靠近,则说明企业财务状况恶化;反之,如果从图7-2的结构向图7-1的结构转化,则说明企业的财务状况改善。

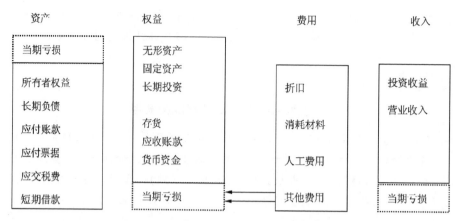

图 7-2 亏损时经营成果与财务状况的关系

因此,企业的盈利能力与企业的财务状况是相互制约、相互促进的。一个资金结构极不合理,长短期资金来源和使用极不平衡的企业,不可能有较高的获利能力。企业的资金结构、资金平衡和偿债能力等,在一定程度上决定了企业的盈利能力。比如,企业为了保证有充足的支付能力,就需要持有足够的货币资金,而货币资金滞留于支付环节过多或持有时间过长,就产生企业投入生产经营过程的资金不充足的问题;生产经营投入资金不足,则企业的经济效益受到影响。因为资金投入生产经营活动,是资金循环和创造利润的前提。通过对企业财务状况的分析,在一定程度上可以揭示企业的经营获利能力。有关这几个方面的分析,可以总结如下:

(1) 企业资金结构合理,则企业的获利能力比较稳定;企业的资金结构不合理,则会给企业的生产经营带来困难,最终将降低企业的获利能力。

(2) 企业偿债能力过高,说明企业没有充分利用企业资金,企业创造利润的潜力没有全部发挥;企业偿债能力过低,则有可能导致企业的被动破产,即在企业盈利情况下的破产。

(3) 企业的负债经营率高低对企业的创利能力有直接的影响。当企业自有资金利润率高于企业借款利率时,企业的负债经营可以提高企业的盈利能力;而当企业自有资金利润率低于企业借款利率时,企业的负债经营则会降低企业的盈利能力。

(4) 企业的营运资金增加,增强了企业的经营实力,使企业创利机会增加;而营运资金减少,则会降低企业的经营实力,使企业的生产经营受到限制。

(5) 企业各项资产周转速度加快,可使企业在相同时期内对营运资金的需求降低,为企业节约出更多资金用于经营规模的扩大和创利水平的提高;而企业生产经营各环节资金管理不善,则会增加对营运资金的需求,与正常情况相比,企业需要更多的资金投入来获得相同的收益,资金成本上升,获利能力下降。

任务二　长期偿债能力分析

企业的长期偿债能力表现为还本能力和付息能力两个方面,可以分别从资产负债表和利润表的角度分析。利润表的分析,侧重于反映公司的付息能力,主要指标是利息保障倍数;而资产负债表的分析,则侧重于资本结构的反映,主要包括资产负债率、产权比率等指标。

一、利息保障倍数

(一)利息保障倍数的含义

利息保障倍数是指企业年度获得的盈利对年度利息费用支出的倍数,即

$$利息保障倍数 = \frac{利息费用 + 税前利润}{利息费用}$$

公式中的分子是运用企业全部资产所获得的收益,即息税前利润。之所以不用净利润,是因为企业的利息费用在所得税之前就列支了,而所得税是在减去利息费用后的利润中支付的,所得税的多少对利息费用的支付不会产生影响。在无法获取利息费用时,利息费用可以用财务费用代替。

ABC 公司有关资料及利息保障倍数的计算如表 7-13 所示。

表 7-13 ABC 公司利息保障倍数计算表   单位:百万元

项　目	2018 年	2017 年
利润总额	25.77	509.81
财务费用	-2.033	7.29
利息保障倍数	—	70.96

从表 7-13 中可以看出,ABC 公司 2018 年的财务费用是一个负数,表明公司没有利息支付的负担。从前面资产负债表的分析可知,2018 年公司的负债率很低,2018 年没有长期借款且有政府的贴息政策,因此其没有利息负担。

(二)利息保障倍数的行业数据

表 7-14 是 2018 年度部分上市公司的利息保障倍数对比分析表,表中的数据有助于我们分析把握不同行业公司的利息保障倍数的数据规律。

表 7-14 2018 年度上市公司各行业代表公司的利息保障倍数对比表

公司名称	所属行业	财务费用*/元	税前利润/元	利息保障倍数
深发展	金融行业	—	244 139.94	—
宝钢股份	钢铁行业	104 360.88	1 831 077.36	18.55
中国石化	化工行业	526 600.00	6 148 200.00	12.68
上海机场	仓储运输行业	-1 303.20	160 744.00	—
深万科	房地产业	1 619.71	197 618.20	123.01
大商股份	商业贸易行业	9 154.10	39 815.32	5.35
鲁泰 A	纺织行业	8 999.70	38 347.43	5.26
华能国际	电力行业	128 543.94	667 903.71	6.20
北大荒	农业行业	9 144.66	49 213.81	6.38
神火股份	能源行业	2 184.28	70 669.58	33.35

续表

公司名称	所属行业	财务费用*/元	税前利润/元	利息保障倍数
振华港机	机械仪表行业	4 979.95	131 891.70	27.48
云南白药	医药行业	-806.95	27 745.10	—
晨鸣纸业	造纸行业	19 317.67	86 340.92	5.47
冀东水泥	建材行业	12 994.39	16 048.07	2.24
上海汽车	车类行业	2 151.67	116 002.20	54.91

*注：由于资料限制，利息费用由利润表中所列的财务费用代替。

（三）利息保障倍数的影响因素及评价方法

利息保障倍数越大，企业偿还债务利息的能力必然越强，通常也有能力偿还到期的债务本金。根据经验，利息保障倍数为3倍或以上时，表示企业不能偿付其利息债务的可能性较小；该比率达到4倍时，意味着公司偿付其利息债务的能力"良好"；达到4.5倍或以上时，则为"优秀"。

使用利息保障倍数来衡量企业的长期偿债能力，是因为长期债务在到期前只需定期支付利息，不需支付本金。况且，对于一般企业来说，只要其资本结构基本上是稳定的，并且经营情况良好，就能够举借新的债务来偿还到期债务的本金。付息能力的重要性事实上不亚于还本能力。如果企业长期以来在偿付利息费用方面有着良好的信用表现，企业很可能永远不需要偿还债务本金。这是因为，既然企业的付息能力很强，意味着当债务本金到期时，企业一般会有能力重新筹集到新的资金，或者原有的负债能够得以延展。

企业利息保障倍数越大，无力偿还债务的可能性就较小。在金融市场高度发达的情况下，企业由于负债经营，导致对银行的依赖性越来越强。企业能否在经营中顺利地融资成为企业经营成败的关键，商业银行对企业偿债能力的判断很大程度上取决于企业利息保障倍数。如果企业在支付债务利息方面没有困难，通常也就可以再借款用于偿还到期的债务本金。通过举借新债来偿还旧债，这样就无须去偿还债务本金。在这种情况下，企业筹资就比较容易，筹资成本就会降低，企业就会有能力在资本结构中保持一个较高的债务比例。

利息保障倍数在时间上往往有着较显著的波动性，这是因为企业的盈利水平和利息费用都会受经济周期或产业周期的显著影响而发生波动。而无论是好年景，还是坏年景，利息都是必须支付的。所以，为了考察企业偿付利息能力的稳定性，一般应至少计算5年或5年以上的利息保障倍数。为了保险起见，甚至可以选择5年或更长时期中最低的利息保障倍数值作为基本的利息偿付能力指标值。

利息保障倍数的计算过程，尚需注意以下几点：(1)根据利润表对企业偿还债务的能力进行分析，作为利息支付保障的"分子"，只应该包括那些在以后期间里预计还会发生的收益，即经常性或永久性收益。所以，那些非经常发生的项目应该予以排除，如非常项目与特别项目、停止经营项目、会计方针变更的累计影响。(2)利息费用不仅包括作为当期费用反映的利息费用，还应包括资本化的利息费用（即固定资产交付使用前发生的利息费用，这通常在财务报表附注中揭示），因为后者同样需要支付，是否反映到当期费用只是财务会计的确认规则问题。(3)未收到现金红利的权益性收益，只是权益法下的一种账面收益，而没有相应的现金流入企业，故不能构成支付利息的保证，应予以扣除。(4)在计算利息保障倍数时,如果直接从利润表上取得数据,注意所得到的是"财务费用"而非"利息费用"。前者除了包括利息费用外,还包括汇兑损益。那么,当汇兑损益数量相对于利息费用来讲足够大时,使用"财务费用"计算利息保障倍数事实上就不能真实地反映企业的付息能力。为此,应尽可能剔除汇兑损益,使用真正的利息费用。进一步讲,即便没有汇兑损益,"财务费用"也不仅仅是利息费用,而是"利息费用"与"利息收入"的代数和。那么,当企业有着较多的存款利息收入时,"财务费用"也可能是个负值。必须注意的是,从技术上讲,作为利息保障倍数这一比率的分母,"利息费用"如果小于零,该比率实际上就没有意义了。这时,要么放弃使用该比率,要么对分母进行适当调整以使其变成正数。(5)由于债务利息是用现金支付的,而企业的当期利润是依据"权责发生制"原则计算出来的,这意味着企业当期利润可能很高,但不一定具有支付能力。所以,使用这一指标时,还应注意企业的现金流量与利息费用的数量关系。

利润表角度的分析只是反映了公司的利息偿付能力,而利息偿付能力毕竟只是长期偿债能力的一个方面,所以还需要从资产负债表角度分析长期负债本金的偿还能力。用于分析长期负债本金偿还能力的基本财务比率主要包括资产负债率、产权比率,以及有形净值债务比率。

二、资产负债率

(一) 资产负债率的含义

资产负债率是指企业全部负债与全部资产的比率,即

$$资产负债率 = \frac{负债总额}{资产总额} \times 100\%$$

资产负债率表明企业的全部资金来源中有多少是由债权人提供的,或者说在企业的全部资产中有多少属于债权人所有。运用该指标,站在债权人角度可以说明债权的保证程度;站在所有者角度既可以说明自身承担风险的程度,也能反映财务杠杆的利益;站在企业角度既可以反映企业的实力,也能反映其偿债风险。资产负债率也可衡量企业在发生清算时对债权人权益的保障程度。如果债权人认为负债对总资产比例过高,将停止对企业发放贷款,企业也就无法获取贷款融资。资产负债率越低,所有者权益所占的比例就越大,说明企业的实力越强,债权的保障程度越高;资产负债率越高,则所有者权益所占比例就越小,说明企业的经济实力越弱,偿债风险越高,债权的保障程度相应越低,债权人的安全性越差,企业的潜在投资人越少。该比率对于债权人来说越低越好。因为公司的所有者(股东)一般只承担有限责任,而一旦公司破产清算时,资产变现所得很可能低于其账面价值。所以,如果此指标过高,债权人可能遭受损失。当资产负债率大于100%,表明公司已经资不抵债,对于债权人来说风险非常大。

ABC 公司有关资料及资产负债率的计算如表 7-15 所示。

表 7-15　ABC 公司资产负债率计算表　　单位:百万元

项　目	2018 年年末	2017 年年末	2016 年年末
资产总额	6 777.50	7 107.06	7 372.71
负债总额	1 178.79	1 388.54	1 983.74
资产负债率/%	17.39%	19.54%	26.91%

由表 7-15 可知，ABC 公司三年来的资产负债率呈下降趋势，尽管 2018 年年末的资产总额有所下降，但负债总额的下降幅度更大，表明公司的长期偿债能力逐步加强。结合同行业情况看，公司的资产负债率好于行业平均值。

（二）资产负债率的影响因素及评价方法

各利益主体因不同的利益驱动而从不同的角度评价资产负债率。

对企业债权人而言，他们最关心的就是所提供的信贷资金的安全性，期望能于约定时间收回本息。这必然决定了债权人总是要求资产负债率越低越好，希望企业的每一元债务有更多的资产做后盾。如果企业的主权资本较少，则表明投资者投入的份额不足，经营过程中创造和留存收益的部分较少，债权人就会感到其债权风险较大，可能会做出提前收回贷款、转移债权或不再提供信贷的决策。

对企业所有者来说，资产负债率高，有以下好处：一是当总资产报酬率高于负债利率时，由于财务杠杆的作用，可以提高股东的实际报酬率；二是不仅可用较少的资本取得企业的控制权且将企业的一部分风险转嫁给债权人，而且对企业来说还可以获得资金成本低的好处。但债务同时也会给投资者带来风险，因为债务的成本是固定的。如果企业经营不善或遭受意外打击而出现经营风险时，由于收益大幅度滑坡，贷款利息还需照常支付，损失必然由所有者负担，由此增加了投资风险。对此，投资者往往用预期资产报酬率与借款利率进行比较判断，若前者大于后者时，表明投资者投入企业的资本将获得双重利益，即在获得正常利润的同时，还能获得资产报酬率高于借款利率的差额，这时资产负债率越大越好；若前者小于后者时，则表明借入资本利息的一部分要用所有者投入资本而获得的利润数额来弥补，此时投资者希望资产负债率越低越好。

从企业经营者角度来看，资产负债率的高低在很大程度上取决于经营者对企业前景的信心和对风险所持的态度。如果企业经营者对企业前景充满信心，且经营风格较为激进，认为企业未来的总资产报酬率将高于负债利率，则应保持适当高的负债比率，这样企业可有足够的资金来扩展业务，把握更多的投资机会，以获取更多的利润；反之，经营者认为企业前景不容乐观，或者经营风格较为保守，那么必然倾向于尽量使用自有资本，避免因负债过多而冒较大的风险，保持适当低的负债比率。尽管如此，即便较为激进的经营者，也不能使负债比率过高，应将其控制在适度水平上。由于债务成本可税前扣除，具有财务杠杆收益功能，任何企业均不可避免地要利用债务，但负债超出某个程度时，则不能为债权人所接受，企业的后续贷款难以为继。随着负债的增加，企业的财务风险不断加大，进而危及主权资本的安全和收益的稳定，也会动摇投资者对经营者的信任。

企业资产负债率多少为佳，并没有一个公认的标准。在分析和评价时，通常要结合企业的盈利能力、银行利率、通货膨胀率、国民经济的景气程度、企业之间竞争的激烈程度等多种因素，以及与同行业的平均水平、本企业的前期水平及其预算水平进行比较。一般来讲，企业的盈利能力较强或者企业资金的周转速度较快，企业可承受的资产负债率也相对较高；银行利率提高通常迫使企业降低资产负债率，银行利率降低又会刺激企业提高资产负债率；通货膨胀较高时期或者国民经济景气时期，企业也会倾向于维持较高的资产负债率；同行业之间竞争激烈则企业倾向于降低资产负债率，反之，情况亦反之。因此，在不同的国家、不同的宏观经济环境下，资产负债率的合理水平或适度水平也是有较大差别的。

经验表明，资产负债率的适当范围介于 30%～70% 之间。这一比率太高，意味着负债风险过大,从而面临着太大的偿债压力;比率太低,则负债风险固然很小,但负债的财务杠杆效应利用太少,不利于实现公司价值和股东财富最大化。经验也表明,资产负债率存在显著的行业差异,因此,分析该比率时应注重与行业平均数的比较。此外,该比率会受到资产计价特征的严重影响,若被比较的某一企业有大量的隐蔽性资产(如大量的按历史成本计价的早年获得的土地等),而另一企业没有类似的资产,则简单的比较就可能得出错误的结论。

三、产权比率

(一) 产权比率的含义

产权比率是资产负债率的变形,是债务与权益的直接比较,即

$$产权比率 = \frac{债务总额}{股东权益}$$

产权比率反映由债权人提供的资本与股东提供的资本的相对比率关系,反映企业基本财务结构是否稳定。产权比率高,是高风险、高报酬的财务结构;产权比率低,是低风险、低报酬的财务结构。

产权比率也反映债权人投入资本受到股东权益保障的程度,或者说是企业清算时对债权人利益的保障程度。

ABC 公司有关资料及产权比率的计算如表 7-16 所示。

表 7-16　ABC 公司产权比率计算表　　　　单位:百万元

项　目	2018 年年末	2017 年年末	2016 年年末
股东权益	5 598.70	5 718.52	5 388.97
负债总额	1 178.79	1 388.54	1 983.74
产权比率	0.21	0.24	0.37

由表 7-16 可知,ABC 公司三年来的产权比率呈下降趋势,尽管 2018 年的股东权益有所下降,但负债总额的下降幅度更大,表明公司的长期偿债能力逐步加强。结合同行业情况看,公司的产权比率好于行业平均值。

(二) 产权比率的影响因素及评价方法

产权比率与资产负债率都是用于衡量长期偿债能力的指标,具有共同的经济意义,两者可以互相补充。因此,对产权比率的分析可以参考对资产负债率的分析。对资产负债率分析时应当注意的问题,在产权比率分析中也应引起注意。

产权比率与资产负债率是有区别的。产权比率侧重于揭示债务资本与权益资本的相互关系,说明企业财务结构的风险性,以及所有者权益对偿债风险的承受能力;资产负债率侧重于揭示总资产中有多少是靠负债取得的,说明债权人权益的保障程度。

所有者权益就是企业的净资产,产权比率所反映的偿债能力是以净资产为物质保障的。净资产中的某些项目,如无形资产等,其价值具有极大的不确定性,且不易形成支付能力。因此,在使用产权比率时,必须结合有形净值债务比率指标,做进一步分析。

四、有形净值债务比率

有形净值债务比率是产权比率的改进形式,是企业负债总额与有形资产的比率。有形资产是指将无形资产、长期待摊费用从所有者权益中扣除后的净资产。其表达式为:

$$\text{有形净值债务比率} = \frac{\text{负债总额}}{\text{股东权益} - \text{无形资产} - \text{长期待摊费用}}$$

有形净值债务比率实际上是产权比率的延伸,是更谨慎、保守地反映债权人利益的保障程度的指标。之所以要将无形资产从股东权益中扣除,是因为从保守的观点看,在企业处于破产状态时,无形资产往往会发生严重贬值,因而不会像有形资产那样为债权人提供保障。而长期待摊费用本身就是企业费用的资本化,它们往往不能用于偿债。因此,该比率可用于测量债权人在企业陷入财务危机或面临清算时的受保障程度。

ABC 公司有关资料及有形净值债务比率的计算如表 7-17 所示。

表 7-17　ABC 公司有形净值债务比率计算表　　　单位:百万元

项　目	2018 年年末	2017 年年末	2016 年年末
股东权益	5 598.70	5 718.52	5 388.97
无形资产	67.16	73.40	80.56
负债总额	1 178.79	1 388.54	1 983.74
有形净值债务比率	0.21	0.25	0.37

由表 7-17 可知,ABC 公司三年来的有形净值债务比率呈下降趋势,尽管 2018 年年末的股东权益有所下降,但负债总额和无形资产的下降幅度更大,表明公司的长期偿债能力逐步加强。结合同行业情况看,公司的有形净值债务比率好于行业平均值。

五、长期资产适合率

长期资产适合率=(股东权益+长期负债)/(固定资产净值+长期投资净值)

该指标反映公司长期的资金占用与长期的资金来源之间的配比关系。指标值大于 1,说明公司的长期资金来源充足,短期债务风险小;指标值小于 1,说明其中一部分长期资产的资金由短期负债提供,存在难以偿还短期负债的风险。

六、营业现金流量与债务总额之比

从现金流量表角度分析企业的长期偿债能力,通常使用"营业现金流量与债务总额之比"。该比率反映了用营业现金流量偿还所有债务的能力。该比率值越高,企业的长期财务安全性就越强。

在该比率计算中,"分子"使用营业现金流量而非全部现金流量,是因为从长期过程看,营业现金流量较之于筹资和投资现金流量而言更具有可持续性;"分母"债务总额,在保守计算中可以包括除股东权益之外的所有"负债与权益"项目,即将诸如"递延税贷项""可赎回优先股"等介于传统意义上的负债与股东权益之间的项目,包括在该比率计算的分母"债务总额"之中。

不同行业的长期偿债能力有不同的表现,因为不同行业的经营风险不同,其所能承担的财务风险也有所不同,表7-18是部分上市公司的长期偿债能力指标的行业平均值。

表7-18　2018年部分上市公司的长期偿债能力指标平均值

公司名称	所属行业	资产负债率	产权比率	有形净值债务比率	长期资产适合率
深发展	金融行业	87.576%	2 074.970	2 100.330	503.587
宝钢股份	钢铁行业	52.026%	138.001	145.934	1.839
中国石化	化工行业	53.415%	200.256	328.457	1.453
上海机场	仓储运输行业	42.233%	211.206	254.627	1.211
深万科	房地产业	69.195%	212.251	224.320	10.781
大商股份	商业贸易行业	67.476%	585.649	342.397	1.092
鲁泰A	纺织行业	62.472%	251.210	427.253	1.339
华能国际	电力行业	48.878%	194.536	287.784	1.541
北大荒	农业行业	54.037%	298.390	1 543.710	1.547
神火股份	能源行业	45.971%	111.111	117.577	1.347
振华港机	机械仪表行业	51.238%	177.121	259.887	1.952
云南白药	医药行业	51.813%	338.514	247.929	1.589
晨鸣纸业	造纸行业	71.536%	199.508	220.012	0.862
冀东水泥	建材行业	89.552%	169.490	191.653	1.186
上海汽车	车类行业	57.941%	282.268	277.558	1.315

七、影响长期偿债能力的其他因素

除了上述各种比率指标用以评价和分析企业的长期偿债能力以外,还有一些因素影响企业的长期偿债能力,在分析时必须引起足够的重视。

(一) 长期租赁

当企业急需某种设备或资产而又缺乏足够的资金时,可以通过租赁的方式解决。租赁有两种形式:融资租赁和经营租赁。

融资租赁是由租赁公司垫付资金购买设备租给承租人使用,承租人按合同规定支付租金(包括设备买价、利息、手续费等),一般情况下,在承租方付清最后一笔租金后,设备所有权归承租方所有。因此,在融资租赁形式下,租入的固定资产作为企业的固定资产入账进行管理,相应的租赁费用作为长期负债处理。这种资本化的租赁,在分析长期偿债能力时已经包括在债务比率指标计算之中。

经营租赁是为了满足经营使用上的临时或季节性需要而发生的资产租赁。经营租赁是一种短期租赁,但当企业的经营租赁量比较大、期限比较长或具有经常性时,则构成了一种长期性筹资,这种长期性筹资虽然不包括在长期负债之内,但到期时必须支付租金,会对企业的偿债能力产生影响。因此,如果企业经常发生经营租赁业务,应考虑租赁费用对偿债能力的影响。

（二）担保责任

担保项目时间长短不一,有的涉及企业的长期负债,有的涉及企业的短期负债。在分析企业的长期偿债能力时,应根据有关资料判断担保责任带来的潜在长期负债问题。

（三）或有项目

或有项目是指在未来某个或几个事件发生或不发生的情况下会带来收益或损失,但现在还无法肯定是否发生的项目。或有项目的特点是现存条件的最终结果不确定,对它的处理方法要取决于未来的发展。或有项目一旦发生便会影响企业的财务状况,因此企业不得不对它们予以足够的重视,在评价企业的长期偿债能力时也要考虑它们的潜在影响。

项目七 小 结

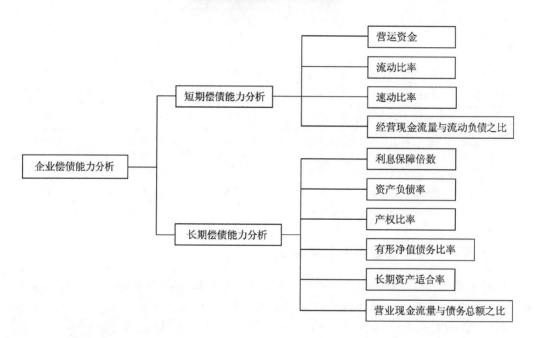

思考与练习

一、单项选择题

1. 企业营运能力分析的目的是(　　)。
   A. 评价企业资产的利用效率
   B. 评价企业负债经营的效果
   C. 分析企业资本利用的潜力
   D. 分析企业资产转换为现金及其等价物的时间

2. 衡量企业长期偿债能力的指标是(　　)。
   A. 流动比率　　　　　　　　　B. 现金比率
   C. 资产负债率　　　　　　　　D. 市盈率

3. 某公司 2019 年 12 月 31 日资产负债表显示,流动资产总额为 2 000 万元,流动负债总额为 1 600 万元,则该公司 2019 年流动比率为(　　)。
　　A. 1.125　　　　B. 1.25　　　　C. 1　　　　D. 0.8

4. 某公司 2019 年 12 月 31 日资产负债表显示,资产总额为 500 万元,负债总额为 400 万元,则该公司 2019 年资产负债率为(　　)。
　　A. 50%　　　　B. 125%　　　　C. 60%　　　　D. 80%

5. 企业权益乘数越大,长期偿债能力(　　)。
　　A. 越强　　　　B. 越弱　　　　C. 不确定　　　　D. 二者不相关

6. 下列属于速动资产的是(　　)。
　　A. 存货　　　　B. 现金　　　　C. 无形资产　　　　D. 长期债券投资

7. 某公司 2019 年 12 月 31 日资产负债表显示,流动资产总额为 100 万元,其中存货为 40 万元,流动负债总额为 80 万元,假设没有其他资产,则该公司 2019 年速动比率为(　　)。
　　A. 0.75　　　　B. 1.25　　　　C. 1　　　　D. 0.8

8. 某公司 2019 年 12 月 31 日利润表显示,净利润为 750 万元,所得税为 250 万元,利息费用为 500 万元,则该公司 2019 年的利息保障倍数为(　　)。
　　A. 3　　　　B. 2　　　　C. 1　　　　D. 0.5

9. 流动比率是(　　)。
　　A. 静态分析指标　　　　B. 动态分析指标
　　C. 外部分析指标　　　　D. 内部分析指标

10. 下列有关短期偿债能力指标的判断正确的是(　　)。
　　A. 企业营运资金越多越好
　　B. 流动比率越高说明短期偿债能力越好,因此企业应该不断追求更高的流动比率
　　C. 不同行业的速动比率会有很大差别,因此不存在统一的速动比率标准
　　D. 现金比率高不能说明企业支付能力强,所以这个指标过高不一定是好事

二、多项选择题
1. 流动比率没有考虑的因素包括(　　)。
　　A. 流动资产结构　　　　B. 长期资产结构
　　C. 流动负债结构　　　　D. 短期资产结构
　　E. 流动负债风险

2. 速动资产主要包括(　　)。
　　A. 货币资金　　　　B. 短期投资
　　C. 应收账款　　　　D. 应收票据
　　E. 存货

3. 对应收账款周转率的正确计算有较大影响的因素有(　　)。
　　A. 季节性经营的企业使用这个指标时不能反映实际情况
　　B. 大量使用分期付款结算方式
　　C. 大量的销售为现销
　　D. 企业提高应收账款回收效率

E. 年末销售大幅度上升或下降

三、判断说明题

1. 流动资产和速动资产是同一个概念。（　　）
2. 企业流动资产数量和质量超过流动负债数量和质量的程度，就是企业的短期偿债能力。（　　）
3. 存货属于流动资产。（　　）
4. 资产负债率属于静态指标。（　　）
5. 资产负债率越低越好。（　　）

四、计算分析题

1. 睿华公司2019年年末流动资产总额为720万元，非流动资产总额为780万元，流动负债为230万元，非流动负债为370万元。

要求：（1）计算睿华公司2019年年末的资产负债率、股权比率；
（2）根据计算结果分析股权比率与资产负债率之间的关系。

2. 睿太公司2016年、2017年和2018年的净利润分别为2 000万元、3 200万元和4 000万元；所得税税率为25%；公司的利息费用分别为200万元、400万元和200万元。睿太公司所属行业2016—2018年利息保障倍数平均数分别为12、10和9。

要求：（1）分别计算睿太公司2016—2018年的利息保障倍数；
（2）分析睿太公司利息偿付的保障程度。

3. 安泰公司2017年、2018年和2019年的经营活动现金流量分别为400万元、500万元和600万元；现金所得税支出分别为25万元、40万元和50万元；公司的现金利息费用分别为50万元、75万元和50万元。安泰公司所属行业2017—2019年的现金流量利息保障倍数平均数分别为12、11和16。

要求：（1）分别计算安泰公司2017—2019年的现金流量利息保障倍数；
（2）分析安泰公司利息偿付的现金保障程度。

4. 东瑞公司本年末流动资产余额为400万元，非流动资产余额为800万元，流动负债为200万元，非流动负债为600万元。该公司所处行业的资产负债率为50%。

要求：（1）计算东瑞公司资产负债率；
（2）试根据行业资产负债率情况，分析东瑞公司长期偿债能力。

5. 安华公司本年实现净利润1 000万元，本年资产总额为2 500万元，资产负债率为60%。

要求：（1）计算安华公司的权益乘数；
（2）简要说明权益乘数反映的企业长期偿债能力情况。

6. 华耀公司2019年年末资产总额为1 000万元，负债总额为700万元，本年实现净利润为100万元。

要求：（1）计算华耀公司的资产负债率和权益乘数；
（2）简要说明资产负债率和权益乘数之间的关系。

7. G公司2019年7月份的速动比率为1.2，该企业流动资产包括存货、货币资金、短期有价证券和应收账款四个项目，其中应收账款占整个企业流动负债的比例为40%。

要求：计算G公司2019年7月份的现金比率，并做简要评价。

五、企业偿债能力分析实例

A 电器公司偿债能力分析

A 电器公司相关财务资料如表 7-19、表 7-20 所示。

表 7-19　A 电器公司短期偿债能力分析表　　　　　　　　　　单位：元

项　目	2019 年年末	2018 年年末
流动资产	4 301 560 750	3 564 173 045
速动资产	2 531 017 240	2 133 675 962
经营活动现金净流量	1 807 665 511	1 521 367 599
流动负债	3 243 552 173	3 982 780 318
流动比率		
速动比率		
经营现金比率		

表 7-20　利润及资产负债部分简表

编制单位：A 电器公司　　　2019 年 12 月 31 日　　　　　　　　单位：元

项　目	金　额	项　目	金　额
主营业务收入	2 706 766 895.09	利润总额	233 078 983.23
主营业务成本	2 252 753 488.10	所得税	26 832 576.00
营业税金及附加	7 030 314.68	净利润	181 900 337.65
主营业务利润	446 983 092.31	资产	872 720 582.14
营业费用	31 115 574.99	负债	4 626 511 391.35
管理费用	219 583 432.98	所有者权益	3 546 209 190.79
财务费用	6 515 967.38		
营业利润	195 413 320.98		
投资收益	3 806 648.25		
补贴收入	0.00		
营业外收入	589 117.10		
营业外支出	989 953.10		

案例思考题

（1）对 A 电器公司的短期偿债能力进行分析，主要侧重计算并分析流动比率、速动比率、经营现金比率，并结合流动资产和流动负债的具体项目对公司的短期偿债能力进行评价。

（2）对 A 电器公司的长期偿债能力进行分析，主要侧重分析资产负债率、股东权益比率、利息保障倍数、负债股权比率等指标。

（3）在企业财务分析实践中，评价短期偿债能力应注意哪些问题？你认为 A 电器公司的短期偿债能力如何？

（4）在企业财务分析实践中，评价长期偿债能力时是否应对企业盈利能力进行分析？长期偿债能力与盈利能力之间有何矛盾？如何解决这一矛盾？结合 A 电器公司的盈利性，你认为 A 电器公司长期偿债能力如何？

项目八 企业发展能力分析

任务描述

本项目的任务是熟悉企业发展能力的含义,了解企业发展能力分析常用的财务指标,掌握各种指标的计算方法、内涵、作用、影响因素、评价方法,学会利用多个发展能力指标综合分析评价企业的发展能力。

学习任务

1. 熟悉企业发展能力的含义;
2. 明确企业获利能力与发展能力的关系;
3. 了解企业发展能力的意义;
4. 明确企业发展能力分析的方法;
5. 对几种企业发展能力分析指标的理解、计算与应用;
6. 完成利用多个发展能力指标综合分析评价企业的发展能力。

技能目标

1. 能理解企业发展能力的含义;
2. 能分析企业发展能力的意义;
3. 能选择正确的企业发展能力分析的方法;
4. 能根据企业发展能力分析指标的公式进行计算;
5. 能正确理解企业发展能力分析各指标的内涵及评价;
6. 能根据企业发展能力分析指标的计算结果进行综合分析评价。

知识目标

1. 企业发展能力的含义;
2. 企业发展能力分析财务指标的内涵;
3. 企业发展能力分析的方法;
4. 企业发展能力分析指标的计算;
5. 企业发展能力分析指标的评价。

项目导入

懂得财务的人都会使用销售增长率、税前或税后利润、资产回报率、权益回报率或者每股盈利以及现金流等财务指标去评估一家企业的业绩。一些资深分析员更会利用各种财务比率,如流动比率(流动资产与流动负债的比率)或者简单的库存周转率(每年销售额与平均库存的比率)更深一层地去考察企业的短期业绩。以这种传统的方法来评估企业的绩效,通常是财务数字越好,说明企业就越成功。

问题是,在现实世界里,单纯从财务指标去评估一家企业的业绩是不全面和不平衡的。如2016年美国发生的安然事件,就给全世界的管理界和财经界带来了震撼。1992年"平衡记分卡"(Balanced Score Card)的两位创始人罗伯特·卡普兰和戴维·诺顿建立此一新的评估和管理系统框架时,上述财务事件还未发生,但是他们已经认识到问题的存在。

他们率先设问:如果是衡量一家企业的短期业绩,财务指标可能是好用的,但若一家企业有长期的生存目标,那么,光用财务指标去衡量是否足够?传统财务衡量方法的最大弊端在于过分地重视取得和维持短期财务结果,这样一来,就可能使企业急功近利,在短期业绩方面投资过多,在长期的价值创造方面,特别是在使未来的增长得以实现的无形的知识资产方面投资过少。今天,每个人都必须认识到的现实是,有形资产是以加法形式增长的,而无形资产一旦得到合理的利用,其带来的价值却是以乘法形式增长的。

过去的管理以控制为中心,所以利用财务去控制也就成为自然而然的事情。简单来说,财务控制者不管客户是否满意,也不管企业的业务流程是否合理,更不管新产品开发对企业未来表现的影响,他们要管的只是财务业绩。不可避免的是,随着管理者们受到压力,要求他们不断取得出色的短期财务绩效,更糟糕的是,要求取得短期财务绩效的压力可能会迫使企业纷纷减少各方面的开支。除了客户和市场开发外,这些开支还包括新产品的开发、工艺流程的改进、人力资源的开发、信息技术和数据系统的开发等。在短时间里,财务控制者把开支的这些削减当作收入的增加来报告,尽管这些削减侵蚀了企业资产和创造未来经济价值的能力。抑或一家企业通过提价或降低服务水平来剥削客户,从而使短期财务结果最大化。这些现象非常普遍,都是仅用财务指标去评估企业业绩的"后遗症"。在中国,甚至一些最优秀的企业都不能免除完全以财务结果为导向的短期行为。例如,一家知名的IT企业几乎每年都要进行一次机构大调整。业绩平平的总经理一般会被拿下,毫无建树的业务部门可能会被撤销。在以年为单位的考评体制下,这家企业的具体业务负责人不可能定出超过半年的战略。这种考评体制是对短期商业利益的有效保障,但必然形成对长期发展的漠视和战略能力的扼杀。

希望集团刘永好曾经披露过自己集团中的一件事。新希望饲料在全国建立了几十家加工厂,在江西由于新希望品牌一流,产品格外畅销,原料供不应求。新希望江西加工厂的总经理在好原料买不到的情况下,使用了高水分的玉米。江西加工厂确实赚到了钱,赚了500万,但到了第二年,农民的猪吃了新希望饲料不长肉,开始拒绝购买,直到现在,希望集团在江西省的销售都比其他省要少。江西企业总经理的短期行为恰恰与总部推行的管理考核相关,因为它给下属企业定了500万的利润指标。刘永好在案例总结时,把责任归结到企业道德,"可能我们赚了500万,却损失了5 000万,所以千万不要赚昧良心的钱",但根源实际上却在企业内部的财务指标衡量体系。

> **请思考：**
> 1. 什么才是经营企业至关重要的东西？是利润，还是持续发展？
> 2. 如何才能客观地评价一个企业的发展能力？
> 3. 有没有什么方法能够正确评价企业的发展能力？

任务一　企业发展能力分析认知

一、企业发展能力的含义

企业为了生存和竞争，需要不断发展。如企业增加营运资本、更新改造工艺设备、扩大生产规模和应付市场竞争风险，都需要企业有能力投资，有投资才能有较大发展。这就要求企业要有能力筹集投资所需资金，资金充足才能保证企业稳步发展。企业筹集资金的途径有两条：一条是依靠企业经营，通过实现利润等内部渠道筹集所需资金，即企业的自我发展能力；另一条是向外借款或发行债券、股票来筹集资金。企业通过外部筹集资金而发展的能力称为筹资发展能力。企业的发展能力也就是企业自我发展能力和筹资发展能力的组合。

一个企业的经营业绩集中表现为该企业的经营成果，企业经营成果的好坏又可以进一步分解为经营成果的规模和经营成果的稳定性。在财务评价中，运用盈利能力指标来反映企业经营成果规模的大小，运用支付能力（偿债能力）指标反映企业经营成果的稳定性程度。通过分析企业资产的运用效率，可以考核一个企业管理效率的高低，管理效率越高，企业资产的周转速度就越快，从而资产的变现速度也就越快，支付能力就越强。

企业的支付能力、盈利能力和管理效率都是从不同的侧面对企业发展能力的具体分解，较强的支付能力是实现企业发展的前提条件，较强的盈利能力则是实现企业发展的关键，而较高的管理效率又是提高盈利能力的必由之路。所以，增强企业的支付能力、盈利能力，提高企业的管理效率，都是为了企业未来生存和发展的需要，都是为了增强企业的发展能力。可以说，将发展能力进一步分解，就是企业的支付能力、盈利能力和管理效率，将支付能力、盈利能力和管理效率概括起来，就是企业的发展能力。

二、企业发展能力分析的意义

对企业发展能力分析的意义在于保证企业长远发展，控制企业经营中的短期行为。在企业的财务评价体系中，加入发展能力的考核指标，对于完善现代企业制度和现代企业的理财目标，具有极其重要的意义。

第一，考核企业的发展能力，可以抑制企业的短期行为，有利于完善现代企业制度。企业的短期行为集中地表现为追求眼前利润，忽视企业资产的保值与增值，为了实现短期利润，有些企业不惜拼耗设备，少计费用和成本。增加了对企业发展能力的考核后，不仅要考核企业目前实现的利润，还要考核企业资产的保值和增值情况，这就可以在一定程度上抑制企业的短期行为，真正地增强企业的经济实力，有利于完善现代企业制度。

第二，考核企业的发展能力，还有利于完善现代企业的理财目标。现代企业的理财目标应该是实现企业价值的最大化,为了实现企业价值最大化的目标,一方面要求企业追求利润,扩大财务成果,另一方面则要求企业不断地改善财务状况,增强经营成果的稳定性。为此,不仅要分别对企业的财务状况和财务成果进行考核,更重要的是,要将财务状况和财务成果结合起来,综合地考核企业的发展能力。

三、企业发展能力分析方法

企业发展能力分析主要是计算一些财务指标的增长率,计算增长率时,主要有两种计算方法。

(一)同比分析

业绩趋势分析旨在发现和确认企业历史业绩的趋势性,判断业已形成的趋势是否发生改变及其原因。最基本的趋势分析方法是同比分析。开展同比分析,应首先选择一个与被分析会计期间没有季节差异的会计期间作为基期,然后对各会计期间的财务数据进行对比。换句话说,同比分析就是将一个会计期间的财务数据与相隔一年或一年以上会计期间的财务数据进行对比,判断上市公司业绩的增减变动情况。

如2015年度与2014年度之间,2016年第一季度与2015年第一季度之间,或2015年年末与2014年年末之间,所进行的财务数据对比都属于同比范畴。通常,会计报表项目的增减变动情况采用"%"来表示,如本年度主营业务收入为1 500万元,上年度为1 000万元,同比增长50%;财务比率的增减变动情况采用"百分点"来表示,如本年度营业成本比率为76.24%,上年度为78.56%,同比下降2.32个百分点。

(二)环比分析

虽然同比分析在判断企业业绩增减变动时具有消除季节性因素的优势,但也存在劣势。例如,由于年度会计报表不提供最近6个月或一个季度的数据,同比分析不能揭示公司距年终最近6个月或一个季度的业绩增减变动情况,而这段时期一旦发生业绩"拐点",即较大幅度的增减变动,分析结论就可能形成误导。及时发现业绩"拐点"对投资决策极富有意义,趋势分析的重点就是发现"拐点"。所谓环比分析,就年报而言,就是将下半年业绩数据与上半年业绩数据做比较。其中,下半年业绩数据可以用全年数减去中期数获得,将得数除以中期数,再乘以百分之百,便得出报告期环比增减变动比率或幅度。

例如,某企业2017年全年主营业务收入为395 364万元,2017年中期主营业务收入为266 768万元,二者相减得出下半年主营业务收入为128 596万元,再用128 596万元除以266 768万元,乘以百分之百,便得出该企业报告期主营业务收入环比大幅滑坡51.79%的分析结果。通过环比分析可消除年报缺陷给投资者造成的误导。

任务二　企业发展能力分析指标

一、销售增长指标

营业收入是企业获利的源泉。一个企业只有保持销售的稳定增长,才能不断地增加收入,提高盈利能力。盈利能力提高,利润增加,才能为企业占有市场、开发新产品、进行技术改造提供资金来源,才能促进企业的进一步发展。因此,销售增长指标是评价企业发展状况和发展能力的重要指标,主要包括营业收入增长率、三年营业收入平均增长率和企业可持续增长率。

(一)营业收入增长率

营业收入增长率是反映企业销售增长情况的财务指标,它是将本期的营业收入与上一期的营业收入相比较,以说明企业营业收入的增长情况。

营业收入增长率计算公式表示为:

$$营业收入增长率 = \frac{本期营业收入 - 上期营业收入}{上期营业收入} \times 100\%$$

不断增加的营业收入是企业生存的基础和发展的条件。因此,在各种反映企业发展能力的财务指标中,营业收入增长率指标是最关键的,因为只有实现企业销售额的不断增长,企业的净利润增长率才有保证,净权益增长率才有保障,企业的规模扩大才能建立在一个稳固的基础之上。

营业收入增长率分析还应结合收入增长的具体原因,即要弄清楚企业销售增长的来源,这些来源包括:

(1)销售更多的产品或服务(最容易的方法);(2)提高价格(需要强势品牌或垄断的市场地位才能维持长久);(3)销售新的产品和服务;(4)购买其他公司(特别注意,保持警觉)。

营业收入增长率可以用来衡量企业的产品生命周期,判断企业发展所处的阶段。一般来说,如果营业收入增长率超过10%,说明企业产品处于发展期,将继续保持较好的增长势头,尚未面临产品更新的风险,属于发展型企业;如果营业收入增长率在5%~10%之间,说明企业产品已进入稳定期,不久将进入衰退期,需要着手开发新产品;如果该比率低于5%,说明企业产品已进入衰退期,保持市场份额已经很困难,营业利润开始滑坡,如果没有已开发好的新产品,将步入衰落。

ABC公司有关资料及营业收入增长率的计算如表8-1所示。

表8-1　ABC公司营业收入增长率计算表　　　　　　单位:百万元

项目	2018年	2017年	2016年	2015年	2014年	2013年
营业收入	16 623.43	15 449.48	11 688.37	11 553.52	11 441.82	4 828.38
营业收入增长率/%	7.60	32.18	1.17	0.98	136.97	

从表8-1可以看出,ABC公司营业收入增长率在2014年经历了一次快速增长后,2015年和2016年的增长明显放缓,这可能与企业的发展周期有关。2017年和2018年再次进入快速增长期,显示出企业持续的发展能力。

表8-2是2018年营业收入增长前十五名的上市公司。

表8-2　2018年上市公司营业收入增长前十五名

公司名称	所属行业名称	营业收入增长率/%
大龙地产(600159)	房地产开发与经营业	4 551.76
金盘股份(000572)	综合类	1 308.45

续表

公司名称	所属行业名称	营业收入增长率/%
中电广通(600764)	通信及相关设备制造业	516.17
武昌鱼(600275)	渔业	299.65
S 藏药业(600211)	制药业	281.30
德塞电池(000049)	电器机械及器材制造业	279.57
新赛股份(600540)	种植业	198.77
思源电气(002028)	电器机械及器材制造业	178.34
ST 银广夏(000557)	生物制品业	173.38
四川湖山(000801)	日用电子器具制造业	164.61
东华实业(600393)	房地产开发与经营业	161.94
ST 新智(600503S)	计算机软件开发与咨询	153.77
宁波热电(600982)	电力、蒸汽、热水生产供应业	152.70
新湖创业(600840)	零售业	147.82
山东黄金(600547)	贵金属矿采矿业	146.79

需要注意的是,营业收入增长率仅仅反映近期营业收入的实际变动,无法确定未来的变动趋势。因此,在进行营业收入增长率分析时应结合企业历年的营业收入水平、市场占有情况、行业未来发展及其他影响企业发展的潜在因素进行前瞻性预测。同时,在分析过程中应确定比较的标准,分别与同类企业和同行业平均水平进行比较。

另外,营业收入增长率直接将本年营业收入与上年实际比较,会受到基数的影响。由于一些偶然性因素的存在,如自然灾害、生产事故等,可能导致上年或本年营业收入异常,造成营业收入增长率偏高或偏低,这样,如果上年营业收入特别小,即使本年营业收入出现较小的增长,也会出现较大的增长率,使营业收入增长率不能反映正常的变动,不利于进行比较。比如,某企业上年营业收入 20 万元,而本年营业收入为 100 万元,则营业收入增长率为 $(100-20)/20 \times 100\% = 400\%$,显然,这与往年相比出现异常,不能认为企业具有很强的发展能力。

(二)三年营业收入平均增长率

为了消除由于营业收入短期波动而对销售增长率指标产生的影响,可以通过计算营业收入的长期变动趋势来分析评价企业的发展能力,即计算连续三年营业收入平均增长速度。

三年营业收入平均增长率表明企业营业收入连续三年的增长情况,反映了企业销售增长的长期趋势和稳定程度。其计算公式为:

$$三年营业收入平均增长率 = \left(\sqrt[3]{\frac{本年营业收入总额}{三年前年度营业收入总额}} - 1\right) \times 100\%$$

该指标反映企业营业收入连续三年的增长情况,避免了某些年份因受偶然性因素影响而使营业收入异常,导致对企业发展能力的错误判断。

(三) 企业可持续增长率

营业收入的增加要求更多的各种类型的资产,这些必须付现购买。留存利润和附加的新借款项带来的仅仅是数量有限的现金。除非公司准备发行股票,否则,在不过度使用公司资源的情况下,这个限量会封住公司所能取得增长率的上限,这就是可持续增长率。企业可持续增长率,指不增发新股并保持目前经营效率和财务政策条件下,销售所能增长的最大比率。

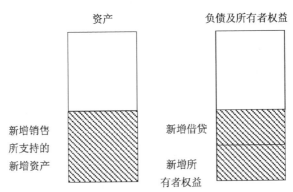

图 8-1　新增销售所要求的新增资产和新增筹资

图 8-1 显示快速成长公司的境况。它用两个长方形代表企业的资产负债表。一个表示资产,另一个表示负债与股东权益。两个长的、没有阴影的长方形代表年初的资产负债表。因为资产必须等于负债加股东权益,所以这些长方形的高度都是一样的。现在,假如企业要在接下来的年度里增加销售,它就必须同样增加诸如库存、应收账款等资产以及生产能力。图中资产方的阴影部分代表用于支持新增销售所必须的新增资产的价值。因为假定企业不发行新股票,所以增加资产所需要的现金支出必须来自留存利润和增加负债。

从图 8-1 中可以看出,在不改变资本结构的情况下,随着权益的增长,负债也应同比例增长,负债和权益的增长一起限定了资产所能扩展的速度。后者反过来限制了销售的增长速度。因此,一个企业的可持续增长率就是股东权益的增长率。其计算公式为:

可持续增长率 = 股东权益增长率 = 股东权益本期增加/期初股东权益
　　　　　　 = 销售净利率 × 总资产周转率 × 收益留存率 × 权益乘数*

从等式中可以看出,企业的可持续增长率取决于企业的经营业绩和财务政策,如留存收益比率取决于管理层对企业利润分配的程度,而权益乘数则反映了企业关于财务杠杆的政策。另外,如果企业的营业收入增长率没有按照可持续增长率增长,等式当中的一个或多个比率就必须改变。这意味着当一个企业以超过它的可持续增长率增长时,最好能够改善经营(提高销售净利率或总资产周转率)或准备转变它的财务政策(提高它的留存收益比率或财务杠杆)。

我们可以根据企业的实际销售增长率与销售可持续增长率的偏离程度以及造成这种偏离的原因对企业未来的销售增长情况进行分析。

(1) 如果企业的实际销售增长率远高于销售的可持续增长率,我们应当进一步分析其

---

　　* 权益乘数 = 年平均总资产 ÷ 期初股东权益

原因。如系销售收入净利润或总资产周转率提高,则说明企业通过自身的利润增长为企业的加速增长提供了资金;如系企业的资产负债率提高,则说明企业是利用财务杠杆通过举债为企业的加速增长提供了资金,但这种销售增长率高于销售可持续增长率的高速增长很难持续下去,当企业的资产负债率处在一个比较高的水平后,企业就很难实现这种高速增长。这时企业希望销售收入继续高速增长,可能需要通过增发新股或配股来实现。

(2)如果企业的实际销售增长率低于销售可持续增长率,说明企业未能充分利用自身的经济资源。这时企业可以偿还更多的银行贷款,以适当降低财务杠杆率,或寻找新的项目,以充分利用资源。否则企业因拥有较多的现金资源很容易成为并购的对象。

由此可以得出以下结论:

(1)超过企业可持续增长率的销售增长会加速企业资源的消耗。这种销售增长率通常是无法持续的,不能简单地认为今后的销售增长率会等于当前的销售增长率。

(2)低于企业可持续增长率的销售增长会造成企业资源的浪费。企业应当更多地归还银行贷款,发放股利或寻找新的项目。

(3)当企业的实际销售增长高于可持续增长率时,企业因为资金短缺的原因可能会减少现金股利的支付。

(4)企业销售收入增长最大化不应成为企业的经营和财务目标,否则企业很可能今后会陷入资金紧张的财务困境。

ABC 公司可持续增长率计算如表 8-3 所示。

表 8-3　ABC 公司可持续增长率计算表

项　目	2018 年	2017 年	2016 年	2015 年
销售净利率/%	1.44	2.39	3.16	3.44
总资产周转率(倍)	2.39	2.13	1.58	1.61
收益留存率/%	-0.50	0.89	0.35	0.40
权益乘数	1.29	1.42	1.50	2.55
可持续增长率/%	-2.22	6.43	2.62	5.65

将表 8-3 中的可持续增长率与表 8-1 中的实际增长率比较可以发现,ABC 公司的实际增长率在 2015 年、2016 年低于可持续增长率,这两年里企业靠自身能力维持企业增长,并有余力偿还一些债务,不断降低了财务杠杆;公司的实际增长率在 2017 年和 2018 年都大于可持续增长率,那么,公司是怎样应付实际增长率高于可持续水平的呢? 从表 8-3 中这两年前四个比率可以看出:2017 年,公司提高了总资产周转率和收益留存率,同时,公司的财务杠杆还在不断下降,销售净利率下降至 2.39%,这些因素促使公司的可持续增长率维持在 6.43%,但公司的实际增长率却达到了 32.18%,为保障这种高速增长,公司增加了股本,可参见项目二中的 ABC 公司资产负债表中的股本数据;2018 年,公司实行了高比例分配策略,利润分配大于当年净利润,为适应高的增长率,公司筹措了短期债务资金,这在前面的资产负债表分析中可以看出。

二、资产增长率指标

(一) 总资产增长率

资产是企业生产经营活动的物质条件,是企业用以取得收入的资源,也是企业偿还债务的保障。企业的资产规模与其经营规模是相适应的,资产规模扩大表明企业兴旺发达。通常情况下,发展能力强的企业都能保证资产的稳定增长,因此,资产的增长可用于表明企业的发展状况和发展能力,也是实现企业价值的重要手段。资产增长是企业发展的一个重要方面,发展性高的企业一般能保持资产的稳定增长。评价企业资产增长率的指标及其计算公式如下:

$$总资产增长率 = \frac{本年总资产增长额}{年初资产总额} \times 100\%$$

$$本年总资产增长额 = 年末资产总额 - 年初资产总额$$

总资产增长率指标是从企业资产总量扩张方面衡量企业的发展能力,表明企业规模增长水平对企业发展后劲的影响。总资产增长率指标大于零,说明企业本年度资产增加了,生产经营规模扩大了。总资产增长率越高,说明企业本年内资产规模扩张的速度越快,获得规模效益的能力越强。但应注意资产规模扩张的质与量之间的关系以及企业的后续发展能力,避免盲目扩张。影响企业规模变化主要有两个因素:一是企业对外举债而扩大规模;二是企业的所有者权益的增加而引起的企业规模的扩大,包括企业实现了盈利而增加了企业资产,还包括企业吸收了新的投资而使自己的规模扩大了。具体是什么原因引起的企业规模的扩大,在评价总资产增长率指标时,应予以考虑。

ABC 公司有关资料及总资产增长率的计算如表 8-4 所示。

表 8-4 ABC 公司总资产增长率计算表   单位:百万元

项 目	2018 年	2017 年	2016 年	2015 年	2014 年	2013 年
总资产	6 777.497	7 107.063	7 372.706	7 394.137	6 942.405	4 035.093
总资产增长率/%	-4.64	-3.60	-0.29	6.51	72.05	

由表 8-4 可知,ABC 公司的总资产增长率在经过 2014 年的快速增长后,2015 年保持了一定的增长,2016 年以来则呈现出逐年下滑的趋势。这也许与企业所处的行业周期有关。

除了计算总资产增长率对总资产的增长情况进行分析外,还可以对各类具体资产的增长情况进行分析。可以计算以下指标:流动资产增长率、固定资产增长率、无形资产增长率及员工增长率。计算时都是用本年增长额除以年初数额。

分析企业资产增长现状和增长趋势时,应注意企业间的可比性问题。

(1) 不同企业的资产使用效率不同,为保持净收益的同幅度增长,资产使用效率低的企业需要更大幅度的资产增长。

(2) 不同企业采取的发展策略会体现出资产增长率的不同。

(3) 会计处理方法的不同会影响资产增长率(影响资产的账面价值)。

(4) 受历史成本原则的影响,资产总额反映的只是资产的取得成本而非现时价值。

(5) 由于一些重要资产无法体现在资产总额中(如人力资产、某些非专利技术),使得该指标无法反映企业真正的资产增长情况。

实际分析中,还应注意企业资产本期和上期中的偶然性因素对指标的影响。

(二)三年资产平均增长率

为避免资产增长率受资产短期波动因素的影响,可以通过计算连续三年的资产平均增长率来反映企业较长时期内的资产增长情况,从资产的长期增长趋势和稳定程度判断企业的发展能力。其计算公式为:

$$三年资产平均增长率 = \left(\sqrt[3]{\frac{年末资产总额}{三年前年末资产总额}} - 1\right) \times 100\%$$

三年资产平均增长率指标消除了资产短期波动的影响,反映了企业较长时期内的资产增长情况,是反映企业发展能力的一个重要指标,该指标值大于零,反映企业资产呈现增长趋势,有能力不断扩大生产规模,有较强的发展潜力,该指标值越大,资产增长速度越快,发展的趋势越强。

(三)固定资产成新率

固定资产成新率是企业当期平均固定资产净值同平均固定资产原值的比率,反映了企业所拥有的固定资产的新旧程度,体现了企业固定资产更新的快慢和持续发展的能力。其计算公式为:

$$固定资产成新率 = \frac{平均固定资产净值}{平均固定资产原值} \times 100\%$$

该指标值高表明企业的固定资产比较新,技术性能较好,可以为企业服务较长时间,对扩大再生产的准备比较充足,发展的可能性较大;反之,该指标值越小,表明企业设备陈旧,技术性能落后,将严重制约企业未来发展。

利用固定资产成新率指标分析固定资产新旧程度时,应注意折旧方法的不同、生产经营周期的不同等因素对固定资产成新率的影响,如加速折旧法下的固定资产成新率小于平均年限法下的固定资产成新率;处于发展期的企业与处于衰退期的企业也会有不同的固定资产成新率。同时,也应注意不同企业之间的可比性。

三、资本扩张指标

权益资本是企业的家底,是企业的净资产,它可为企业实现规模经营提供资金来源。企业实收资本的扩张既可来源于外部资金的加入,也可来源于留存收益的增长。外部资金的加入表明企业获得了新的资本,具备了进一步发展的能力;而留存收益的增长反映了企业通过自身生产经营活动,使企业净资产规模不断扩大,表明了企业进一步发展的能力和后劲。评价企业资本扩张的指标主要有:资本积累率、三年资本平均增长率等。

(一)资本积累率

资本积累率是本年所有者权益增加额同年初所有者权益余额的比率,是企业当年所有者权益总的增长率,反映企业净资产当年的变动水平。其计算公式为:

$$资本积累率 = \frac{本年净资产增长额}{年初净资产数} \times 100\%$$

较多的资本积累是企业发展强盛的标志,是企业扩大再生产的源泉,是评价企业发展潜力的重要指标。一个企业的所有者权益扩大了,该企业就有能力继续举"债",企业的规模就可以进一步扩大,企业也就能够顺利地实现增长,企业对借入债务的偿还才有保证。该指标体现了企业资本的保全和增长情况。指标值越高,表明企业资本积累越多,应付风险和持续发展的能力越强。该指标值如为负值,表明企业资本受到侵蚀,所有者利益受到侵害。

在分析评价资本积累率时,应注意本期与上期权益资本变动的偶然性因素,特别是实收资本的变动对资本积累率的影响。

ABC 公司有关资料及资本积累率的计算如表 8-5 所示。

表 8-5　ABC 公司资本积累率计算表　　　　　单位:百万元

项　目	2018 年	2017 年	2016 年	2015 年	2014 年
股东权益	5 598.70	5 718.52	5 388.97	5 089.95	4 932.18
资本积累率/%	-2.10	6.12	5.87	3.20	

由表 8-5 可知,ABC 公司的资本积累率近年来呈现稳步增长的趋势,尽管 2018 年有所下降,但从股东权益的数额上来看,仍处在稳定状态。

(二)三年资本平均增长率

资本积累率指标有一定的滞后性,仅反映当期情况,为反映企业资本保全增值的历史发展情况,了解企业的发展趋势,可以通过计算连续三年的资本平均增长率,从资本的长期增长趋势和稳定程度判断企业的发展能力。其计算公式为:

$$三年资本平均增长率 = \left(\sqrt[3]{\frac{年末净资产总额}{三年前年末净资产总额}} - 1 \right) \times 100\%$$

该指标越高,表明企业所有者权益得到的保障程度越大,企业可以长期使用的资金越充裕,其抗风险和连续发展的能力越强。

利用该指标分析时应注意所有者权益各类别的增长情况。实收资本的增长一般源于外部资金的进入,表明企业具备了进一步发展的基础,但并不表明企业过去具有很强的发展和积累能力;留存收益的增长反映企业通过自身经营积累了发展后备资金,既反映企业在过去经营中的发展能力,也反映了企业进一步发展的后劲。

四、利润增长率指标

企业的目标是生存、发展和获利,企业的生存与发展主要取决于企业是否盈利,因此,获利是企业发展的源动力。在评价企业发展能力时,还要关注企业的利润增长率指标,主要包括营业利润增长率、净利润增长率指标。

(一)营业利润增长率

营业利润是企业经营活动中营业收入与营业成本、费用的差额与资产减值损失、公允价值变动收益、投资收益的总和。

营业利润增长率是企业本年营业利润增长额同上年营业利润的比率。营业利润增长率表示与上年相比企业营业利润的增减变动情况,是评价企业经营发展和盈利能力状况的综合指标。其计算公式为:

$$营业利润增长率 = \frac{本年营业利润增长额}{上年营业利润} \times 100\%$$

主营业务利润增长率是本年主营业务利润较上年增长的程度。该比率越高,表明主营业务利润较上年增加得越多。主营业务利润增长率超过主营业务收入增长率越多,说明企业的主营业务收入弥补成本费用的能力越高,企业抵御价格降低、成本升高和销售下降的能力越强,进而说明企业主营业务的获利能力较强,能推动整个企业获得更多的利润。若该比率小于主营业务收入增长率,则说明企业取得的收入不能消化成本费用的上涨,主营业务的获利能力下降。

ABC 公司有关资料及营业利润增长率的计算如表 8-6 所示。

表 8-6　ABC 公司营业利润增长率计算表　　　　　　　　单位:百万元

项目	2018 年	2017 年	2016 年	2015 年	2014 年	2013 年
营业利润	439.32	627.66	607.48	652.17	987.33	370.60
营业利润增长率/%	-30.01	3.32	-6.85	-33.95	166.41	2.70

从表 8-6 可以看出,ABC 公司的营业利润在 2014 年经历了一次快速增长后,2015 年的增长快速下滑,甚至出现明显反增长,这可能与企业的发展周期有关;2016 年继续下滑,2017 年虽有增长但仍远低于 2014 年水平,2018 年再次进入快速下滑期,显示出企业近几年的发展能力趋减,这或许与近几年家电市场的激烈竞争有关。

(二) 净利润增长率

企业发展的内涵是企业价值的增长,企业价值表现为给企业带来未来现金流的能力,因此可以用净利润的增长来近似代替价值的增长,以净利润增长来分析企业发展能力。净利润增长率指标反映企业获利能力的增长情况,反映了企业长期的盈利能力趋势。净利润增长率公式表示为:

$$净利润增长率 = \frac{本期净利润 - 上期净利润}{上期净利润} \times 100\%$$

净利润增长率指标是用来考核企业净利润,即税后利润增长情况的财务指标,净利润增长了,企业所有者权益的增长才有保证,企业的增长才有根基。通常,企业发展所需资金基本来源有三个:一是投资者注入新资金;二是向金融机构举债;三是靠自我积累。对于投资者来说,注入新资金意味着风险和代价。而让企业向金融机构举债,不但需要支付筹资费用,增加经营的投资风险,而且举债也不是企业单方面就能决定的事。所以,对企业而言,自我积累是最安全、代价最低的资金来源。企业自我积累的最大限度来源于企业的全部净利润。因此,只有净利润不断增长的企业,自我积累才能逐年增加。随着企业逐年积累的增加,发展资金增多,企业的经营规模不断扩大,发展后劲不断增强,发展前景将越来越好。

该指标值通常越大越好。企业的发展必然体现出净收益的增长,但二者并不一定同步,净收益的增长可能滞后于企业的发展,这就使得净收益增长率无法真正反映企业的发展能力,只是近似替代。

ABC 公司有关资料及净利润增长率的计算如表 8-7 所示。

表 8-7　ABC 公司净利润增长率计算表　　　　　　　　单位:百万元

项目	2018 年	2017 年	2016 年	2015 年	2014 年	2013 年
净利润	239.13	369.44	368.95	397.06	617.84	424.09
净利润增长率/%	-35.27	0.13	-7.08	-35.73	45.69	—

由表 8-7 可知,ABC 公司的净利润在经过 2014 年的快速增长后,2015 年出现了较大幅度的下滑,2016 年和 2017 年有所趋稳,2018 年再次出现大幅的下滑,说明企业的发展能力

值得怀疑。这也许与企业所处的行业周期有关。

净利润增长率分析应注意的问题：

(1) 分析净利润增长率时，应结合主营业务收入增长率情况综合判断。主营业务收入是公司在其主要业务或主体业务活动中所取得的营业收入，它在公司的营业收入中占有较大的比重，直接影响着公司的经济利益。因此，一般情况下净利润增长率和主营业务增长率会保持正相关性，但是一些公司在投资收益，特别是证券投资收益中获利较多的时候，净利润增长很快，主营业务收入增长率却很低。这样的情况出现并不代表该公司有很好的发展预期，因为它的投资收益有多长的持久性无法预测。例如，G海虹（000503）2019年第一季度的净利润同比增长率为1 161%，但是主营业务收入同比增长率却为－18%。查看其2019年第一季度季报会发现其2018年同期投资收益为－223万元，而2019年第一季度投资收益为12 400万元，由此使净利润相对2018年同期有了大幅度增长，但是这种增长是没有延续性的。因此，我们在分析企业发展能力时，在关注净利润增长率的同时，主营业务的同期增长率应该保持一致的步伐，最好是略微高一点。

(2) 在用净利润增长率时，要尽量使用净利润年增长率，这样可以很好地排除掉一些周期性行业的季度净利润变化幅度较大的问题。如房地产、百货商业等行业都是季度性行业，它们在销售淡季或者财务回收淡季，季度净利润都极低，净利润增长率环比可能都是负数。因此，用净利润年增长率来进行纵向或者行业横向比较才有意义。以G先锋（600246）为例，该公司2018年第三季度净利润为－1 309万元，但是2018年年报显示其净利润为4 040万元。因为房地产行业的资金回笼都集中在第四季度，所以如果仅仅用净利润季增长率去做纵向比较，会发现该企业没有连续稳定的净利润增长率，不具备成长性。但是，如果使用净利润年增长率做纵向比较，就会发现这是一个发展性极好的企业，有着连续5年15%以上的年净利润增长率。

所以，在使用净利润增长率时，净利润计算周期的选择很关键。一般公司的周期选择建议用年净利润作为基准，至少三年的连续纵向比较才能比较好地反映该公司的连续盈利能力，用它来判断公司的成长性时会比较准确。

(3) 净利润季增长率的应用。使用净利润季增长率一般会在两种情况下比较合适：一是刚上市的公司，可能没有连续三年的财务报表可供参考时使用，这时可用环比净利润季增长率判断公司是否具有高成长性；二是上市公司扭亏为盈的时候，还没有出现连续三年的净利润正增长时，使用净利润季增长的同比和环比来判断该公司是否具备高成长性特征。例如，G天威（600550）2014年净利润年增长率为负，2015年净利润年增长率为正，但2014年到2016年的净利润平均年增长率还是为负，到2017年前没有出现连续三年的净利润年增长率稳定增长。但是，看到2017年的净利润季增长率时发现，2017年的净利润季增长率同比和环比都在15%以上，因此我们可以判断该公司在2017年可能刚刚进入高成长期。后期该公司2017年的年报和2018年的年报都证实了这个观点的正确性。

(4) 注意偶发性变动因素的影响。有时候，企业的年净利润或者季净利润会出现突然的变化，比如说突然增加，然后又回到原来的增长轨道。这样的偶发性变动应该在净利润增长率计算中剔除掉。这样的变化不能成为计算连续增长率的依据，否则会产生偏差。

五、反映上市公司发展能力的特殊指标

(一) 股利增长率

从该模型的表达式可以看出,股利增长率越高,企业股票的价值越高。股利增长率就是本年度股利较上一年度股利增长的比率。其计算公式为:

$$股利增长率 = \frac{本年每股股利增长额}{上年每股股利} \times 100\%$$

投资者从企业获得的利益分为资本利得(股价的增长)和股利两类,投资者在退出前从企业获得利益的唯一来源就是股利。虽然企业的股利政策是综合各种因素的结果,但股利的持续增长一般被理解为企业的持续发展。

(二) 三年股利平均增长率

三年股利平均增长率表明企业股利的连续三年增长的情况,体现企业的发展潜力。其计算公式为:

$$三年股利平均增长率 = \left(\sqrt[3]{\frac{本年每股股利}{三年前每股股利}} - 1\right) \times 100\%$$

(三) 每股收益增长率

每股收益是上市公司财务报表中最重要的指标。每股收益是本年净利润与年末普通股股份总数的比值,反映普通股的获利能力。公司股票的每股收益越多,说明该上市公司的盈利能力越强,股东获取投资报酬越有保障。如果将股票的市价与每股收益比较,还可以得到市盈率指标。此指标可以反映投资者对单位净利润所愿意支付的价格,进而反映该上市公司股票投资报酬的高低和风险的大小。

每股收益增长率指标反映了普通股可以分得的利润的增长程度。该指标值通常越高越好。每股收益增长率,可以反映股东权益增长情况。其计算公式为:

$$每股收益增长率 = \frac{本期每股收益 - 上期每股收益}{上期每股收益} \times 100\%$$

ABC 公司有关资料及每股收益增长率的计算如表 8-8 所示。

表 8-8　ABC 公司每股收益增长率　　　　　　　　　　　　单位:元

项目	2018 年	2017 年	2016 年	2015 年	2014 年	2013 年
每股收益	0.200	0.309	0.460	0.500	0.770	0.750
每股收益增长率/%	-35.28	-32.83	-8.00	-35.06	2.67	

由表 8-8 可知,ABC 公司的每股收益增长率呈逐年下滑趋势,说明公司的发展陷入衰退期。

知识链接

企业可持续发展能力的内涵界定

企业有多种不同的划分标准,按照其生存状态和发展趋势,可将其分为四类(见图 8-2):一是既无持续性又无发展性的企业。这类企业在市场中只是昙花一现、惊鸿一瞥,不会引起人们的注意,研究价值也不大。二是持续存活但无发展性的企业。这类企业长期维持原有

的经营模式和经营规模,企业经营业绩、资产的数量和质量没有显著的增长,可谓是"百年小店"。三是发展迅速但存活时间不长的企业。这类企业通常在短期内实现了资产的迅速膨胀,但是由于种种原因很快又从市场中销声匿迹,可谓是"巨婴型"的短命企业。曾经红极一时的巨人集团、秦池集团就可归入此类。四是可持续发展型企业,也正是本文所要重点讨论的对象。所谓可持续发展企业,是指企业在市场竞争中持续存活、发展良好,由小到大、由弱到强,量的扩张和质的提升齐头并进发展。从美国《财富》杂志最近几年的统计数字看,世界500强企业中,排名前50位的企业寿命大多是百年以上,最长的达700年。又如美国,目前有杜邦、麦当劳、可口可乐等百岁企业1万余家。随着时间的延续,这些企业的规模越来越大,抗风险能力也越来越强,灵活性和可控性也不断提高。

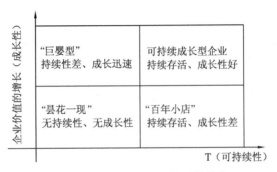

图8-2 企业价值增长与可持续性的关系

企业生命周期理论认为,企业的生命周期是一个由初创期、发展期、成熟期和衰退期四个阶段所构成的闭区间。导致企业进入衰退期的原因主要有:产品或服务市场的萎缩(如消费者偏好的改变)、企业技术创新滞后、企业组织形态的自然老化、核心人物的离去或是多种因素交错形成的原因。要避免企业进入生命周期的衰退期,唯有变革与创新,这也是衡量企业是否具备可持续发展能力的根本标准。当企业缺乏创新能力时,企业寿命的极大值只能由生命周期的闭区间给出。而可持续发展型企业则具备打破闭区间这个硬约束的能力,通过创新不断培育出新的竞争优势,随着竞争优势的不断产生和更迭,企业生命周期将是一个由发展走向发展的开区间,企业的可持续发展能力则是各个竞争优势连续积分的过程(如图8-3所示),企业进入周而复始的发展期。

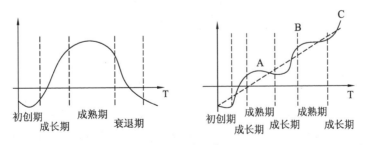

图8-3 企业发展期图示

因此,企业可持续发展能力的内涵可以概括为三个特征:发展性、持续性和创新性。发展性表现为企业经营业绩的提高、组织规模的扩大、资产数量和质量的增长,从而实现企业价值的增长,体现价值维度的发展;持续性是指企业在时间维度上的发展,超过同行企业的平均寿命;创新性是以技术、产品(服务)、管理、组织、文化的变革为指标,知识和创新是企业发展的基本动力。发展性、持续性和创新性三者之间的关系密不可分,发展性是企业在持续发展基础之上的发展,持续性是企业在发展过程中的持续,创新性则对企业的持续性和发展性都有重要贡献。也就是说,企业的可持续发展要体现质和量两个维度的同步增长。

资料来源:崔勇,段勇,赵文晋,等.企业可持续发展评价指标体系和评价方法的初探[J].科学技术与工程,2005(8).

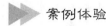
案例体验

2005年上半年上市空调企业经营现状分析

随着2005"冷年"的提前结束,国家信息中心正式发布了"2005年度空调白皮书",该白皮书数据显示,"今年上半年,重点城市空调销售量同比增长16.72%,而销售额同比增长14.31%。空调产品的平均价格略有上升,但呈逐月持续下降趋势"。这一数据再次证实了空调市场销量不断攀升,而销售额却增长乏力的现状,大量的特价机型和低端机型占据新增市场份额的重要比重,而厂商尽管经受着原材料涨价、竞争环境恶化、非理性竞争行为增多的一再考验,却依然无法抵御来自流通渠道的对整个市场价格的走势的巨大影响力。

白皮书同时显示,"2005年空调市场的品牌集中度进一步提高。2005年空调市场消失了27个品牌,在现存的69个品牌中销量市场占有率低于0.5%的有37个,而市场份额前三品牌的销售额和销量占有率已经分别达到52.96%和53.07%"。由于利润空间的持续紧缩,拥有高产能和大产销量的厂商才能凭借规模效益在更加激烈的竞争环境中生存。而空调市场的集中度也必然将进一步提升,拥有雄厚实力的厂商将起到对行业发展走向的决定性影响,空调行业进入大品牌时代。而纵观2005年上半年国内主营空调上市企业的业绩,则不同程度显露出发展过程中的疲态,整个空调行业正在从快速发展期进入行业发展的调整期。

表8-9　2005年上半年空调企业主要财务指标　　　　　　单位:百万元

项　目	格力	海尔	美的	科龙	长虹	春兰
主营业务收入	92.56	95.55	153.79	45.58	72.21	18.79
净利润	2.68	1.48	2.44	-4.87	2.16	0.058
总资产	143.65	73.51	126.68	99.98	152.60	51.53
债务总额	117.80	13.85	88.27	75.10	54.49	19.31
主营业务成本	75.68	84.00	125.62	41.45	61.05	15.43
空调业务收入	89.18	51.35	95.00	25.96	12.13	1.87
所有者权益	25.02	55.08	28.64	22.13	96.74	30.19

根据表8-9中各主营空调上市企业的中期报告的各项指标,我们分别从盈利能力、发展能力、偿债能力和营运能力方面对企业的经营状况进行概要分析,以便对整个空调行业的整体发展走势做微观的了解。

一、盈利能力分析

2005年年初家电上市企业的平均利润水平与收入增长基本保持同步,而进入二季度后,行业利润同比增幅出现大幅下降。从主营空调产品的格力、海尔、美的、科龙、长虹、春兰来看(见表 8-10),其主营业务利润率分别为 2.90%、1.55%、1.59%、−10.68%、2.99% 和 0.31%,仅有格力、长虹两家超过了行业平均利润率 2.18%,其他几家的利润率水平并不乐观,尤其科龙由于遭受到管理层出现严重问题的影响而错过了空调旺季造成了严重亏损的局面。

从各家上市企业的主营业务毛利率来看(见表 8-10),格力、海尔、美的、科龙、长虹、春兰的主营业务毛利率分别为 18.17%、12.08%、18.32%、9.06%、15.45%、17.88%。其中,成功剥离了小家电产品的美的不但实现了经营上的扭亏为盈,也做出了较好的业绩。格力的专业化路线和自建营销渠道为格力赢得了近 30% 的市场份额,较高的主营业务毛利率和主营业务利润率表现出很好的盈利能力。长虹主营业务毛利率表现稍弱,但其主营业务利润率排名第一,这一方面是其渠道整合效应的显现,同时其在科龙出让部分市场空间后出色发挥出二线品牌的潜力。

表 8-10　2005 年上半年主要空调企业毛利率　　　　　　　　　　单位:%

项　目	格力	海尔	美的	科龙	长虹	春兰
主营业务利润率	2.90	1.55	1.59	−10.68	2.99	0.31
主营业务毛利率	18.17	12.08	18.32	9.06	15.45	17.88

二、发展能力分析

面对国内空调市场的日趋饱和,空调厂商为消化日益扩张的产能无一例外地将出口作为提升效益的增长点。2005 年,美的空调海外销量高达 430 万台,稳居行业首位。而格力、海尔、长虹的外销比重也分别达到了 24%、18% 和 16.5%。外销成为拉动国内空调企业业务收入持续增长的重要手段。

从各品牌主营业务收入增长率来看(见表 8-11),美的发展速度最快,达到 56.05%,而格力也有大幅提升,为 37.66%。相比而言,海尔的发展速度较弱,仅为 10.39%,且其空调产品的毛利率也远远低于其他品牌(15%~19%)的水平,可见海尔空调的成本控制能力较弱。与去年同期水平相比,各品牌的空调产品毛利率除格力外均呈下降趋势,格力也仅增加了 0.01 个百分点,空调产品的成本压力有增无减。

从各品牌净利润增长率来看(见表 8-11),长虹发展最快,高达 231.35%,美的也有较大增幅,春兰和海尔的净利润大幅减少。从搜集到的其他资料得知,空调企业由于受到原材料上涨和连锁渠道议价的双重压力,制造环节利润进一步压缩,行业平均利润开始向上下游转移。尽管美的净利润较高,但对其上半年净利润贡献较大的却是投资收益,行业利润的降低开始诱发企业自身投资结构的调整。

表 8-11　2005 年上半年主要空调企业净利润增长率　　　　　　　单位:%

项　目	格力	海尔	美的	科龙	长虹	春兰
主营收入增长率	37.66	10.39	56.05	−7.56	12.65	29.50
净利润增长率	22.32	−22.19	43.53	−405.88	231.35	−78.52

三、偿债能力分析

从 2005 年上半年各家电主要上市企业的资产负债率来看(见表 8-12),大部分企业存在着较沉重的债务负担,其中格力和科龙分别为 82%、75.12%,美的资产负债率也高达

69.67%。但较高的资产负债率同时表明了企业对本行业有着较好的远景预期,其扩张经营能力较强,有较高的机会赢得更多的利润。由此可见,美的和格力的发展策略可能更为主动,而海尔则较为保守。

从负债权益比来看(见表8-12),海尔的负债权益比最小,其长期债务偿还能力最强,而科龙、美的、格力的还债风险较高。

表8-12　2005年上半年主要空调企业负债权益比　　　　　　　　　　单位:%

项　目	格力	海尔	美的	科龙	长虹	春兰
资产负债率	82.00	18.84	69.67	75.12	35.71	37.47
负债权益比	470.82	25.15	308.21	339.36	56.33	63.96

四、营运能力分析

存货周转率是衡量和评价企业购入存货、投入生产、销售收回等各环节管理状况的综合性指标。存货周转率越高,说明存货周转快,公司控制存货的能力强,存货保管成本低,经营效率高。从各企业的存货周转率来看(见表8-13),除海尔表现出较高的存货管理水平外,其他企业存货管理成本居高不下,仍需要通过不断加强内部存货管理来缩减财务费用。

表8-13　2005年上半年主要空调企业存货周转率

项　目	格力	海尔	美的	科龙	长虹	春兰
存货周转率(次)	2.18	9.60	3.42	1.37	1.10	1.91

项目八　小　结

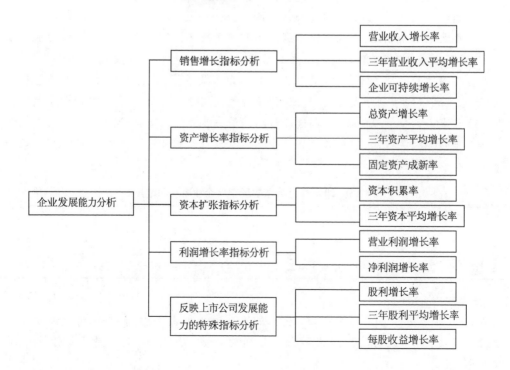

思考与练习

一、单项选择题

1. 反映企业发展情况的指标是( )。
   A. 销售增长率　　　　　　　　B. 总资产收益率
   C. 资产负债率　　　　　　　　D. 总资产周转率
2. 企业本年的销售增长率如果大于零,说明( )。
   A. 企业本年的销售收入有所增长　　B. 企业本年的销售收入有所下降
   C. 企业本年的销售增长速度较低　　D. 企业市场前景不好
3. 企业本年的销售增长率如果小于零,说明( )。
   A. 企业本年的销售收入有所增长　　B. 企业本年的产品销售不出去
   C. 企业本年的销售增长速度较高　　D. 企业市场前景不好
4. 股利政策的核心是( )。
   A. 每股股利　　B. 每股利益　　C. 市盈率　　D. 股利支付率

二、多项选择题

1. 企业营业增长能力分析包括( )。
   A. 对销售增长的分析　　　　B. 对资产规模增长的分析
   C. 对净资产规模增长的分析　D. 对利润增长的分析
   E. 对股利增长的分析
2. 与股本相关的盈利能力的指标有( )。
   A. 每股权益　　　　　　　B. 每股股利
   C. 净资产收益率　　　　　D. 股利支付率
   E. 市盈率
3. 可以用来分析企业发展能力的有( )。
   A. 企业竞争能力　　　　　B. 企业周期
   C. 行业周期　　　　　　　D. 企业发展能力财务比率
   E. 行业竞争

三、判断说明题

1. 每股收益相等的两个公司,股利支付率越高的公司,每股股利越低。( )
2. 与股东能够获得企业增长的好处相比,债权人只能获得固定的利息。( )
3. 企业的股东是企业盈利增长风险和收益的最终承担者。( )
4. 企业股东比债权人更关心企业的盈利状况。( )
5. 每股收益相等的两个公司,市盈率越高的公司,每股市价越低。( )

四、计算分析题

1. I公司和阳安公司2019年每股收益均为0.4元,I公司本年有关会计资料如下:发行在外的普通股股数为1 500万股,每股全年平均市场价格是8元。阳安公司本年有关会计资料如下:发行在外的普通股股数为1 500万股,每股全年平均市场价格是32元。假定两家公司处于同一行业。

要求：（1）分别计算 I 公司和阳安公司的市盈率；

（2）分析两家公司的盈利和风险状况。

2. 光美公司 2016 年、2017 年和 2018 年平均固定资产净值分别为 150 万元、175 万元和 200 万元，固定资产原值分别为 325 万元、340 万元和 360 万元。

要求：（1）计算光美公司 2016—2018 年的固定资产成新率；

（2）分析运用固定资产成新率时需要注意的问题。

3. 子阳公司 2015 年、2016 年、2017 年和 2018 年的销售收入分别为 500 万元、750 万元、800 万元和 700 万元。

要求：（1）计算子阳公司 2016—2018 年期间每年的销售增长率；

（2）分析子阳公司所处的生命周期。

4. 华伟公司 2016 年、2017 年、2018 年和 2019 年的销售收入分别为 5 800 万元、5 974 万元、6 272.2 万元和 6 649.1 万元，该行业 2017—2019 年的销售增长率分别为 2%、3%、3%。

要求：（1）计算公司 2017—2019 年期间每年的销售增长率；

（2）根据所给出的行业销售增长率，分析该公司销售增长情况。

五、企业发展能力分析实例

从行业的成长性看投资价值

《新财富》2009 年的研究报告中提出，传统行业胜过"新经济"，并取代"信息技术"成为成长性最好的行业。

"汽车零部件"行业是成长性最好的行业，基本成长率达 5.68%。不过，推动"汽车零部件"迅速发展的"汽车"行业的成长性并不高，只有 2.31%，比去年的 2.51% 还要低。这可能与上市公司的行业代表性有关。

工业板块的"公路和铁路运输"（第 2 位）和"运输基础设施"（第 4 位）、能源板块的"石油和天然气"（第 3 位）以及材料板块的"金属和矿业"（第 5 位），也位列成长性的前五位。这五个行业的 158 家排名公司中共有 25 家公司入选 100 强。

5 个行业的净利润现金含量均超过 100%。在经常性总资产回报率最高的 5 个行业中，该五个成长性最好的行业就占了 4 个。"汽车零部件"还是 30 个行业中派现比例最高的行业，其股利支付率高达 30%；"运输基础设施"则是毛利率最高，应收账款最少的行业，其主营业务利润率高达 53%，应收款项只占总资产的 4.23%；"石油和天然气"是有息负债率最低的行业；"公路和铁路运输"行业市盈率最低、净利润现金含量最高。

而 2008 年成长性最好的属于"信息技术"板块的"通讯设备"和"软件"行业，其成长率已经落后到第 8 位和第 6 位。两个行业的净利润现金含量仍然不够理想，"应收账款"也仍然较多。

计算机和家电所属的行业成长性最差，相比去年，"计算机和外设"的成长率进一步下降，从 2.34% 降至 1.61%，成为 2009 年成长性最差的行业。其经常性总资产回报率也是所有行业中最低的。

家电所属的"家庭耐用品"行业的成长率则基本维持去年的水平，成长性仅稍高于"计算机和外设"，位居倒数第 2。

经常性总资产回报率、股利支付率、有息负债率、毛利率、主营业务收入现金含量、应收款项占总资产的比例等指标在这两个行业中基本处在同一水平,这也反映了两个行业目前处在比较成熟的发展阶段,市场竞争都非常激烈,公司较多,不可能保持很高的成长性。

100强的行业构成:100强中相对数量(占行业排名公司的比例)最多的3个行业分别是"公路和铁路运输""运输基础设施""石油和天然气"。

100强中绝对数量最多的行业仍然是"金属和矿业"行业,第2位是"医药",而"运输基础设施""纺织品""服饰和奢侈品""电力"以及"化学制品"均以6家公司并列第3位。

没有入围100强的行业共有5个:"建筑材料""电气设备""建筑和工程""生物技术""多板块公司"。"机器机械""家庭耐用品"以及"综合"行业均只有1家公司进入100强。

从上市地点来看,100强中,深市上市公司42家,沪市上市公司58家。从地区分布来看,广东最多,共有16家入围,山东13家,上海9家。

资料来源:www.hexun.com

案例思考题

(1)"评价企业的成长能力,行业因素是关键",即看一家企业的成长性,首先要看它所属行业的成长性。你认为这句话有道理吗?

(2)关注文中提到的行业和公司,选一个自己感兴趣的行业和公司,收集其财务报告和相关信息,跟踪调查,看其后续的发展能力是否如文中所说。

项目九　综合财务分析

任务描述

本项目的任务是将有关财务指标按其内在联系结合起来，系统、全面、综合地对企业的财务状况和经营成果进行剖析、解释和评价，说明企业整体财务状况和经营成果的优劣。通过学习，使学生了解综合财务分析的特点、类型，掌握综合财务分析的方法，能根据分析内容写出财务分析报告。

学习任务

1. 熟悉综合财务分析的特点、类型；
2. 掌握财务比率综合评分法；
3. 掌握沃尔评分法；
4. 掌握杜邦分析法；
5. 能根据常用综合财务分析方法的分析内容写出财务分析报告。

技能目标

1. 能运用财务比率综合评分法进行财务报表综合分析；
2. 能运用沃尔评分法进行财务报表综合分析；
3. 能运用杜邦分析法进行财务报表综合分析；
4. 能结合分析内容写出财务分析报告。

知识目标

1. 综合财务分析的特点、类型；
2. 财务比率综合评分法的程序；
3. 沃尔评分法的分析方法及相关综合分析；
4. 杜邦分析法的分析方法及相关综合分析；
5. 财务分析报告的撰写。

项目导入

华强公司 2018 年的有关财务资料如表 9-1、表 9-2 所示。

表 9-1 资产负债表（简表）

编制单位：华强公司　　　　　　　　2018 年 12 月 31 日　　　　　　　　　　　单位：万元

项　目	年初余额	年末余额
流动资产：		
货币资金	4 000	5 400
短期投资	27 000	29 000
应收账款	33 800	32 400
减：坏账准备	1 600	1 900
应收账款净额	32 200	30 500
存货	36 200	23 600
流动资产合计	99 400	88 500
长期投资	49 400	44 300
固定资产：		
固定资产原价	58 900	58 100
减：累计折旧	6 100	7 800
固定资产净值	52 800	50 300
无形及递延资产	2 500	1 900
资产总计	204 100	185 000
流动负债	101 100	79 800
长期负债	200	600
负债合计	101 300	80 400
所有者权益合计	102 800	104 600
负债及所有者权益总计	204 100	185 000

说明：华强公司拥有普通股 40 000 万股，每股面值 1 元。2018 年 12 月 31 日每股市价为 10 元。

表 9-2 利润表（简表）

编制单位：华强公司　　　　　　　　　2018 年度　　　　　　　　　　　　　单位：万元

项　目	本年金额
一、主营业务收入	205 000
减：主营业务成本	164 000
主营业务税金及附加	200
二、主营业务利润	40 800
加：其他业务利润	1 200
减：营业费用	16 000
管理费用	14 400

续表

项 目	本年金额
财务费用	2 100
三、营业利润	9 500
加：投资收益	26 700
营业外收入	6 600
减：营业外支出	5 100
四、利润总额	37 700
减：所得税	11 310
五、净利润	26 400

说明：财务费用全部为利息支出。

☞ 请思考：

1. 计算该公司流动比率、速动比率、资产负债率、已获利息倍数、长期资产适合率、应收账款周转率、存货周转率、销售净利率、总资产报酬率、净资产收益率。
2. 通过上述指标的分析你能判断出该公司经营管理上可能存在的问题吗？

任务一　综合财务分析认知

财务分析的最终目的在于全面、准确、客观地揭示企业的财务状况和经营成果，并借以对企业经济效益的优劣做出合理评价。显然，仅仅计算几个简单的、孤立的财务比率，是不可能做出合理、公允的综合性结论的。只有将各种不同报表、不同指标的分析与评价融为一体，才能从总体意义上把握企业财务状况和经营成果的优劣。

一、综合财务分析的含义

综合财务分析就是将有关财务指标按其内在联系结合起来，系统、全面、综合地对企业的财务状况和经营成果进行剖析、解释和评价，说明企业整体财务状况和经营成果的优劣。

每个企业的财务指标都有很多，而每个单项财务指标只能说明问题的某一个方面，且不同财务指标之间可能会有一定的矛盾或不协调性。如偿债能力很强的企业，其盈利能力可能会很弱；或偿债能力很强的企业，其营运能力可能比较差。所以，只有将一系列的财务指标有机地联系起来，作为一套完整的体系，相互配合，做出系统的评价，才能对企业经济活动的总体变化规律做出本质的描述，才能对企业的财务状况和经营成果做出总括性的结论。综合财务分析的意义也正在于此。

二、综合财务分析的特点

综合财务分析是相对于财务报表单项分析而言的，与单项分析相比较，综合财务分析具有以下特点：

(一)分析方法不同

单项分析通常把企业财务活动的总体分解为各个具体部分,认识每一个具体的财务现象,可以对财务状况和经营成果的某一个方面做出判读和评价;而综合财务分析则是通过把个别财务现象从财务活动的总体上做出归纳综合,着重从整体上概括财务活动的本质特征。因此,单项分析具有实务性和实证性,是综合分析的基础;综合分析是对单项分析的抽象和概括,具有高度的抽象性和概括性。如果不把具体的问题提高到理性高度认识,就难以对企业的财务状况和经营业绩做出全面、完整和综合的评价。因此,综合分析要以各单项分析指标及各指标要素为基础,要求各单项指标要素及计算的各项指标一定要真实、全面和适当,所设置的评价指标必须能够涵盖企业盈利能力、偿债能力及营运能力等诸方面总体分析的要求。只有把单项分析和综合分析结合起来,才能提高财务分析的质量。

(二)分析重点和基准不同

单项分析的重点和比较基准是财务计划、财务理论标准,而综合分析的重点和基准则是企业整体发展趋势。因此,单项分析把每个分析的指标放在同等重要的地位来处理,它难以考虑各种指标之间的相互关系;而综合分析强调各种指标有主辅之分,一定要抓住主要指标。只有抓住主要指标,才能抓住影响企业财务状况的主要矛盾,在主要财务指标分析的基础上再对其辅助指标进行分析,才能分析透彻,把握准确、详尽。各主辅指标功能应相互协调匹配,在利用主辅指标时,还应特别注意主辅指标间的本质联系和层次关系。

(三)分析目的不同

单项分析的目的是有针对性地、侧重于找出企业财务状况和经营成果某一方面存在的问题,并提出改进措施;综合分析的目的是要全面评价企业的财务状况和经营成果,并提出具有全局性的改进意见。显然,只有综合分析获得的信息才是最系统、最完整的,单项分析仅仅涉及一个领域或一个方面,往往达不到这样的目的。

 知识链接

企业不同生命周期的财务特征

生理学家把人的生命周期分为三个阶段:生长发育期、成长期和老年期。经济学家也给企业赋予了"生命"的含义,将企业生命周期划分为初生期、成长期、成熟期和衰退期四个阶段。在企业生命周期的各个阶段中,企业呈现出不同的财务特点,具有不同的财务特征。企业在进行综合财务分析时要认真研究企业所处的生命周期阶段的特点,避免在分析时就指标论指标而不考虑企业所处的不同生命周期对指标的影响。

一、企业初生期的财务特征

一般来说,在企业创立阶段,投入大,收入小,发展速度不稳定,失败几率高,经营风险最大,财务结构可能不尽合理。例如,资产负债率较高,自有资产比率较低。长期偿债能力不足,筹资和投资指标不高在这一阶段都是正常现象,因为对处于创业期的企业,基本无企业积累,为扩大企业规模、开发产品、发展业务和开辟市场等,较多地举债经营甚至是必须的,其结果必然导致企业在短期内长期偿债能力不足和筹资及投资指标值不高。

二、企业成长期的财务特征

对于成长期的企业,实力逐步增强,主导产品已研制成功,经营风险有所降低。这一时期,为扩大企业规模、开发新产品、发展业务和开辟市场等,较多的举债经营仍然是必须的,其结果必然导致企业在短期内偿债能力不足,财务结构仍可能不尽合理。此时,企业积累仍然有限,但因企业处于成长期,已经有盈利,故其筹资和投资指标应有所改善。

在公司发展阶段,因公司急于抢占市场,扩大生产能力,投资规模猛增,负债急剧膨胀,财务风险日益增大,且成为威胁企业生存的主要因素。因此,在这一阶段对财务风险的控制成为管理的重中之重。相应地,对企业评价也更加注重揭示企业财务风险类的指标,如资产负债率、流动比率、负债结构和资产结构等。

三、企业成熟期的财务特征

进入成熟期后,公司发展速度变慢,甚至停滞不前,但此时公司市场形象已形成,客户较为固定,盈利能力和现金流入量都较高和稳定,负债总额占资金来源的比重也会相应减少,短期偿债能力和长期偿债能力均较好,财务风险降低。这一阶段,企业整体财务结构已趋向合理,其筹资和投资指标一般表现得非常好,且有较好的盈利能力、资产管理能力、成本费用控制能力和成长能力。

在公司成熟阶段,公司经营的基本目的应是如何长期保持这种稳定的状态,故财务评价更偏重于当前盈利能力与风险水平的协调。此外,由于处于该阶段的公司很可能步入衰退期,因此在分析中还应注意公司机动财力指标。该指标可由现金净流入量来表示,机动财力意味着企业应付变化所具有的潜力。当然,也应注意对企业创新和开拓意识的分析,因为这意味着企业保持稳定发展的能力,这种能力主要依靠产品品种结构变化、销售费用变化和生产成本变化等指标来判断。

四、企业衰退期的财务特征

在衰退阶段,公司生产工艺已呈落后状态,产品逐渐老化,生产萎缩,各种负担沉重,亏损严重,负债增加,财务状况逐步恶化。但此时短期偿债能力和长期偿债能力应该还较好,筹资和投资指标较好,而成长能力不足,这都是正常现象。

在公司衰退阶段,由于公司面临着破产衰亡和重获新生两种前途。因此,在分析中更倾向于判定公司将步入哪种命运。这种判断的主要指标包括产品结构调整能力、研究开发和销售费用的变化状况等。

由于企业在生命周期中的不同阶段有不同的财务特征,因此,对企业的不同阶段也应有不同的分析评价标准。企业应根据所处发展时期的不同,相应地选择财务分析指标,这样更符合企业的实际情况。当企业处于初创阶段时,应该主要采取销售增长率和经营现金流量等财务指标来加以评价。此外,还要充分重视客户满意度和服务质量等非财务指标。当企业处于成长阶段时,应主要采用销售增长率、目标市场收入增长率、投资收益率等财务指标来加以评价。当然,还应该关注创新能力和产品质量等非财务指标。当企业处于成熟阶段时,应主要采用净利润、经营现金流量净额、经营现金流量净额与净利润的比率等财务指标来加以评价,这一阶段至关重要。当企业处于衰退阶段时,应主要采用净利润和经营现金流量等财务指标来加以评价。

资料来源:李志远.财务分析禁忌70例[M].北京:电子工业出版社,2006.

任务二　综合财务分析方法

一、财务比率综合评分法

(一) 财务比率综合评分法概述

财务比率反映了企业财务报表各项目之间的对比关系,以此来揭示企业财务状况。但是,一项财务比率只能反映企业某一方面的财务状况。为了进行综合的财务分析,可以编制财务比率汇总表,这样,将反映企业财务状况的各类财务比率集中在一张表中,能够一目了然地反映出企业各方面的财务状况。并且,在编制财务比率汇总表时,可以考虑把不同时期或不同企业的财务比率进行纵向或横向的比较分析。

企业财务状况的比较分析主要有两种:

(1) 将企业本期的财务报表或财务比率同过去几个会计期间的财务报表或财务比率进行比较,这是纵向比较,可以分析企业的发展趋势。

(2) 将本企业的财务比率与同行业平均财务比率或同行业中先进企业的财务比率相比较,这是横向比较,可以了解到企业在同行业中所处的水平,以便综合评价企业的财务状况。这种方法在企业的综合财务分析中是经常使用的,不过它存在两项缺点:① 它需要企业找到同行业平均财务比率或同行业中先进企业的财务比率等资料作为参考标准,但在实际工作中,这些资料有时可能难以找到;② 这种方法只能定性地描述企业的财务状况,如比同行业平均水平略好、与同行业平均水平相当或略差,而不能用定量的方式来评价企业的财务状况如何。因此,为了克服这两个缺点,可以采用财务比率综合评分法。

(二) 运用财务比率综合评分法应遵循的程序

采用财务比率综合评分法进行企业财务状况的综合分析,一般要遵循的程序如下:

1. 选定评价企业财务状况的财务比率

在选择财务比率时,一要具有全面性,要求反映企业的偿债能力、营运能力和获利能力的三大类财务比率都应当包括在内;二要具有代表性,即要选择能够揭示企业财务状况的重要的财务比率;三要具有变化方向的一致性,即当财务比率增大时,表示财务状况的改善,反之,财务比率减少时,表示财务状况的恶化。

2. 确定各项财务比率的标准评分值

根据各项财务比率的重要程度,确定其标准评分值,即重要性系数。各项财务比率的标准评分值之和应当等于 100 分。各项财务比率评分值的确定是财务比率综合评分法的一个重要问题,它直接影响到对企业财务状况的评分多少。对各项财务比率的重要程度,不同的分析者会有截然不同的态度,但是,一般来说,应根据企业经营活动的性质、企业的生产经营规模、市场形象和分析者的分析目的等因素来确定。

3. 确定各项财务比率的评分值的上限和下限

确定各项财务比率的评分值的上限和下限,也就是最高评分值和最低评分值。这主要是为了避免个别财务比率的异常对总分造成不合理的影响。

4. 确定各项财务比率的标准值

财务比率的标准值是指各项财务比率在本企业现时条件下最理想的数值,亦即最优值。财务比率的标准值,通常可以参照同行业的平均水平,并经过调整后确定。

5. 计算企业在一定时期各项财务比率的实际值

企业经过一定时期的经营,企业的财务状况和经营成果通过会计报表展现出来,这时可以借助会计报表计算企业在一定时期各项财务比率的实际值,目的是为了和各项财务比率的标准值对比。

6. 计算关系比率

关系比率是指各项财务比率实际值与标准值的比率,即关系比率等于财务比率的实际值除以标准值。

7. 计算各项财务比率的实际得分

各项财务比率的实际得分是关系比率与标准值的乘积,每项财务比率的得分都不得超过上限或下限,所有各项财务比率实际得分的合计数就是企业财务状况的综合得分。企业财务状况的综合得分就反映了企业综合财务状况是否良好。如果综合得分等于或接近于 100 分,说明企业的财务状况是良好的,达到了预先确定的标准;如果综合得分低于 100 分很多,就说明企业的财务状况较差,应当采取适当的措施加以改善;如果综合得分超过 100 分很多,就说明企业的财务状况很理想。

二、沃尔比重评分法

沃尔比重评分法是由财务状况综合评价的先驱者之一亚历山大·沃尔提出的。他在 20 世纪初出版的《信用晴雨表研究》和《财务报表比率分析》中提出了信用能力指数的概念,把若干个财务比率用线性关系结合起来,以此评价企业的信用水平。他选择了 7 种财务比率,分别给定了其在总评价中占的比重,总和为 100 分,然后确定标准比率并与实际比率相比较,评出每项指标的得分,最后求出总评分,以此对企业的财务状况做出排队或评价。

沃尔比重评分法采用的 7 个指标分别是流动比率、净资产/负债、资产/固定资产、销售成本/存货、销售额/应收账款、销售额/固定资产和销售额/净资产,分别给予 25%、25%、15%、10%、10%、10% 和 5% 的权重,总和为 100 分。我们用沃尔的方法,对 ABC 公司 2018 年的财务状况进行评分的结果见表 9-3。

表 9-3 ABC 公司 2018 年沃尔评分法分析表

财务比率	比重 1	标准比率 2	实际比率 3	相对比率 4=3÷2	评分 5=1×4
流动比率	25	2	5.3	2.7	66
净资产/负债	25	1.5	4.7	3.1	78
资产/固定资产	15	2.5	4.5	1.8	27
销售成本/存货	10	8	16.7	2.1	21
销售额/应收账款	10	6	16.4	2.7	27
销售额/固定资产	10	4	11	2.8	28
销售额/净资产	5	3	3	1	5
合计	100				252

利用沃尔比重评分法,得出对 ABC 公司 2018 年的财务状况评分的结果是 252 分。按照沃尔评分法的原理,得分越高,企业总体价值就越高,这表明该公司的财务状况是优秀的。

沃尔评分法解决了在分析公司各项财务指标时如何评价其指标的优良差,以及公司整体财务状况在同行业中的地位等问题。但原始意义上的沃尔比重评分法有两个缺陷:一是选择这 7 个比率及给定的比重,在理论上难以证明,缺乏说服力;二是从技术上讲,由于评分是相对比率与比重相"乘"计算出来的,当某一个指标严重异常(过高或过低,甚至是负数)时,会对总评分带来不合逻辑的重大影响。因而,在采用此方法进行财务状况综合分析和评价时,应注意以下几个方面的问题:(1) 同行业的标准值必须准确无误;(2) 标准分值的规定应根据指标的重要程度合理确定;(3) 分析指标应尽可能全面,采用指标越多,分析的结果越接近现实。尽管沃尔比重评分法在理论上还有待证明,在技术上也需要完善,但它在实践中还是具有较为广泛的应用价值。

三、杜邦分析法

(一) 杜邦分析法的含义及分析步骤

利用财务比率综合评分法,虽然可以了解企业各方面的财务状况,但是不能反映企业各方面财务状况之间的关系,无法揭示企业各种财务比率之间的相互关系。实际上,企业的财务状况是一个完整的系统,内部各因素是相互依存、相互作用的,任何一个因素的变动都会引起企业整体财务状况的改变。财务分析者必须深入了解企业财务状况内部的各项因素及其相互关系,才能较全面地揭示企业财务状况的全貌。

杜邦分析法,又称杜邦分析体系,是利用各主要财务比率之间的内在联系来综合分析企业财务状况的方法。杜邦分析法,是由美国杜邦公司于 1910 年首先采用的。这种方法主要是利用一些基本财务比率指标之间的内在数量关系,建立一套系列相关的财务指标的综合模型,从投资者对企业要求的最终目标出发,经过层层指标分解,从而能系统地分析了解影响企业最终财务目标实现的各项因素的影响作用。

杜邦分析体系的内容可用杜邦分析图来表示,如图 9-1 所示。

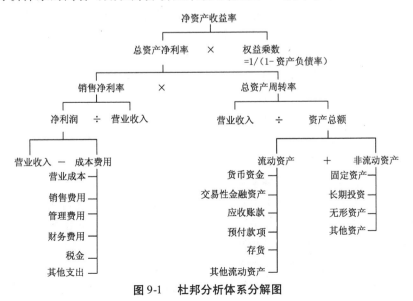

图 9-1 杜邦分析体系分解图

杜邦分析体系主要反映了以下几种主要的财务比率关系：

（1）净资产收益率与总资产净利率及权益乘数之间的关系。

净资产收益率 = 总资产净利率 × 权益乘数

权益乘数 = 平均总资产 ÷ 平均净资产 = 1 ÷（1 – 资产负债率）。

（2）总资产净利率与销售净利率及总资产周转率之间的关系。

总资产净利率 = 销售净利率 × 总资产周转率

销售净利率 = 净利润 ÷ 营业收入

总资产周转率 = 营业收入 ÷ 平均资产总额

杜邦分析体系在揭示上述几种关系之后，再将净利润、总资产进行层层分解，这样就可以全面、系统地揭示出企业的财务状况以及财务系统内部各个因素之间的相互关系。

杜邦分析图提供了下列主要财务指标关系的信息：

（1）净资产收益率是一个综合性最强的财务比率，是杜邦分析体系的核心。它反映所有者投入资本的获利能力，同时反映企业筹资、投资、资产运营等活动的效率，它的高低取决于总资产利润率和权益总资产率的水平。决定净资产收益率高低的因素有三个方面：权益乘数、销售净利率和总资产周转率。权益乘数、销售净利率和总资产周转率三个比率分别反映了企业的负债比率、盈利能力比率和资产管理比率。

（2）权益乘数主要受资产负债率影响。负债比率越大，权益乘数越高，说明企业较高的负债程度能给企业带来较多的杠杆利益，同时也会给企业带来较多的风险。总资产净利率是一个综合性的指标，同时受到销售净利率和总资产周转率的影响。

（3）总资产净利率说明企业资产利用的效果。影响总资产净利率的因素有产品价格、单位成本、产量和销量、资金占用量，可以利用它来分析经营中存在的问题，提高销售利润率，加速资金周转。

（4）销售净利率反映了企业利润净额与销售收入的关系。从这个意义上看，提高销售净利率是提高企业盈利能力的关键所在。要想提高销售净利率：一是要扩大销售收入；二是要降低成本费用。而降低各项成本费用开支是企业财务管理的一项重要内容。通过各项成本费用开支的列示，有利于企业进行成本费用的结构分析，加强成本控制，以便为寻求降低成本费用的途径提供依据。该指标可以进一步分解为销售毛利率、销售税金率、销售成本率、销售期间费用率等因素指标。

（5）总资产周转率反映资产总额的周转速度。资产总额周转越快，反映企业销售能力越强。该指标可以进一步分解为长期资产周转率、流动资产周转率、应收账款周转率等因素指标。

综上所述，杜邦分析法以净资产收益率为主线，将企业在某一时期的销售成果以及资产营运状况全面联系在一起，层层分解，逐步深入，构成一个完整的分析体系。它能较好地帮助管理者发现企业财务和经营管理中存在的问题，能够为改善企业经营管理提供十分有价值的信息，因而得到普遍的认同并在实际工作中得到广泛的应用。

但是，杜邦分析法毕竟只是财务分析方法的一种，作为一种综合分析方法，并不排斥其他财务分析方法。相反，与其他分析方法结合，它不仅可以弥补自身的缺陷和不足，而且也弥补了其他方法的缺点，使得分析结果更完整、更科学。比如，以杜邦分析为基础，结合专项分析，可进行一些后续分析以便对有关问题做更深更细致的分析了解；也可结合比较分析法和趋势分析法，将不同时期的杜邦分析结果进行趋势化对比，从而形成动态分析，找出财务变化的规律,为预测、决策提供依据;或者与一些企业财务风险分析方法结合,进行必要的风险分析,为管理者提供决策依据。

另外,从杜邦分析图可以看出,净资产收益率和企业销售规模、成本水平、资产营运、资本结构有着密切的联系,这些因素构成一个相互依存的系统,只有把系统内这些因素的关系协调好,才能使净资产收益率达到最大值。

(二)杜邦分析法应用实例

现以ABC公司2017年和2018年的杜邦分析图为例进行分析(见图9-2、图9-3)。

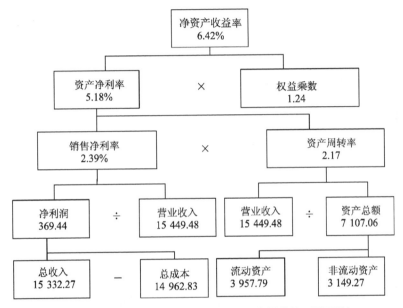

图9-2 2017年ABC公司杜邦分析图(金额单位:百万元)

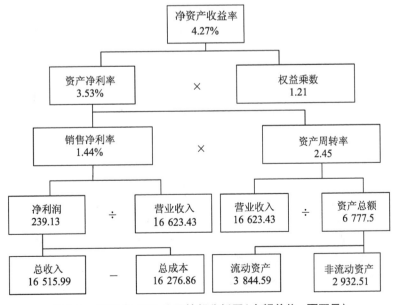

图9-3 2018年ABC公司杜邦分析图(金额单位:百万元)

从 ABC 公司 2017 年和 2018 年杜邦分析图可以看出,ABC 公司净资产收益率 2018 年为 4.27%,2017 年为 6.42%,2018 年比 2017 年低 2.15 个百分点。主要原因是:

(1) ABC 公司 2018 年资产净利率和权益乘数都比 2017 年低,而资产净利率的下降速度快于权益乘数的下降速度,说明 ABC 公司 2018 年净利润的下降是其净资产收益率下降的主要原因。

(2) ABC 公司 2017 年销售净利率比 2018 年高,根本原因是 2017 年的净利润比 2018 年多 130.31 百万元,而销售收入方面 2017 年却比 2018 年少 1 173.95 百万元。

杜邦分析体系是一种分解财务比率的方法,而不是另外建立新的财务分析指标,它主要用于各种财务比率的分解。前面的例子,就是通过对资产净利率的分解来诊断企业存在的问题。总之,杜邦分析体系和其他财务分析方法一样,关键不在于指标的计算而在于对指标的理解和运用。

改进沃尔比重评分法之探讨

由于沃尔比重评分法将彼此孤立的偿债能力和营运能力指标进行了组合,做出了较为系统的评价,因此对评价企业财务状况具有一定的积极意义。但是,由于现代企业与沃尔时代的企业相比,已发生了根本的变化,无论是指标体系的构成内容,还是指标的计算方法和评分标准,都有必要进行改进和完善。

一、改进指标构成内容,完善评分指标体系

沃尔比重评分法所选用的七项指标,可分为两大类,即偿债能力(包括流动比率和负债资本比率)和营运能力(包括固定资产比率、存货周转率、应收账款周转率、固定资产周转率和主权资本周转率),显然已远远不能适应评价现代企业财务状况的需要了。虽然财政部于 1995 年颁布了一套经济效益评价指标体系,包括获利能力指标、偿债能力指标、营运能力指标和社会贡献指标四大类共十项指标,但仍然无法全面、客观评价一个企业的财务状况,其指标设置和计算方法均存在较大缺陷。

一个科学、合理的财务评价指标体系,除上述获利能力指标、偿债能力指标和营运能力指标以外,成长能力指标也是评价一个企业财务状况优劣的重要指标,尤其是在市场竞争日趋激烈的现代社会,更是如此。相反,社会贡献指标可不必纳入财务状况评价指标体系,因为,无论是投资者,还是债权人,关心的并非社会贡献能力,而只有政府在评价企业经济效益时,对此比较重视。因此,整个指标体系应由获利能力、偿债能力、营运能力和成长能力四个方面组成。

1. 获利能力指标

获利能力指标应包括净资产收益率、资产报酬率、销售收益率和净利润现金含量四项,如果是股份制企业,则还应包括每股净收益。销售收益率、资产报酬率、净资产收益率和每股净收益均是从数量上反映企业的获利能力。净利润现金含量(经营活动现金净流量/净利润)则是从质量上评价企业的获利能力,它反映了当期实现的净利润中有多少是有现金保证的。

2. 偿债能力指标

偿债能力指标应包括流动比率、负债资本比率和经营净现金比率三项。流动比率是评价企业短期偿债能力的常用指标;负债资本比率(净资产/负债总额)是现行产权比率的倒数,是评价企业长期偿债能力的重要指标;经营净现金比率(经营活动现金净流量/负债总额)是衡量企业承担全部债务的能力。

3. 营运能力指标

营运能力指标应包括资产周转率、应收账款周转率和存货周转率,取消原沃尔比重分析法中的固定资产周转率和净资产周转率。

4. 成长能力指标

成长能力指标应包括销售增长率、人均净利增长率和资本保值增值率,其中资本保值增值指标在财政部1995年颁布的经济效益指标体系中是被列入获利能力指标范围的,但根据该指标本身的特点,列入成长能力更为合适。

二、改进指标计算方法和评分标准,完善评分方法

上述指标体系中各指标的计算方法,虽然有些在财政部1995年颁布的经济效益指标体系中已有规定,其他一些指标目前也有一些通行的计算方法,但其中有相当一部分指标的计算方法是值得商榷和探讨的,主要有净资产收益率、销售收益率和资本保值增值率。

1. 净资产收益率

净资产收益率是反映企业获利能力的综合性指标,其一般的计算公式为:

净资产收益率 = 净利润/[(期初净资产 + 期末净资产)/2]

这一计算方法没有考虑到利润分配对期末净资产的影响。因为,企业在利润分配中,在向投资者分配利润时,如采取股票股利的形式分配,则净资产不受影响,而采取现金股利的形式分配,则将转为应付利润,从而减少期末净资产,最终影响净资产收益率。这样,同一企业,如果利润分配方案不同,就会产生不同的净资产收益率。因此,净资产收益率可改为:

净资产收益率 = 净利润/[(期初净资产 + 利润分配前的期末净资产)/2]

2. 销售收益率

销售收益率是企业净利润(净收益)与销售收入净额的比率。

原沃尔比重评分法中没有该指标。财政部颁布的指标中称作销售利润率,其计算公式为:

销售利润率 = 利润总额/销售收入净额

很显然,这一指标并不能反映企业最终的获利能力。因为利润总额包含了所得税,虽然所得税也是企业新创造价值的一部分,但它是流向国家的,并不能反映投资者和债权人所关心的获利水平。因此,宜采用销售收益率指标,其计算公式为:

销售收益率 = 净利润/销售收入净额

3. 资本保值增值率

资本保值增值率是考核经营者对投资者投入资本的保值和增值能力的指标,目前一般的计算公式为:

资本保值增值率 = 期末所有者权益总额/期初所有者权益总额

该指标值等于100%,说明资本保值;大于100%,则说明资本增值。但是,这样的计算方法显然无法真实地反映企业资本保值增值情况。因为,一方面资本保值必须是经营者运用存量资产进行各项经营活动而产生的期末净资产大于期初净资产的差异。但如果在经营

期间发生追加投资、接受捐赠、资本（股本）溢价和法定财产重估升值等客观原因导致的净资产增加，是不能视为资本增值的，而按以上公式计算，则属于资本增值的内容，甚至在企业出现严重亏损时，其结果也能大于100%。另一方面，期初和期末的所有者权益是在两个不同时点上，按照货币时间价值和通货膨胀原理，是不能直接对比的，缺乏可比性，必须在考虑时间价值和通货膨胀的基础上进行对比，方能取得真实、可靠的信息，从而对企业财务状况做出正确的评价。

除指标体系的构成和指标的计算方法以外，各指标的"标准评分"和"标准比率"的确定必须在实践中不断积累和不断修正，才能取得较为理想的标准评分和标准比率。根据我国企业的实际情况，目前四类指标的标准评分可按45、25、15、15分配，各项具体指标的标准评分如表9-4所示。

表9-4 某公司财务状况综合评分

指　标	标准评分	标准比率	实际比率	比率差异	行业最高比率	最高评分	最低评分	每分比率	调整分	综合评分
	1	2	3	4=3-2	5	6	7	8=(5-2)/(6-1)	9=4/8	10=1+9
一、盈利能力										
净资产收益率	15	12	10	-2	20	22.5	7.5	1.07	-1.88	13.12
资产报酬率	10	8	7	-1	15	15	5	1.4	-0.71	9.29
销售收益率	10	6	5	-1	15	15	5	1.8	-0.56	9.44
净利润现金含量	5	150	140	-10	200	7.5	2.5	20	-0.50	4.50
每股净收益（元）	5	0.3	0.25	-0.05	0.6	7.5	2.5	0.12	-0.42	4.58
二、偿债能力										
流动比率	10	200	210	+10	300	15	5	20	+0.50	10.50
负债资本比率	10	150	130	-20	200	15	5	10	-2	8.00
经营净现金比率	5	70	75	+5	100	7.5	2.5	12	+0.42	5.42
三、营运能力										
资产周转率	5	250	240	-10	450	7.5	2.5	80	-0.13	4.87
应收账款周转率	5	600	900	+300	1 200	7.5	2.5	240	+1.25	6.25
存货周转率	5	800	1 000	+200	1 300	7.5	2.5	200	+1.00	6.00
四、成长能力										
销售增长率	5	20	15	-5	40	7.5	2.5	8	-0.63	4.37
人均净利增长率	5	10	8	-2	25	7.5	2.5	6	-0.33	4.67
资本保值增值率	5	10	6	-4	25	7.5	2.5	6	-0.67	4.33
合计	100					150	50			95.34

需要注意的是，标准比率的确定，一般以行业平均数为基础，再进行适当的理论修正。在对每项指标进行评分时，必须规定上限和下限，以减少个别指标的异常变动对总分造成不合理的影响，通常上限定为正常评分值的1.5倍，下限定为正常评分值的1/2。同时，计算

得分时不宜采用"乘"的方法,而应采用"加"或"减"的方法,以避免沃尔比重评分法中因相"乘"而产生的不合逻辑的影响。表 9-4 即为改进后的沃尔比重评分法对某公司财务状况所做的综合评分。

任务三　财务分析报告的撰写

一、财务分析报告的性质和作用

(一)财务分析报告的性质

财务分析报告是反映企业财务状况和财务成果意见的报告性书面文件。撰写财务分析报告是对财务分析工作的概括和总结的重要环节。财务分析人员将财务分析评价结果向会计报表的使用者报告,以便他们通过财务分析报告了解企业的财务状况、经营成果、发展前景以及存在的障碍,从而做出科学、合理的决策;同时,财务分析报告也是财务分析人员分析工作的最终成果,其撰写质量的高低,直接反映出报表分析人员的业务能力和素质。可见,财务分析报告是会计报表使用者做出决策的依据,也是财务分析人员工作能力的最好体现。

(二)财务分析报告的作用

财务分析报告是投资者、债权人、经营者、政府有关部门及其他会计报表使用者客观地了解企业的财务状况和经营成果的必不可少的资料,历年的财务分析报告也是企业进行财务管理的动态分析、科学预测和决策的依据。因此,财务分析报告对于各类会计报表使用者而言,都具有十分重要的作用。财务分析报告的重要作用表现在以下几个方面:

(1)有利于掌握和评价企业的财务状况、经营成果和现金流量现状。
(2)有利于制定出符合客观经济规律的财务预算。
(3)有利于改善企业经营管理工作,提高财务管理水平。

二、财务分析报告的类型及特点

了解财务分析报告的分类有助于掌握各类分析报告的特点,按不同的要求撰写财务分析报告。财务分析报告可按不同的标准进行分类。

(一)财务分析报告按其分析的内容范围分类

财务分析报告按其分析的内容范围分类,可分为综合分析报告、专题分析报告和简要分析报告三种。

1. 综合分析报告

综合分析报告又称全面分析报告,是企业通过资产负债表、利润表、现金流量表、会计报表附表、会计报表附注及财务情况说明书、财务和经济活动所提供的信息及内在联系,运用一定的科学分析方法,对企业的业务经营情况,利润实现和分配情况,资金增减变动和周转利用情况,税金缴纳情况,存货、固定资产等主要财产的盘盈、盘亏、毁损变动情况及对本期或以后时期财务状况将发生重大影响的事项等做出客观、全面、系统的分析和评价,并进行必要的科学预测和决策而形成的书面报告。一般进行年度或半年度分析时采用这种类型。

综合分析报告具有内容丰富、涉及面广、对会计报表使用者做出各项决策有深远影响等特点。它具有以下两个方面的作用：

（1）为当前企业财务管理及宏观上的重大财务决策提供科学依据。由于综合分析报告几乎涵盖了对企业财务各项指标的对比、分析和评价，能够对企业经营成果和财务状况一目了然，及时发现存在的问题。因此，综合分析报告为企业的经营管理者做出当前和今后的财务决策提供了科学依据，也为政府部门、企业主管部门、投资者、债权人提供了多方面的财务信息。

（2）作为今后进行财务管理动态分析等的重要历史参考资料。综合分析报告主要在进行半年度、年度分析时撰写，必须对分析的各项具体内容的轻重缓急做出合理安排，既要全面又要抓住重点，还要结合上级主管部门和财税部门的具体要求进行，切忌力量均等、事无巨细、面面俱到。

2. 专题分析报告

专题分析报告又称单项分析报告，是指针对某一时期企业经营管理中的某些关键问题、重大经济措施或薄弱环节等进行专门分析后形成的书面报告。它具有不受时间限制、一事一议、易被经营管理者接受、收效快的特点。因此，专题分析报告能总结经验，引起领导和业务部门重视所分析的问题，从而提高管理水平。专题分析报告有助于宏观、微观财务管理问题的进一步研究，为做出更高层次的财务管理决策开辟有价值的思路。

专题分析的内容很多，如关于企业清理积压库存、处理逾期应收账款的经验，对资金、成本、费用、利润等方面的预测分析，处理母子公司各方面的关系等问题均可进行专题分析，从而为各级领导做出决策提供现实的依据。

3. 简要分析报告

简要分析报告是对主要经济指标在一定时期内，对存在的问题或比较突出的问题，进行概要的分析，进而对企业财务活动的发展趋势以及经营管理的改善情况进行判断而形成的书面报告。

简要分析报告具有简明扼要、切中要害的特点。通过分析，能反映、说明企业在分析期内业务经营的基本情况，以及企业累计完成各项经济指标的情况并预测今后发展趋势。简要分析报告主要适用于定期分析，可按月、按季进行编制。

（二）财务分析报告按其分析的时间分类

财务分析报告按其分析的时间，可分为定期分析报告与不定期分析报告两种。

1. 定期分析报告

定期分析报告一般是由上级主管部门或企业内部规定的每隔一段相等的时间应予编制和上报的财务分析报告。如每半年、年末编制的综合财务分析报告就属于定期分析报告。

2. 不定期分析报告

不定期分析报告是从企业财务管理和业务经营的实际需要出发，不做时间规定而编制的财务分析报告。如上述的专题分析报告就属于不定期分析报告。

三、财务分析报告的撰写

一般而言，企业应按半年、全年财务决策的要求各撰写一次综合分析报告。简要分析报告和专题分析报告可根据需要随时撰写。在撰写财务分析报告时需重视以下几个方面的问题。

（一）财务分析报告撰写步骤

1. 撰写前的准备工作

（1）搜集资料阶段。分析人员可以在日常工作中，根据财务分析内容要点，经常搜集积累有关资料。这些资料既包括间接的书面资料，又包括从直属企业取得的第一手资料。财务分析人员应搜集的资料具体包括：① 各类财务资料；② 各类业务资料；③ 各类报纸、杂志公布的行业资料；④ 其他资料。

（2）整理核实资料阶段。各类资料搜集齐全后，要加以整理核实，保证其合法性、正确性和真实性，同时根据所规划的财务分析报告内容进行分类。整理核实资料是财务分析工作中的中间环节，起着承上启下的作用。在这一阶段，分析人员应根据分析的内容要点做些摘记，合理分类，以便查找和使用。

应该指出，搜集资料和整理核实资料不是截然分离的两个阶段，一般可以边搜集边核实整理，相互交叉进行。但切忌临近撰写分析报告才搜集资料，应把这项任务贯穿在日常工作中进行，这样才能搜集到内容丰富、涉及面广、有参考价值的资料，在进行分析时就会胸有成竹，忙而不乱。

2. 财务分析报告的选题

由于财务分析报告的形式多种多样，因此报告的选题没有统一的标准和模式，一般可以根据报告所针对的主要内容和提供的核心信息确定报告的选题，如"某季度财务分析""负债情况分析""税法变更对企业效益的影响分析"等都是比较合适的选题。报告的选题应能准确地反映出报告的主题思想。报告的选题一旦确定，就可紧紧围绕选题搜集资料、整理资料并编制财务分析报告。

3. 财务分析报告的起草

资料整理完毕，选题确定后，就可以进入财务分析报告的撰写阶段，而财务分析报告撰写的首要工作就是报告的起草。财务分析人员需要具备较强的综合素质，才能胜任编制财务分析报告这一重要工作。

报告的起草应围绕报告的选题并按报告的结构进行，特别是专题分析报告，应将问题分析透彻，真正地分析问题、解决问题。对综合分析报告的起草，最好先拟写报告的提纲，提纲必须能反映综合分析报告的主要内容，然后只需在提纲框架的基础上，依据所搜集、整理的资料选择恰当的分析方法，起草综合分析报告。

4. 财务分析报告的修订

财务分析报告形成初稿后，可交由财务分析报告的直接使用者审阅，并征求使用者的意见和建议，充实补充新的内容，使之更加完善，最后由直接使用者审定即可定稿。

（二）财务分析报告的结构

综合财务分析报告的结构大致如下：

1. 标题

标题应简明扼要，准确反映报告的主题思想。标题是对财务分析报告的最精炼的概括，它不仅要确切地体现分析报告的主题思想，而且要用语简洁、醒目。由于财务分析报告的内容不同，其标题也就没有统一标准和固定模式，应根据具体的分析内容而定。如"某月份简要会计报表分析报告""某年度综合财务分析报告""资产使用效率分析报告"等都是较合适的标题。财务分析报告一旦拟定了标题，就应围绕它利用所搜集的资料进行分析并撰写报告。

2. 报告目录

报告目录应当显示财务分析报告所分析的内容以及所在的页码。

3. 重要提示

重要提示主要是针对本期报告新增的内容或须加以重点关注的问题事先做出说明。

4. 报告摘要

报告摘要是概括公司综合情况,让财务报告使用者对财务分析报告有一个总括的认识,是对本期财务分析报告内容的高度浓缩,要求言简意赅、点到即止。

5. 正文

正文是财务分析报告的最主要部分,全面、细致地反映出所要分析的内容。正文具体包括:说明段、分析段、评价段以及具体改进措施和建议。

总之,财务分析人员应明确财务分析报告的作用,掌握不同类型报告的特点,重视撰写报告的几个问题,不断提高自己的综合业务水平,做好财务分析工作,这样才能当好企业经营管理者的参谋和助手。

四、财务分析报告的编写要求

财务分析是以企业财务报告等会计资料为基础,对企业的财务状况和经营成果进行分析和评价的一种方法。财务分析的作用从最初评价借款人的偿债能力发展到现在已经有了充分的发展。它既可以正确评价企业的过去,也可以全面反映企业的现状,还可以通过对过去与现状的分析评价来估计企业的未来发展状况与趋势。这些作用不仅有利于企业内部生产经营管理,也有利于企业外部债权人做出正确的贷款决策、赊销决策以及投资者做出正确的投资决策等。而这一作用是否能够得到充分发挥还有赖于财务分析及其最终的载体,即财务分析报告质量的高低。为了最终得到一份高质量的财务分析报告,在财务分析及其分析报告编制过程中应注意以下几个问题。

(一)财务分析报告应满足不同报告使用者的需要

在实际工作中,因为财务分析报告的使用者有各自不同的要求,因此使得分析的内容也应有一定的区别。例如,企业外部投资者所做出的投资分析报告要提供与其有关企业能否投资方面的分析资料,而企业内部经营者却想得到企业整体经营状况的分析结论。所以,要做好分析工作,应首先明确分析的目的,这样才能抓住重点,集中分析与分析目的直接相关的信息,从而提高分析效率,避免不必要的成本浪费。具体工作中,要注意与分析报告使用者的沟通,了解他们最想得到的信息是什么,针对这些信息提出分析应解决的主要问题,如投资分析报告应解决投资项目的可行性、未来的盈利能力等问题,而贷款分析报告则应将重点放在企业的还款能力以及贷款的使用效率等方面。确定了分析的内容以后,还要确定分析的范围并根据分析的范围和分析报告使用者的不同,确定分析报告的详略程度以及专业化程度。若分析范围仅限于一个车间、部门或小厂,则分析应尽量详细而具体;若分析范围扩大到一个集团公司,分析的内容就可以稍微总括一些。同样,若分析报告使用者本身是专业人士,分析报告自然也应该专业一些;而若分析报告使用者是非专业人士,则分析报告的文字就应尽量简明、通俗。如上市公司的财务分析报告,由于使用者是广大投资者,其中有许多投资者对财务了解本身就不多,太专业会降低其对分析报告的理解程度,甚至会出现误导投资者的现象。

（二）财务分析报告必须具备真实性

真实性是财务分析报告质量好坏的重要评价标准。很难想象，一份虚假、失真的分析报告会导致什么样的分析结论，又会给予报告使用者什么样的决策指导。要完成一份真实可靠的分析报告，得出正确的分析结论，与有效的分析密不可分。这不仅要求在分析资料的搜集过程中应保证分析资料的真实，也要求在具体分析时选择科学而高效的分析技术和方法。

要保证分析资料的真实可靠，应先注意资料来源的权威、合法性，并且尽可能通过实际考证确保资料的真实。如对企业财务数据资料的分析应关注审计师出具的审计报告，这对于企业报表的真实性、合理性有重要说明作用。较常用的信息资料来源有政府机关（包括国家财政部、商务部等）公布的数据、各行业协会公布的信息、一些专业的商业职业组织（如投资咨询公司、资信评级公司等）公布的各类数据以及一些专业计算机数据库的各类信息等。另外，还要注意尽可能全面搜集分析所需要的所有资料，以避免"偏听偏信"。由于财务分析的基本资料是企业各财务报表，因此在具体分析过程中，应先进行会计分析，即从会计数据表面揭示其实际含义。分析中不仅包括对各会计报表及相关会计科目内涵的分析，而且包括对会计原则与政策变更的分析、会计方法选择与变动的分析、会计质量及变动的分析，等等。实质上，会计分析是为了明确会计信息的内涵和质量，毕竟会计数据本身由于会计货币计量假设以及会计职业判断等原因有着一定的局限性。要正确分析一家企业必须要通过会计分析还原企业业务，同时还要求分析人员熟悉企业的业务，深刻领会数据背后的业务背景，从而能够揭示业务中存在的问题，据此判断经济业务发生的合理性、合规性，由此写出来的分析报告也就能真正为业务部门提供有用的决策信息。

传统的财务分析更注重定量分析方法，即借助于数学模型，从数量上测算、比较和确定企业各项财务指标变动的数额，以及各财务指标变动的影响原因和各因素的影响大小。该方法既运用于事前预测分析，又运用于事中控制分析，还运用于事后总结分析。具体的定量分析方法主要有比较分析法、比率分析法、因素分析法、损益平衡分析法、线性规划分析法、回归分析法、指数分析法、净现值分析法、现金流量分析法等。定量分析是财务分析的基础和重要步骤。这种分析方法有它的科学性，但同时也有其局限性。特别是在预测分析中，基本上都是假设历史条件或过去资料的数学模型在今后继续存在为前提的。因此，预测分析的值基本上是近似值，有指导性的作用，但也有一定误差。预测的结果只有在起决定作用的各种条件未来不发生变化的情况下才是可靠的。显然，这是不可能的。因为自然条件的变化、生产技术的发展、社会消费习惯和方式的改变、市场情况的变化，以及国际国内政治、经济形势和企业内部职工和管理人员的素质等的变化，都会影响未来的经济活动。而定性分析则是指对企业各项财务指标变动的合法性、合理性、可行性、有效性进行科学的论证和说明。这一步骤就是对定量分析的结果，根据国家有关财务制度、法规和政策进行相互联系的研究，考虑各种不可计量的因素加以综合论证，并对定量分析结果进行切合实际的修正。如在评价企业综合绩效时，除了计算反映企业盈利能力、营运能力等一系列财务比率外，还应加上对于经营者基本素质、产品市场占有能力、顾客满意度、在岗职工素质等定性方面的评议指标。而银行在对贷款企业进行贷款分析时，除了考虑其还款能力、盈利能力外，还需考虑借款企业对于还款的态度、以前贷款的归还情况等。常用的定性分析方法有经验判断法、会议分析法、专家分析法和类比分析法等。

（三）财务分析报告必须明晰

财务分析报告要求内容应条理清晰、表述顺畅、没有语法错误，不易使人误解。这就要求报告的行文要尽可能流畅、通顺、简明、精练，避免口语化、冗长化。基于这一原则，要完成一份高质量的财务分析报告，必须有一个清晰的思路，建立一个好的框架。报告是分析者与使用者交流的载体，若分析者的思路不清，分析报告条理混乱，必然也会使使用者不知分析者所云，难以做出正确的决策。在分析的第一个步骤中，分析者已经通过分析目的的确立，明确了要解决的具体问题，现在就要按照解决这些问题的先后顺序设立好分析的框架结构，最有利于说明问题、解决问题的分析当然应排在最前面，然后按重要性依次进行分析。如投资分析报告，首先应分析投资的盈利能力，然后分析投资的风险大小。若分析贷款的可行性，则应先分析贷款企业短期偿债能力，然后预计该企业未来可利用和处置的现金，这就需对企业的获利能力进行分析。

在具体分析时，财务分析报告的框架可以按如下内容和顺序安排：报告目录—重要提示—报告摘要—具体分析—问题重点综述及相应的改进措施。其中，"报告目录"告诉报告使用者本报告所分析的内容及所在页码；"重要提示"主要是针对本报告须加以关注的问题事先做出说明，旨在引起报告使用者的高度重视；"报告摘要"是对本报告内容的高度浓缩，一定要言简意赅，点到为止。无论是"重要提示"还是"报告摘要"，都应在其后标明具体分析所在的页码，以便报告使用者及时查阅相应的分析内容。以上三部分非常必要，其目的是让报告使用者在最短的时间内获得对报告的整体性认识以及报告中将告知的重大事项。"问题重点综述及相应的改进措施"主要是对报告"具体分析"部分中揭示出的重点问题进行集中阐述，旨在将零散的分析集中化，再一次给报告使用者留下深刻印象。

"具体分析"部分，是报告分析的核心内容。"具体分析"部分的写作如何，决定了报告的分析质量和档次。要想使这一部分写得很精彩，首要的是要有一个好的分析思路。如分析一家跨国公司的经营情况，该公司在世界各地分别有多家分公司。财务报告的分析思路是：公司总体指标分析—总公司情况分析—各分公司情况分析；在每一部分里，采用对最近几年经营情况进行比较分析，具体分析时，按盈利能力分析—销售情况分析—成本费用控制情况分析展开。如此层层分解，环环相扣，各部分间及每部分内部都存在着紧密的联系。

（四）财务分析报告必须体现出重要性原则

财务分析报告要求在编制过程中，要根据其重要性大小做到详略得当。如上所述，对于重要的、对决策有着重要影响的内容不仅要详细地反映，而且要放在报告前面。对于可作为决策参考的不太重要的内容则放在报告后面做较为简略的反映。在具体确定重要分析内容时可采用交集原则揭示异常情况。例如，某公司下属有十个销售分公司，为分析这十个分公司的销售情况，可选择一个反映销售情况的指标，如销售收入额，然后分别计算最近几个月各分公司的销售收入增长额和增长率，选取增长额和增长率都较高的分公司或都较低的分公司作为主要分析对象，并进行重点分析。头脑中有重要性原则的意识，分析人员就会始终"抓重点问题、主要问题"。

（五）财务分析报告必须及时提供给使用者

由于财务分析报告是用于评价企业经营状况、作为相关决策依据的重要信息来源，而影响企业经营的内外部经济环境都在不断变化，企业面对的是复杂多变的市场，在这个大市场里，任何宏观经济环境的变化或行业竞争对手政策的改变都会或多或少地影响着企业的竞争力甚至决定着企业的命运,所以报告的时限性非常强。在分析中应尽可能地立足当前,瞄准未来,以便分析报告发挥预测的作用。

另外,在编制财务分析报告的过程中,还应遵守成本效益原则,要在本着圆满完成分析任务的前提下,尽量利用较为便利的分析手段简化工作。对于一些基于会计报表所进行的较为繁杂的定量分析可以利用电脑进行,财务软件中大多有财务分析这一模块。利用财务软件,以企业不同时期、不同单位报表数据为依据,从经营业绩、成本、资产结构合理性、偿债能力、盈利能力、发展潜力、管理水平、现金流量、经营健康状况、经营风险大小等多方面,对企业经营和财务状况进行分析诊断,从而能够得出财务分析和经营诊断报告,满足不同客户的需求。但这一技术也有其自身的局限性,它不仅不能提供所有必需的信息(如缺少企业会计政策和原则方面的信息、缺少附注和其他解释性的信息、缺少对数据的追溯性调整等),不能帮助调整会计数字使它们具有可比性或满足分析的特定需要,而且不具备一名合格的和有洞察力的财务分析师所必备的直觉判断和敏锐洞察力。因此,尽管财务软件分析可以提高分析效率,但不能完全取代人工分析。

综上所述,要完成一份高质量的财务分析报告不仅需要明确分析目的,搜集真实可靠且全面的信息,掌握较高的财务分析基本技术和方法,还得掌握分析报告的一些写作技巧,合理安排分析报告的框架结构,清晰地反映分析的思路和结论。本着上述几大原则进行报告的编制,应该能够达到分析的目的,满足报告使用者的需求了。

项目九 小 结

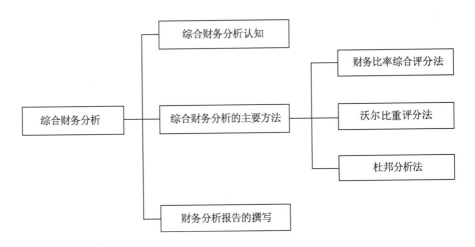

 思考与练习

一、单项选择题

1. 资产负债表日后事项是指( )。
   A. 资产负债表日至财务报告批准报出日之间发生的有利事项
   B. 资产负债表日至财务报告批准报出日之间发生的不利事项

C. 资产负债表日至财务报告批准报出日之间发生的有利或不利事项
D. 资产负债表日至财务报告报出日之间发生的有利或不利事项

2. 下列属于资产负债表日后事项的非调整事项的是( )。
   A. 资产负债表日后诉讼案件结案
   B. 已证实的资产发生了减值
   C. 资产负债表日后发生巨额亏损
   D. 进一步确定的资产负债表日前购入

3. 下列涉及企业预计负债的事项是( )。
   A. 应交税费   B. 应付薪酬
   C. 应付票据   D. 产品质量担保债务

4. 下列属于会计政策变更的有( )。
   A. 会计政策变更能提供更可靠、相关的会计信息
   B. 本期发生的交易与以前相比具有本质差别而采取新的会计政策
   C. 对初次发生的交易或事项采用新的会计政策
   D. 对不重要的交易或事项采用新的会计政策

5. 会计估计变更采用的会计处理方法有( )。
   A. 历史成本法   B. 公允价值法
   C. 追溯调整法   D. 未来适用法

6. 下列属于会计政策变更的项目是( )。
   A. 本年度起新租赁设备改为融资租赁
   B. 本企业新增的建造合同业务采用完工百分比法
   C. 存货发出的计价方法由后进先出法改为加权平均法
   D. 固定资产的净残值率由5%提高到8%

7. 应收账款坏账准备率由5%改为10%，这一变更属于( )。
   A. 会计政策变更   B. 会计估计变更
   C. 一般会计差错   D. 重大会计差错

8. 固定资产的预计使用寿命和净残值发生变更，这一变更属于( )。
   A. 会计政策变更   B. 会计估计变更
   C. 一般会计差错   D. 重大会计差错

9. 企业的注册会计师的聘请方是( )。
   A. 股东   B. 政府   C. 债权人   D. 事务所

10. 审计报告的主要作用是( )。
    A. 制约   B. 评价   C. 鉴证   D. 控制

11. 融资租赁和经营租赁的重要区别在于( )。
    A. 租赁费用是否需要支付利息
    B. 与租赁资产相关的风险是否完全转移
    C. 与租赁资产相关的风险和报酬是否完全转移
    D. 与租赁资产相关的报酬是否完全转移

12. 杜邦分析体系的源头和核心指标是(　　)。
    A. 净资产收益率 B. 资产净利率
    C. 权益乘数 D. 总资产收益率
13. 沃尔比重评分法中,最常见的财务比率标准值是(　　)。
    A. 企业的历史水平 B. 竞争对手的水平
    C. 国外先进企业的水平 D. 同行业的平均水平

二、企业财务综合分析实例

FT 汽车公司杜邦分析体系

FT 公司是一家生产汽车的公司,表 9-5 是公司 2017 年、2018 年的有关财务数据,该公司 2017 年至 2018 年财务比率见表 9-6。

表 9-5　FT 公司有关财务数据　　　　　　　　　　　　单位:万元

年　度	净利润	销售收入	资产总额	负债总额	全部成本
2017	10 284.04	411 224.01	306 222.94	205 677.07	403 967.43
2018	12 653.92	757 613.81	330 580.21	215 659.54	737 045.24

表 9-6　FT 公司财务比率

年　度	净资产收益率	权益乘数	资产负债率	资产净利率	销售净利率	总资产周转率
2017	0.104	3.049	0.672	0.034	0.025	1.34
2018	0.112	2.874	0.652	0.039	0.017	2.29

案例思考题

(1) 试用杜邦分析法解释表 9-6 中 FT 汽车公司的财务指标变动原因。
(2) 请运用杜邦分析法,对 FT 公司的净资产收益率及其分解指标进行分析。

项目十 财务报表的粉饰与识别

任务描述

本项目的任务是了解财务报表粉饰的动机、原因,知道财务报表粉饰的常用手段,能正确进行财务报表粉饰的识别。

学习任务

1. 了解财务报表粉饰的常见动机;
2. 说出几种常见的财务报表粉饰手段;
3. 掌握财务报表粉饰带来的危害;
4. 进行财务报表粉饰的识别工作。

技能目标

1. 能分析财务报表粉饰的原因;
2. 能熟知财务报表粉饰的手段;
3. 能掌握财务报表粉饰识别的常用方法。

知识目标

1. 财务报表粉饰的深层原因;
2. 财务报表粉饰的目的;
3. 财务报表粉饰的危害;
4. 财务报表粉饰的手段;
5. 财务报表粉饰识别的方法。

项目导入

2018年11月9日,江南嘉捷电梯股份有限公司(以下简称"嘉捷电梯")首发申请通过了证监会发审委审核,即将登陆上海主板市场。尽管距离资本市场之门仅一步之遥,但是媒体及业界对其的多方质疑并没有停止,并在其招股说明书上再次发现以下问题:

(1)嘉捷电梯招股说明书显示,公司应收账款周转率从2017年开始出现了较大幅度下降。而根据公司主营业务收入与应收账款周转率对比图,2017年,公司的应收账款从2016年的2.02亿元增长到3.12亿元,增长幅度高达54%;而主营业务收入则从2016年的12.87亿元增长到15.06亿元,增幅仅为17%。主要业务收入增长远低于应收账款增长,而应收账款周转率却能大幅度下降,明显逻辑不通。

(2)公司使用的主要能源消耗为电力,根据公司电梯产量与用电量对比图,公司2015—2017年电梯产量分别为4 715台、7 202台、8 629台,不过用电量却显得非常蹊跷。2015年和2016年,公司生产数量均翻了接近一倍,而用电量却基本相同,这让人怀疑公司数据的真实性,也间接印证了公司存在收入调节的问题。

专业人士指出,从这两组不正常的数据来看,该公司粉饰财务报表的可能性很大。之所以要粉饰财务报表,无非是使得公司的财务数据更好看,更容易过关,这在A股上市公司中已是屡见不鲜。

而在前不久,嘉捷电梯刚刚被曝出原大股东江南集团在股权转让和增资过程中的举动,有违商业诚信。2013年江南集团与奥的斯合作时曾与对方签订了"不竞争条款",即江南集团及其关联机构均不得从事电梯业务。让人惊讶的是,2013年江南集团在未与奥的斯断绝业务往来、"不竞争条款"仍然有效时,却通过另外途径增资嘉捷电梯4 160万元。2014年江南集团才与奥的斯解除合资合同。业内人士指出,江南集团在还未与奥的斯解除合约的情况下,迫不及待地通过其他途径增持嘉捷电梯,显然有违诚信。

如果大股东都可以公然违约,违背商业诚信,那么如果存在调节收入,粉饰财务报表的情况,也就不难理解了。

☞请思考:

嘉捷电梯粉饰财务报表的目的是什么?什么部门能起到监管作用?

任务一 财务报表粉饰的动机

一、财务报表粉饰的根本动机

(一)追逐自身经济利益最大化

经济人的特点之一就是追求自身效用的最大化。理性经济人如果认为制作虚假会计信息能够使自身效用最大化,他们就会制作虚假会计信息。

(二)违规成本低廉

从虚假会计信息的产生来看,制作虚假会计信息成本很低。比如,伪造一套完整的交易事项所需的凭证成本对一个企业来说可以忽略。还有虚假会计信息被发现的可能性较小。原因在于虚假会计信息的不对称性和使用者的非专业性。

生产力的发展引发了产权裂变,使所有者和经营者相分离,同时也产生了与现代企业制度相适应的体现资本所有权与经营权分离与整合的组织机制——委托代理制和"股东大会—董事会—经理层"分层授权的产权控制模式。经理层和大股东作为公司管理者控制了会计信息的生成与披露;中小股东由于股权比例小而远离企业最终控制权,在会计信息的占有上处于先天劣势,只能以间接的方式获取信息来监督经理层和大股东的履约情况,是会计信息的需求方。正是为了适应众多且分散的中小投资者对会计信息的强烈需求,上市公司采用了公开披露的方式提供财务报表。但是,在两权分离的情况下,客观存在着所有者和经营者之间、大股东和中小股东之间利益不一致的矛盾。而经营者与大股东作为经济人,在信息不对称的情况下,他们有动机利用其掌握的信息优势为自身谋取利益,直接对财务报表进行粉饰,以达到不公平地侵占中小股东利益的目的。因此,利益不一致是财务报表粉饰产生的经济诱因,信息不对称是财务报表粉饰产生的客观环境。

二、财务报表粉饰的具体动机

(一)报酬契约动因

西方国家上市公司一般是通过契约规定高级管理人员的报酬,将报酬和公司的经营业绩挂钩。而在我国,目前还没有统一的上市公司管理层报酬制度。从已经公开的情况看,我国上市公司管理层报酬的制定大致可以归纳为三类:(1)由董事会自主决定,并与业绩挂钩;(2)依据当地政府的有关规定制定;(3)由控股公司给高管发工资。总之,无论薪酬由谁发放,都是与其业绩或国有资产保值增值情况有关。因此,用来反映企业经营业绩的会计信息就十分重要,为取得更多的报酬,上市公司管理层就会产生粉饰财务报告的动机。

(二)为了发行股票早日上市

从已经披露的虚假会计信息案例分析,虽然我国法律对企业上市有着严格的规定,但是,发行股票可以在短期内筹集到数亿资金,这样巨大的诱惑驱使企业为了获得外界的投资,就需要通过会计报表造假来欺骗舆论和外界。

股票发行的一种情况是首次发行(IPO)。根据《公司法》等法律规定,如果企业要发行股票争取上市,就必须连续3年盈利,而且要经营业绩比较突出,这样才有可能通过证监会的审批。除此以外,股票发行的价格高低也与盈利能力有关。这样,准备上市的企业为了能够多募集资金,就必须"塑造"业绩优良的形象,其主要手段就是在设计股份制改革方案的时候,对会计报表进行造假。

股票发行的另外一种情况是后续发行(配股)。上市企业希望能够后续发行,首先需要符合配股条件,那就是企业最近3年的净资产收益率每年必须在6%以上。特别是在有些企业,3年时间中只有一两年达到要求,他们迫切需要伪造报表,以求顺利过关。

(三)避免被停牌或摘牌的动机

上市公司的经营如果出现很小的亏损也可能会产生巨大的负面影响。随着《亏损上市公司暂停上市和终止上市实施办法》的施行,那些濒临亏损边缘的上市公司被停牌或摘牌的危险日益暴露。为此,上市公司可能会利用一些手段制造虚假信息提升经营业绩,变亏损为盈利来逃脱摘牌的厄运。

(四)为了偷逃税款或者操纵股价

所得税的上缴,是在会计利润的基础上,通过纳税调整来进行计划的。具体方法是,将会计利润调整为应纳税所得额,再乘以企业所适用的所得税率。企业为了达到偷税、漏税、减少或者推迟纳税的目的,就往往会对会计报表进行造假。当然,也有的企业愿意虚增利润"多缴税"。这些企业是不是"学雷锋"呢?当然不是。这样做的目的,是为了造成一种假象,表明自己的"盈利能力"不错,同时也为了操纵股价。

(五)为了某种政治企图

有些企业的会计报表,主要是对主管部门和政府部门负责的。换句话说,是给上级部门看的。对于这种企业而言,粉饰会计报表的目的,就是为了某种政治企图。例如,工商行政管理部门为考核国有企业是否走出困境、是否完成扭亏目标等,常需要分析该企业的会计报表。会计报表上"好看",厂长经理就会"前途光明",甚至连升三级,否则很可能连职位也难保。

(六)为推卸企业和个人的责任

这种情形主要表现在以下几个方面:

(1)企业在调动高级管理人员的时候,一般要进行离任审计,离任审计的时候,单位领导可能会根据"需要"对会计报表进行调节,暴露或者不暴露业已存在的许多问题。另外,新任领导上台以后,为了明确责任或者推卸责任,往往也会大刀阔斧地对陈年老账进行清理,这时候同样也会在会计报表上造假。

(2)每当会计制度发生重大变化的时候,就会根据新制度的要求,重新编制和调整会计报表。这时候也是会计报表造假的好机会。因为可以通过这种方式,提前消化潜亏,并将责任归咎于新的会计准则和会计制度。

(3)当企业发生天灾人祸的时候,如发生了自然灾害,或者是高级管理人员卷入了经济案件,企业很可能会利用这种机会对会计报表进行造假,以便推卸责任。

任务二 财务报表粉饰的手段

一、利用资产重组调节利润

资产重组是企业为了优化资本结构,调整产业结构,完成战略转移等目的而实施的资产置换和股权置换。然而,资产重组现已被广为滥用,以至提起资产重组,人们立即联想到做假账。近年来,在一些企业中,特别是在上市公司中,资产重组确实被广泛用于粉饰会计报表。不难发现,许多上市公司扭亏为盈的秘诀就在于资产重组。典型做法是:(1)借助关联交易,由非上市的国有企业以优质资产置换上市公司的劣质资产;(2)由非上市的国有企业将盈利能力较高的下属企业廉价出售给上市公司;(3)由上市公司将一些闲置资产高价出售给非上市的国有企业。

例如,××股份公司××年将6 926万元的土地使用权以21 926万元的价格卖给母公司,确认了15 000万元的利润;同时将所属一家企业的整体产权(账面净值1 454万元)以9 414万元的价格出售给母公司,确认7 960万元的利润。这两笔资产重组的利润总额合计22 960万元。资产重组往往具有使上市公司一夜扭亏为盈的神奇功效,其"秘方"就在于:一是利用时间差,如在会计年度即将结束前进行重大的资产买卖,确认暴利;一是通过不等价交换,即借助关联交易,在上市公司和非上市的母公司之间进行"以垃圾换黄金"的利润转移。

二、利用关联交易调节利润

我国的许多上市公司由国有企业改组而成,在股票发行额度有限的情况下,上市公司往往通过对国有企业局部改组的方式设立。股份制改组后,上市公司与改组前的母公司及母公司控制的其他子公司之间普遍存在着错综复杂的关联关系和关联交易。利用关联交易粉饰会计报表、调节利润已成为上市公司乐此不疲的"游戏"。利用关联交易调节利润的主要方式包括:

(1)虚构经济业务,人为抬高上市公司业绩和效益。例如,一些股份制改组企业因主营业务收入和主营业务利润达不到70%,通过将其商品高价出售给其关联企业,使其主营业务收入和利润"脱胎换骨"。

(2)采用大大高于或低于市场价格的方式,进行购销活动、资产置换和股权置换。如前面所举的资产重组案例。

(3)以旱涝保收的方式委托经营或受托经营,抬高上市公司经营业绩。如××股份公司以800万元的代价向关联企业承包经营一个农场,在不到一年内获取7 200万元的利润。

(4)以低息或高息发生资金往来,调节财务费用。如××股份公司将12亿元的资金(占其资产总额的69%)拆借给其关联企业。虽然我们不能肯定其资金拆借利率是否合理,但有一点是可以肯定的,该股份公司的利润主要来源于与关联企业资金往来的利息收入。

(5)以收取或支付管理费或分摊共同费用的方式来调节利润。如××集团公司××年替其控股的上市公司承担了4 500多万元的广告费,理由是上市公司做的广告也有助于提升整个集团的企业形象。

利用关联交易调节利润的最大特点是,亏损大户可在一夜之间变成盈利大户,且关联交易的利润大多体现为"其他业务利润""投资收益""营业外收入",但上市公司利用关联交易赚取的"横财",往往带有偶发性,通常并不意味着上市公司的盈利能力发生实质性的变化。利用关联交易调节利润的另一个特点是,交易的结果是非上市的国有企业的利润转移到上市公司,导致国有资产的流失。

三、利用资产评估消除潜亏

按照会计制度的规定和谨慎原则,企业的潜亏应当依照法定程序,通过利润表予以体现。然而,许多企业,特别是国有企业,往往在股份制改组、对外投资、租赁、抵押时,通过资产评估,将坏账、滞销和毁损存货、长期投资损失、固定资产损失以及递延资产等潜亏确认为评估减值,冲抵"资本公积",从而达到粉饰会计报表、虚增利润的目的。例如,一家国有企业于××年改组为上市公司时,连续三年报告的净利润分别为2 850万元、3 375万元和4 312万元。审计发现:(1)在连续三年的应收款项中,账龄超过3年以上,无望收回的款项计7 563万元;(2)过期变质的存货,其损失约3 000万元;(3)递延资产中含逾期未摊销的待转销汇兑损失为1 150万元。若考虑这些因素,则该企业过去三年并没有连续盈利,根本不符合上市条件。但是,该企业以股份制改组所进行的资产评估为"契机",将这些潜亏全部作为资产评估减值,与固定资产和土地使用权的评估增值18 680万元相冲抵,使其过去三年仍然体现高额利润,从而达到顺利上市的目的。

四、利用虚拟资产调节利润

根据国际惯例,资产是指能够带来未来经济利益的资源。不能带来未来经济利益的项目,即使符合权责发生制的要求列入资产负债表,严格地说,也不是真正意义上的资产,由此就产生了虚拟资产的概念。所谓虚拟资产,是指已经实际发生的费用或损失,由于企业缺乏承受能力而暂时挂列为待摊费用、递延资产、待处理流动资产损失和待处理固定资产损失等资产科目。利用虚拟资产科目作为"蓄水池",不及时确认、少摊销已经发生的费用和损失,也是国有企业和上市公司粉饰会计报表、虚盈实亏的惯用手法。其"合法"的借口包括权责发生制、收入与成本配比原则、地方财政部门的批示等。例如,××股份公司××年度报告了近2 000万元的净利润,但该公司根据当地财政部门的批复,将已经发生的折旧费用、管理费用、退税损失、利息支出等累约14 000万元挂列为"递延资产"。若考虑这些因素,××股份公司实际上发生了严重的亏损。

五、利用利息资本化调节利润

根据现行会计制度的规定,企业为在建工程和固定资产等长期资产而支付的利息费用,在这些长期资产投入使用之前,可予以资本化,计入这些长期资产的成本。利息资本化本是出于收入与成本配比原则,区分资本性支出和经营性支出的要求。然而,在实际工作中,有不少国有企业和上市公司滥用利息资本化的规定,蓄意调节利润。如某公司将某项目工程建设期间的借款及应付债券的利息8 064万元,在该项目已投入使用的情况下仍然予以资本化,结果被注册会计师出具了否定意见的审计报告。

六、利用股权投资调节利润

由于我国的产权交易市场还很不发达,对股权投资的会计规范尚处于初级阶段,因此有不少国有企业和上市公司利用股权投资调节利润。典型的做法是:对于盈利的被投资企业,采用权益法核算,而对于亏损的被投资企业,即使股权比例超过20%,仍采用成本法核算。如一些上市公司迫于利润压力,经常在会计年度即将结束之际,与关联公司签订股权转让协议,按权益法或通过合并会计报表,将被收购公司全年的利润纳入上市公司的会计报表。值得庆幸的是,财政部会计司已发布了通知,明确规定股权转让时,收购之日前被收购企业实现的利润只能作为收购成本,收购企业不得将其确认为投资收益。这一规定,无疑将抑制国有企业和上市公司利用股权投资调节利润,粉饰会计报表。

七、利用其他应收款和其他应付款调节利润

根据现行会计制度的规定,其他应收款和其他应付款科目主要用于反映除应收账款、预付款项、应付款项、预收款项以外的其他款项。在正常情况下,其他应收款和其他应付款的期末余额不应过大。然而,在审计过程中发现,许多国有企业和上市公司的其他应收款和其他应付款期末余额巨大,往往与应收账款、预付款项、应付款项和预收款项的余额不相上下,甚至超过这些科目的余额。之所以出现这些异常现象,主要是因为许多国有企业和上市公司利用这两个科目调节利润。事实上,注册会计师界已经将这两个科目戏称为"垃圾筒"(因为其他应收款往往用于隐藏潜亏)和"聚宝盆"(因为其他应付款往往用于隐瞒利润)。

八、利用时间差（跨年度）调节利润

一些上市公司为了在年度结束后能给股东一份"满意"的答卷，往往借助时间差调节利润。传统的做法是：在12月份虚开发票，次年再以质量不合格为由冲回。较为高明的做法是：借助与第三方签订"卖断"收益权的协议，提前确认收入。例如，××股份公司于2018年12月5日与美国一家公司签订协议，以3 500万元的价格向美国公司购买了一批硬件和软件，同时美国公司同意以12 000万元的价格购买开发出的软件，合同约定交货的时间为2019年6月和9月。2018年12月25日，该上市公司与一家外贸公司签订协议，以9 600万元的价格"卖断"软件，同时确认5 100万元的利润。鉴于该股份公司尚未提供商品或劳务，风险与报酬尚未转移，上述收益的确定显然是不成立的。即使与外贸公司签订的协议成立，这9 600万元也只能作为预收款项，只有等到2019年6月和9月才能根据提供的商品或劳务逐步确认收益。可见，该上市公司实质上是利用与外贸公司的所谓"协议"，进行跨年度的利润调节。

任务三 财务报表粉饰的识别

一、造成虚假财务报表的原因

一般来说，造成虚假财务报表的原因主要有两大类：
（1）对财务报表数据进行人为的编造；
（2）由于会计方法的选择导致虚假财务报表的编制。
对于由于这两大类原因而编制的虚假财务报表，分别有不同的鉴别方法。

二、财务报表粉饰的预警信号

科学技术日新月异，但能够经得起几百年历史检验的技术和方法却为数甚少，复式簿记便是其中之一。沿用了500多年的复式簿记之所以长盛不衰，主要在于它所固有的平衡机制及对经济交易和事项来踪去迹无与伦比的解释能力。也正因为这种独特的簿记方法，保持高度审慎的财务报表使用者往往能够发现财务报表舞弊和粉饰的征兆。此外，人类固有的局限（如喜欢炫耀的心理、追求享乐的冲动和千虑一失的疏忽大意）也注定使大多数财务报表的舞弊和粉饰会留下蛛丝马迹。这些征兆和蛛丝马迹在会计记录和财务报表上的异常体现，就是所谓的预警信号（Warning Signs）。实践表明，关注预警信号是识别财务报表舞弊和粉饰的有效方法。财务报表粉饰的预警信号主要有以下几种。

（一）业绩不良时，出现非预期的会计方法的改变

在企业经营恶化的时候，管理者会利用会计政策，选择性地来美化会计报表。当上市公司面临亏损的时候，更是会通过财务报表粉饰以避免被PT、ST乃至退市。因此，当上市公司突然出现会计政策、会计方法的改变，应当予以充分关注。如果企业的会计利润和经营现金流量之间的差距扩大，说明企业的会计政策或会计估计发生变化，值得警惕。

（二）在企业的特殊计划期，出现毛利率或净利率的大幅上升

如前所述，企业对财务报告进行造假的动机之一就是最大限度地获得资本金，既包括在证券市场上首次公开发行，也包括上市后的再融资。一些上市公司往往在经营业绩不佳时，采用虚增利润的方法来取得或保留再融资资格。根据我国《证券法》及相关法律规定，企业上市以及上市后配股及增发新股，都必须符合一定的条件，其前后年度的净资产收益率都必须达到一定的标准。在这种规定面前，当企业计划上市或再融资时，在实际净资产收益率无法达到规定标准的情况下，可能会通过人为粉饰财务报告的方式使净资产收益率各年度正好达到有关规定，从而制造虚假的会计信息。

（三）报表的主要项目金额前后各期发生异常

上市公司财务报告的主要项目金额会由于经营业务的影响而在不同的会计期间发生变动。真实的财务报告主要项目金额的变动一般表现为有规律的正常变动，而且上市公司能就变动原因做出合理的解释。报表主要项目金额的前后各期发生异常变动往往意味着该财务报告存在人为造假的可能。虚假财务报告主要项目金额变动较大，而且对这种异常变动上市公司很难做出合理的解释。在报表审计中，若发现报表主要项目金额前后各期发生异常变动应引起特别注意，并将异常变动项目作为审计重点。

（四）高级管理层的无故离职

通常认为，财务危机会促使企业更换高管层。安然公司在危机爆发前四五个月就相继出现 CEO 辞职、CFO 离去的现象。管理层的重要人员突然或连续变更，尤其是集体辞职通常是企业存在财务危机的明显标志。

（五）非经常性损益占利润总额的比重较大

一些上市公司在经营业绩滑坡的情况下，往往利用资产置换、股权置换、内部关联交易、债务重组、非货币性交易等手段，来增加非经常性利润，以此来粉饰财务报告。审计人员在审计财务报告时，若发现非经常性损益占利润总额的比重较大，就应注意该报表的真实性。

具体来看，将可能出现在资产负债表及利润表上的财务报表粉饰的预警信号依会计科目分别加以归纳，如表 10-1 所示。

表 10-1　会计科目及其隐藏的会计造假预警信号汇总表

科　目	预警信号
现金	1. 现金大幅减少 2. 部分现金使用受限制
应收账款	1. 巨额过期的应收账款 2. 应收账款与营业收入的变化比例有显著的不相当情形 3. 应收账款周转率越来越慢 4. 关系企业的应收账款甚高 5. 过分依赖于一两位大客户
存货	1. 突然改用其他存货计价政策，如后进先出法 2. 存货与营业收入的变化比例有显著的不相当情形 3. 存货周转率越来越慢 4. 以存货为担保品 5. 存货呆滞评价不合理或有大幅变化

续表

科　目	预警信号
投资	1. 过于频繁的长、短期投资买卖 2. 未适当确认投资损失 3. 以显著不相当的对价买卖长期投资 4. 与关系人的股权买卖情形过于频繁
固定资产	1. 折旧计提方式的突然改变 2. 不适当的使用年限 3. 固定资产的大幅增加或冲销 4. 固定资产的增减与产量的增减有显著不相当的情形 5. 不适当地将维护与修缮费用或利息资本化
无形资产	1. 无形资产占总资产的比例过高 2. 无形资产的取得成本不合理 3. 不适当的摊销年限
负债	1. 负债占该公司总资产的比例过高 2. 高估或低估售后服务保证等估计负债
营业收入及毛利	1. 营业收入成长及毛利率呈现异常的变化或与产业整体变化不符 2. 第四季度的营业收入有大幅增加的趋势 3. 产生非属主要营业项目的营业收入过大
费用	1. 费用的增减与营业收入的增减变化不相当 2. 与过去财务报表相比,某些费用科目产生异常的变化 3. 将应资本化的开办费、研发费等在当期一次认列为费用
营业外收支	产生金额重大的营业外收支

三、财务报表粉饰的识别方法

(一) 审计意见分析法

企业的财务报表,按是否经过审计来划分,可分为经注册会计师审计过的财务报表和未经注册会计师审计过的财务报表两类。一般来说,经注册会计师审计过的财务报表的可信度要高于未经注册会计师审计过的财务报表。在进行财务报表识别之前,要对财务报表进行可信度分析。在可信度分析中,要充分考虑注册会计师发表的审计意见,并对已经和未经注册会计师审计的财务报表进行详略程度不同的可信度分析。一般而言,对已经注册会计师审计过的财务报表,需结合审计报告意见,重点分析财务报表的粉饰状况;对未经注册会计师审计过的财务报表,除了分析财务报表粉饰状况外,还需要判断财务报表中是否存在技术性错误等。

审计报告是注册会计师根据独立审计准则的要求,在经过必要的审计程序后对被审计单位财务报表出具的审计意见的书面报告。它是投资者判断公司财务报表的重要依据。阅读审计报告的第一步是判断审计报告的类型。如果注册会计师出具了无保留意见的标准审计报告,基本上可以排除报告粉饰的可能。当然,如果注册会计师与被审计单位串通一气、弄虚作假,则另当别论。如果注册会计师出具的是带有说明性无保留意见审计报告,或有保留意见、否定意见或无法表示意见的审计报告,则有理由怀疑公司有粉饰报表操纵利润行为的可能,应对审计报告说明段中所涉及的事项予以充分关注,从这些事项分析企业可能存在的粉饰财务报表的手段方式,了解其对财务状况和经营成果的影响。

另外,在分析审计意见时,还应注意:一是有些注册会计师发表的审计意见可能不恰当,如避重就轻、轻描淡写等;二是个别上市公司在对外报告时所披露的注册会计师的审计意见与实际发表的意见不一致;三是对注册会计师的报告说明段中的说明事项应认真阅读,因为这些事项直接反映了公司粉饰报表的方式及对财务报表数据的影响。这些都是应关注的事项。

对人为编造财务报表数据的识别,主要采取搜集信息、查找证据、对企业报表进行对比分析、查账核实等手段。具体来说有以下一些方法:

(1) 通过不同的渠道搜集同一时点的财务报表,对比异同点,对差异的数据提出质疑。

(2) 核对各财务报表内部的平衡关系和报表之间的勾稽关系,找出疑点。

(3) 与企业平时的经营状况进行对比,找出关键或重要财务项目的漏洞、疑点。例如,当企业经营状况出现问题时,有些报表科目的数字和平时的数字相比可能会大出很多,也可能小很多,对于这样的情况应该进行深入的查证,以发现其中的问题。

(4) 现场调查,进行账表、账账、账证和账实核对,账表、账账、账证和账实之间都应该是相符的。如果不相符,也肯定是存在问题的。

(二) 主要项目分析法

企业在编制虚假会计报表时总是与某些重点科目关系密切。这些重点科目主要涉及应收账款、其他应收款、其他应付款、存货、投资收益、主营业务收入、营业外收入等。主要项目分析法是指通过对以上这些项目进行重点分析,从而发现粉饰财务报表行为的一种方法。如果这些会计科目的数值出现异常变动或科目之间的数值变动幅度不一致,则有可能存在会计造假行为。

例如,应收账款增长幅度与收入增长幅度不一致。一般情况下,主营业务收入增加的同时应收账款也会增加,但由于各行业的特性和竞争程度不同,导致主营业务增长幅度与应收账款增长幅度之间存在差异,但如果应收账款增幅惊人而收入幅度不明显甚至减少,则有可能是关联企业占用上市公司的巨额款项,结果是应收账款的回收期比正常往来的回收期长,甚至是应收账款永远无法收回。

又如,收入增幅与存货增幅不一致。伴随着主营业务收入的增加,应收账款或货币资金增加,同时主营业务成本和存货也必然增加,如果公司收入增幅巨大而存货增幅不明显甚至减少,则存在伪造收入和应收账款从而达到人为操纵利润的可能。

还有,企业的增值税、营业税和所得税与收入、利润不相符。按税法计算方式可知,企业的增值税、营业税和收入保持一定关系,所得税和利润保持一定关系,虽然应纳税所得额与利润之间有一定的调整差异,但差异太大就要引起注意。例如,主营业务收入很大而应交税费却很少,这很可能存在公司虚构收入而又未缴纳税款,或支付的所得税与利润总额和所得税率之积相差太远,说明公司的利润总额虚假成分可能性较大。

对会计方法选择形成的虚假报表的识别方法:在这种情况下,公司往往做到了报表平衡及账表、账账、账证等相符,因此在识别方法上宜采取更深入的一些操作。

1. 对重点会计科目进行分析

企业对报表进行粉饰时,常常运用的账户包括应收账款、其他应收款、其他应付款、存货、投资收益、无形资产、补贴收入、减值准备等会计科目。如果这些会计科目出现异常变动,我们就必须考虑该公司是否存在利用这些科目进行利润操纵的可能性。例如,对于"应收账款"科目来讲,如果这一科目下的金额过大,但是公司的收入又很小的话,那么这家企业就可能存在问题,如抽逃出资,很多抽逃出资的情况都是将账务记入了"其他应收款""应收账款"等科目。

2. 对合并报表进行分析

对合并报表进行分析是指将合并财务报表中的母公司数据和合并数据进行比较分析,来判断公司公布的财务数据是否真实的一种方法。有的公司采取的粉饰报表手法比较高明,他们往往通过子公司来实现利润虚构。

3. 对或有事项进行分析

或有事项是指过去的交易或事项形成的一种状况,其结果需通过未来不确定事项的发生或不发生予以证实。常见的或有事项有未决诉讼、未决索赔、税务纠纷、产品质量保证、商业票据背书转让或贴现、为其他单位提供债务担保等。根据会计谨慎性原则,尤其应对或有损失进行确认或披露,因为或有损失会对企业利润造成一定影响。但是,一些上市公司往往对巨额担保事项隐瞒不报,以减少负债、虚增利润。因此,对或有事项应加以注意。

(三) 不良资产剔除法

虚假财务报告的一个共有特征是多记资产、少计负债或多记收入、收益,少计费用、成本和损失。因此,剔除资产负债表中的不良资产是识别虚假财务报告的有效方法之一。不良资产是指那些不能给公司带来经济利益的资源,包括待摊费用、待处理财产损失、开办费、长期待摊费用等虚拟资产、可能发生潜亏的资产(如超过三年的应收账款、存货跌价和积压损失、投资损失和固定资产损失等)。在具体运用不良资产剔除法时,一是要将不良资产总额与净资产比较,如果不良资产总额接近或超过净资产,表明公司利润或资产可能存在夸大和泡沫现象,同时表明公司的持续经营能力有问题;二是要将当期不良资产的增加额和增幅与当期利润总额和利润增幅比较,如果前者超过后者,说明公司当期利润有水分。

(四) 关联交易剔除法

据前文所述,企业往往利用关联交易调节利润,编制虚假财务会计报告。关联交易中可能会滋生大量的不等价交易、虚假交易,不仅损害大量中小投资者的利益,而且有可能造成国有资产的流失。

关联交易剔除法就是将来自关联企业的营业收入和利润总额予以剔除后,计算各种分析指标值。通过这种分析,可以了解某一特定企业自身获取利润能力的强弱,以判断这一企业的盈利在多大程度上依赖关联企业,从而分析其利润来源的稳定性、未来的成长性等。在实际工作中,应当根据实质重于形式原则合理判断是否存在关联方关系以及关联交易对财务状况和经营成果的影响,关注关联交易的定价政策,分析企业是否以不等价交换的方式进行关联交易,是否以公允价值进行交换。其分析要点有:

(1) 是否存在购销价格反常、售后短期内又重新购回、低价售给无需经手的中间企业、货款久拖不还、货款未清又赊欠等购销业务。

(2) 是否存在资金拆借低于或高于市场利率、借给不具备偿还能力的企业、逾期不还等资金融通业务。

(3) 是否存在劳务、咨询、管理费价格不合理,对不存在或无法实现的咨询服务付费等费用支出业务。

（4）是否存在反常的投资收益、利息收入、租金收入。

除转移价格和管理费用分摊之外，其余调节利润的方法所产生的利润大多体现在"其他业务利润""投资收益""营业外收入""财务费用"等具体项目中。识别时，首先，要计算各项目中关联交易产生的盈利分别占项目总额的比例和这些项目占利润总额的比例，判断企业盈利能力对关联企业的依赖程度；其次，要分析这些关联交易的必要性和公正性；最后，将非必要和欠公正的关联交易所产生的利润，从企业利润总额中剔除，以反映这些项目的正常状况。

（五）偶然因素剔除法

企业利润的来源既包括营业收入也包括投资收益、营业外收入和补贴收入。其中，主营业务收入直接涉及企业的核心竞争问题，反映企业的主要盈利能力。而其他业务收入、投资收益、营业外收入和补贴收入往往受到许多偶然因素的影响，不能为公司提供稳定、长期的利润来源，并极易为公司所操纵。因此，偶然因素剔除法将来源不稳定、不可能经常发生的非经常性损益从企业利润总额中剔除，以分析和评价因偶然因素导致的非主营业务利润是否对企业利润增长的贡献过大，客观地判断和评价企业盈利能力的高低和利润来源的稳定性。通过关注非经常性损益项目占利润总额的比重大小及其变化，以判断企业是否拥有具备核心竞争力的主营业务，是否具有较好的发展前景。

项目十　小　结

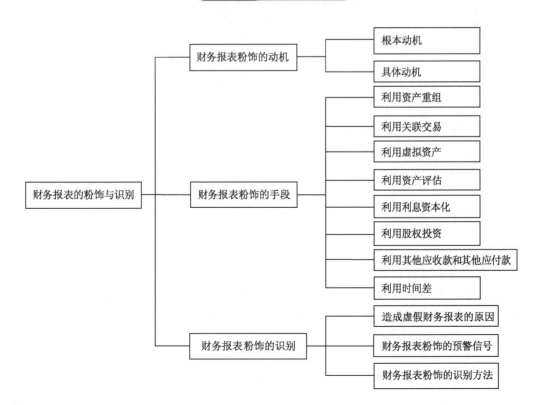

思考与练习

一、思考题

1. 粉饰财务报表会带来哪些危害？
2. 从哪些方面可以有效预防粉饰财务报表的情况？
3. 粉饰财务报表的鉴别方法有哪些？
4. 及时分辨出财务报表的真伪有哪些重大意义？
5. 试举例说明企业粉饰财务报表的动机。
6. 关联交易中滋生了大量的不等价交易、虚假交易，如何加以甄别？
7. 为什么说企业利用借款费用资本化方法来调节利润的手段相对比较"隐秘"？
8. 试举例说明企业如何利用应收账款调节营业收入。
9. 财务报表舞弊有哪些预警信号？分析我国上市公司的财务报表时，尤其应当关注哪些可能表明存在财务报表舞弊的预警信号？

二、综合实践训练题

1. 某公司销售 A 商品，期初有 A 商品存货 100 件，每件进货单价 450 元。本期分三次购入 900 件，第一批 300 件的进货单价为 420 元，第二批 300 件的进货单价为 460 元，第三批 300 件的进货单价为 500 元。本期卖出 500 件，期末结存 500 件。

   要求：计算当该公司的存货发出计价方法由先进先出法改为加权平均法后，对报表数据的影响为多少？

2. 某公司某年度利润表中"利润总额"为 11 500 万元。其中，"其他业务利润"为 2 000 万元，"投资收益"为 3 000 万元，"营业外收入"为 3 500 万元。在会计报表附注及其明细表中反映，2 000 万元其他业务利润中有 1 600 万元来自关联企业交付的商标使用费，3 000 万元投资收益中有 2 800 万元来自向关联企业转让的股权投资收益，3 500 万元营业外收入中有 2 500 万元来自用房产向关联企业置换流水生产线的收益。

   要求：请根据所学知识做出正确评价。

3. 某公司某年度实现利润总额 11 000 万元，其中本年度将账面价值 6 000 万元的土地使用权作价 9 000 万元卖给母公司，并以账面净值为 3 000 万元的股权作价 8 000 万元从母公司换回 8 000 万元的优质资产。

   要求：根据所学知识做出正确评价。

4. 某公司某年度利润表反映的利润总额为 6 000 万元，但长期待摊费用增加 3 400 万元。根据长期待摊费用明细表，增加的 3 400 万元长期待摊费用由如下项目组成：(1) 当年折旧费用 1 500 万元；(2) 当年管理费用 1 200 万元；(3) 当年广告费用 700 万元。

   要求：利用所学知识对上述情况予以调整。

5. 某公司 2019 年的应收账款中，让厂家以"欠商品返利款未付"形式向公司打欠条，据调查共有三笔，分别为 50 万元、80 万元和 140 万元，然后据此以应收款的名目做成盈利入账。

   要求：根据所学知识对上述情况做出判断。

部分习题参考答案

➡ 项目一 财务报表分析概述

一、单项选择题
1. D 2. A 3. B 4. D 5. C 6. B 7. C 8. B 9. C 10. C 11. D

二、多项选择题
1. ACDE 2. AC 3. BD 4. ABCD 5. BCD

三、计算分析题
连环替代法：
上月材料费用总额 = $100 \times 30 \times 20 = 60\,000$（元）
第一次替代 = $120 \times 30 \times 20 = 72\,000$（元）
第二次替代 = $120 \times 25 \times 20 = 60\,000$（元）
本月材料费用总额 = $120 \times 25 \times 22 = 66\,000$（元）
综合影响程度 = $+12\,000 - 12\,000 + 6\,000 = +6\,000$（元）

分析：由于产量增加20件，导致总成本增加12 000元；由于单位产品材料消耗量减少5kg，导致总成本减少12 000元；由于单价增加2元，导致总成本增加6 000元。综合以上因素，总成本共增加6 000元。

➡ 项目二 资产负债表阅读与分析

一、单项选择题
1. B 2. C 3. C 4. A

二、多项选择题
1. ABC 2. BD

三、判断说明题
1. 错误。利润表是反映企业在一定会计期间的经营成果的会计报表。
2. 正确。

四、计算分析题

资产负债表水平分析表

金额单位：万元

项 目	期末余额	期初余额	变动情况		对总资产（总权益）的影响/%
			变动额	变动/%	
流动资产：					
货币资金	50 000	40 000	10 000	25	1.02
交易性金融资产	20 000	28 000	-8 000	-28.57	-0.81

续表

项　目	期末余额	期初余额	变动情况		对总资产(总权益)的影响/%
			变动额	变动/%	
应收账款	25 000	15 500	9 500	61.29	0.97
存货	85 000	97 000	-12 000	-12.37	-1.22
其他流动资产	48 510	37 910	10 600	27.96	1.08
流动资产合计	228 510	218 410	10 100	4.62	1.03
非流动资产：					
长期股权投资	51 000	42 200	8 800	20.85	0.90
固定资产	658 500	631 000	27 500	4.36	2.80
无形资产	94 000	91 000	3 000	3.30	0.31
非流动资产合计	803 500	764 200	39 300	5.14	4.00
资产总计	1 032 010	982 610	49 400	5.03	5.03
流动负债：					
短期借款	55 000	37 600	17 400	46.28	1.77
应付账款	15 500	13 600	1 900	13.97	0.19
应交税费	9 530	7 400	2 130	28.78	0.22
其他流动负债	3 300	44 87	-1 187	-26.45	-0.12
流动负债合计	83 330	63 087	20 243	32.09	2.06
非流动负债：					
长期借款	42 000	38 400	3 600	9.38	0.37
应付债券	181 000	181 000	—	—	—
非流动负债合计	223 000	219 400	3 600	1.64	0.37
负债合计	306 330	282 487	23 843	8.44	2.43
股东权益：					
股本	500 000	500 000	—	—	—
资本公积	102 640	107 000	-4 360	-4.07	-0.44
盈余公积	85 320	82 423	2 897	3.51	0.29
未分配利润	37 720	10 700	27 020	252.52	2.75
股东权益合计	725 680	700 123	25 557	3.65	2.60
负债和股东权益总计	1 032 010	982 610	49 400	5.03	5.03

（1）从资产的角度进行分析评价。

该企业总资产本期增加49 400万元，增长幅度为5.03%，说明该企业本年资产规模有所增长，但增幅不大。进一步分析可以发现：

第一，流动资产增长10 100万元，增长幅度为4.62%，使总资产规模增长1.03%，这说明该企业资产的流动性有所增强。具体来说，货币资金增加了10 000万元，增长幅度为25%，这将对企业偿债能力的提高和满足交易性需要有所影响；交易性金融资产减少了

8 000 万元,下降幅度为 28.57%,这对企业的支付能力有一定的影响,但有利于降低投资风险。应收账款增加了 9 500 万元,增长幅度达 61.29%,对此应结合该企业的销售规模变动、信用政策和收账政策进行评价,不能非此即彼;存货减少了 12 000 万元,下降幅度为 12.37%,这说明企业在销售方面成绩不菲,这对于降低企业的资金占用有着积极的意义;其他流动资产增加了 10 600 万元,增长幅度达 27.96%,这应该是不太正常的现象。

第二,长期股权投资增加了 8 800 万元,增长幅度为 20.85%,说明该企业对外扩张意图明显。

第三,固定资产增加了 27 500 万元,增长幅度为 4.36%,使总资产规模增长了 2.80%,是非流动资产中对总资产变动影响最大的项目。固定资产的增加说明该企业的未来生产能力会有显著提高。

第四,无形资产增加了 3 000 万元,增长幅度为 3.30%,增幅虽然不大,但至少说明该企业越来越重视无形资产在市场竞争中的重要性,这是一个好的现象。

(2) 从权益的角度进行分析评价。

该企业权益总额本期增加 49 400 万元,增长幅度为 5.03%,说明该企业本年权益总额有所增长,但增幅不大。进一步分析可以发现:

第一,本年度负债增加了 23 843 万元,增长幅度为 8.44%,使权益总额增加了 2.43%。其中,流动负债增长幅度为 32.09%,主要表现在短期借款和应交税费的大幅度增长,应付账款的增幅也达到了 13.97%。短期借款的增加会导致企业短期偿债的压力加大,应交税费和应付账款的增加则说明企业的信用状况可能存在一些问题,当然这也不能一概而论,还需结合企业的具体情况进行分析。非流动负债的增加主要是由长期借款增加引起的。

第二,本年度股东权益增加了 25 557 万元,增长幅度为 3.65%,使权益总额增加了 2.60%,这主要是未分配利润的大幅度增长引起的。此外,盈余公积的增加也是股东权益增加的原因之一。资本公积减少,但企业的股本并没有增加,这说明该企业减少的资本公积没有转增资本。

➡ 项目三 利润表阅读与分析

一、单项选择题
1. D 2. C 3. D 4. C 5. D

➡ 项目四 现金流量表与股东权益变动表阅读与分析

一、单项选择题
1. C 2. D 3. D 4. D 5. C 6. A 7. C 8. C 9. D

二、多项选择题
1. ABD 2. ABCDE 3. ABC

三、判断说明题
1. 正确。
2. 错误。应以净利润为起点。
3. 正确。

项目五　企业营运能力分析

一、单项选择题

1. A　2. D　3. D　4. B

二、多项选择题

1. AD　2. BCD　3. BCD　4. CDE　5. ABCDE　6. ABD

三、判断说明题

1. 错误。应收账款周转率越高,应收账款周转天数越短。
2. 正确。
3. 错误。存货周转天数 = 360/存货周转率
4. 错误。存货周转率越高,存货周转天数越短。
5. 正确。
6. 正确。
7. 正确。
8. 正确。

四、计算分析题

1. (1) 应收账款平均余额 = (312 + 328)/2 = 320(万元)

   应收账款周转率 = 1 600/320 = 5

   应收账款周转天数 = 360/5 = 72(天)

   (2) 一般来说,企业应收账款周转率越高,周转天数越短,说明企业应收账款收回越快,发生坏账的概率越低。企业在进行应收账款分析时,可以进行横向和纵向比较,通过与同行业平均水平或竞争对手的比较,可以洞悉企业应收账款在整个行业中的水平,通过与以往各期的比较,可以看出企业应收账款的变动态势。

2. (1) 存货平均余额 = (444 + 836)/2 = 640(万元)

   存货周转率 = 2 560/640 = 4

   存货周转天数 = 360/4 = 90(天)

   (2) 进行企业流动资产周转情况总体分析时还需要整个流动资产的周转情况,常用的主要指标包括营业周期、现金周期、营运资本周转率和流动资产周转率等。

3. (1) 应收账款平均余额 = (624 + 656)/2 = 640(万元)

   应收账款周转率 = 3 200/640 = 5

   应收账款周转天数 = 360/5 = 72(天)

   存货平均余额 = (444 + 836)/2 = 640(万元)

   存货周转率 = 2 560/640 = 4

   存货周转天数 = 360/4 = 90(天)

   营业周期 = 72 + 90 = 162(天)

   (2) 一般情况下,营业周期越短,说明资金周转速度越快;营业周期越长,说明资金周转速度越慢。提高存货周转率,缩短营业周期,可以提高企业的变现能力,同时也是提高营业效益的有效途径。

4. (1) 2017 年 L 公司流动资产周转天数 = 360/9.2 = 39(天)

2018 年 L 公司流动资产周转天数 = 360/10.9 = 33(天)

2019 年 L 公司流动资产周转天数 = 360/12.2 = 30(天)

(2) L 公司 2017—2019 年流动资产周转率呈逐年上升趋势,流动资产周转天数呈逐年下降趋势,且流动资产周转率显著高于行业平均水平,2018 年之前流动资产周转率与行业变动趋势一致,但 2019 年行业平均水平下降了,而 L 公司流动资产周转率仍呈上升趋势,说明 L 公司流动资产的利用效率明显高于行业平均水平。

5. (1) 固定资产平均余额 = (300 + 100 + 640 + 240)/2 = 640(万元)

固定资产周转率 = 6 400/640 = 10

固定资产周转天数 = 360/10 = 36(天)

(2) 企业要想提高固定资产周转:首先,应该加强对固定资产的管理;其次,应该减少非生产性固定资产投资;最后,应及时维护、保养和更新固定资产。

6. (1) 流动资产平均余额 = (624 + 656 + 444 + 836)/2 = 1 280(万元)

流动资产周转率 = 3 200/1 280 = 2.5

固定资产平均余额 = (200 + 440)/2 = 320(万元)

固定资产周转率 = 3 200/320 = 10

(2) 一般来说,企业流动资产和固定资产周转率越高,说明企业资产周转越快,资产利用效率越高。可以进行横向和纵向比较,通过与同行业平均水平或竞争对手的比较,可以洞悉企业资产周转速度在整个行业中的水平,通过与以往各期的比较,可以看出企业资产周转的变动态势。

7. (1) 销售净利率 = 3 000/3 750 × 100% = 80%

(2) 总资产平均余额 = (3 500 + 6 500)/2 = 5 000(万元)

总资产周转率 = 3 750/5 000 = 0.75

(3) 总资产收益率 = 80% × 0.75 = 60%

销售净利率反映了企业控制成本费用的能力,总资产周转率反映了企业运用资产获取销售收入的能力。总资产周转率是总资产收益率的基础,总资产周转越快,企业获得的收益越高。

➡ 项目六 企业盈利能力分析

一、单项选择题

1. A 2. D 3. A 4. D 5. B 6. C 7. D 8. C 9. B 10. C
11. C 12. B 13. D

二、多项选择题

1. BCDE   2. BCD   3. ABCD

三、判断说明题

1. 错误。企业收益率高于借款利率时,财务负担和财务风险较低,企业更倾向于采取向银行借款的融资方式。

2. 错误。广告费用应该计入销售费用。

3. 错误。赊销收入净额与销售收入净额不是一个概念,赊销收入净额 = 赊销收入 – 赊销退回 – 赊销折让 – 赊销折扣。

4. 正确。

5. 正确。

6. 正确。

7. 正确。

四、计算分析题

1. (1) 总资产平均余额 = (400 + 600)/2 = 500(万元)

    净资产平均余额 = (200 + 400)/2 = 300(万元)

    总资产收益率 = 50/500 × 100% = 10%

    净资产收益率 = 50/300 × 100% = 16.67%

    (2) 总资产收益率是用来衡量企业所有资产的获利能力,包括债权人和所有者资本的获利能力;净资产收益率是用来衡量所有者资本(即自有资本)的获利能力。

2. (1) 期初净资产 = 8 000 × (1 - 50%) = 4 000(万元)

    期末净资产 = 12 000 × (1 - 50%) = 6 000(万元)

    净资产平均余额 = (4 000 + 6 000)/2 = 5 000(万元)

    净资产收益率 = 4 000/5 000 × 100% = 80%

    (2) 由于负债的影响,净资产收益率指标不利于横向比较;如果存在负债回购股权情况,净资产收益率指标不利于纵向比较。

3. (1) 2016 年流动资产收益率 = 800/10 500 × 100% = 7.62%

    2017 年流动资产收益率 = 900/12 500 × 100% = 7.2%

    2018 年流动资产收益率 = 1 100/16 500 × 100% = 6.67%

    (2) 该公司 2016—2018 年期间流动资产收益率呈逐年下降趋势,且均低于竞争对手,说明该公司近三年流动资产的盈利能力弱,在市场上没有竞争优势。

4. (1)

表 6-19 伟光公司的销售毛利率计算　　　　　　　　　　　　单位: 万元

项　目	2016 年	2017 年	2018 年	2019 年
销售收入①	457 745	228 907	17 787	6 114
销售成本②	88 450	150 963	13 153	5 577
销售毛利率③ = (① - ②)/① × 100%	80.68%	34.05%	26.05%	8.78%

(2) 根据上表所示,伟光公司 2016—2019 年期间销售毛利率逐年下降,而行业毛利率维持在 80% 左右,说明企业销售或生产经营出现了问题。

5. (1)

表 6-21 瑞阳公司的销售净利率计算　　　　　　　　　　　　单位: 万元

项目	2017 年	2018 年	2019 年
销售收入①	178 794	333 786	457 745
净利润②	66 091	70 217	101 096
销售净利率③ = ②/① × 100%	36.96%	21.04%	22.09%

(2)销售净利率表示 1 元销售收入可实现的净利润是多少。销售净利率越高,说明企业通过扩大销售获取收益的能力越强。通过分析销售净利率的变化,不仅可以促使企业扩大销售,还可以让企业注意改善经营,同时能够从企业生产经营最终目的的角度看待销售收入的贡献。

6. (1)平均总资产 =(820 + 860)/2 = 840(万元)

平均净资产 =(600 + 800)/2 = 700(万元)

权益乘数 = 840/700 = 1.2

净资产收益率 = 5.7% × 1.2 = 6.84%

(2)根据上述计算结果,可以看出总资产收益率越高,权益资本占企业总资产比率越低,净资产收益率越高。

➡ 项目七　企业偿债能力分析

一、单项选择题

1. A　2. C　3. B　4. D　5. B　6. B　7. A　8. A　9. A　10. D

二、多项选择题

1. AC　2. ABCD　3. ABCE

三、判断说明题

1. 错误。速动资产是流动资产减去变现能力较差且不稳定的预付款项、存货、其他流动资产等项目后的余额。

2. 正确。

3. 正确。

4. 正确。

5. 错误。过低的负债率说明企业没有充分利用财务杠杆获得负债经营的好处。

四、计算分析题

1. (1)2019 年年末资产总额 = 720 + 780 = 1 500(万元)

2019 年年末负债总额 = 230 + 370 = 600(万元)

2019 年年末资产负债率 = 600/1 500 × 100% = 40%

2019 年年末股权比率 =(1 500 − 600)/1 500 × 100% = 60%

(2)股权比率 = 1 − 资产负债率,资产负债率反映的是企业资产总额中负债提供资金所占的比率,而股权比率则反映资金来源中股份所占的比率。上述计算结果表明,股权比率越高,资产负债率就越低。

2. (1)2016 年利息保障倍数 = [2 000/(1 − 25%) + 200]/200 = 14.3

2017 年利息保障倍数 = [3 200/(1 − 25%) + 400]/400 = 11.67

2018 年利息保障倍数 = [4 000/(1 − 25%) + 200]/200 = 27.67

(2)睿太公司 2016—2018 年利息保障倍数波动较大,但都高于行业平均水平,说明睿太公司债务产生的利息费用能够得到偿付保证。

3. (1)2017 年现金流量利息保障倍数 =(400 + 25 + 50)/50 = 9.5

2018 年现金流量利息保障倍数 =(500 + 40 + 75)/75 = 8.2

2019 年现金流量利息保障倍数 =(600 + 50 + 50)/50 = 14

（2）安泰公司2017—2019年期间现金流量利息保障倍数呈现波动趋势，虽然波动趋势与行业水平一致，但都低于行业平均水平，说明安泰公司利息的现金保障水平较低。

4．（1）资产总额 = 400 + 800 = 1 200（万元）

负债总额 = 200 + 600 = 800（万元）

资产负债率 = 800/1 200 × 100% = 66.67%

（2）东瑞公司本年的资产负债率为66.67%，行业资产负债率为50%，高出行业16.67%，说明公司资产负债率偏高，偿债风险比较大。

5．（1）所有者权益总额 = 2 500 × (1 - 60%) = 1 000（万元）

权益乘数 = 2 500/1 000 = 2.5

（2）权益乘数表明企业资产总额是所有者权益的倍数，该比率越大，表明所有者投入的指标在资产总额中所占比重越小，对负债经营利用得越充分，但反映企业的长期偿债能力越弱；相反，该比例越小，反映所有者投入的指标在资产总额中所占比重越大，企业的长期偿债能力越强。

6．（1）资产负债率 = 700/1 000 × 100% = 70%

所有者权益 = 1 000 - 700 = 300（万元）

权益乘数 = 1 000/300 = 3.3

（2）由以上计算可知，企业负债越高，权益乘数越大，债务人受保护的程度越低。

7．速动比率 =（流动资产 - 存货）/流动负债

　　　　　 =（货币资金 + 短期有价证券 + 应收账款）/流动负债

　　　　　 =（货币资金 + 短期有价证券）/流动负债 + 应收账款/流动负债

　　　　　 = 现金比率 + 0.4 = 1.2

所以，现金比率 = 0.8

分析：G公司的速动比率大于1，现金比率为0.8，一般认为其短期偿债能力较强。但还应该对现金比率进行横向与纵向的分析，以及对现金类资产的实际管理状况和企业发生的重大财务活动进行分析。

➡ 项目八　企业发展能力分析

一、单项选择题

1．A　2．A　3．B　4．D

二、多项选择题

1．AB　2．ABDE　3．ABD

三、判断说明题

1．错误。股利支付率 = 每股股利/每股收益，所以，每股收益相等的两个公司，股利支付率越高的公司，每股股利越高。

2．正确。

3．正确。

4．正确。

5．错误。市盈率 = 每股市价/每股收益，所以，每股收益相等的两个公司，市盈率越高的公司，每股市价越高。

四、计算分析题

1. （1）I 公司：市盈率 = 8/0.4 = 20

阳安公司：市盈率 = 32/0.4 = 80

（2）I 公司与阳安公司每股收益都为 0.4 元，说明两家公司当期的每股盈利能力水平相同，由于阳安公司每股股价高于 I 公司的每股股价，导致阳安公司的市盈率高于 I 公司的市盈率。两家公司每股收益相同，市盈率相差将近 4 倍，两家公司处于相同行业，阳安公司股票市场价格过高，说明投资该企业风险更大。

2. （1）2016 年固定资产成新率 = 150/325 × 100% = 46.15%

2017 年固定资产成新率 = 175/340 × 100% = 51.47%

2018 年固定资产成新率 = 200/360 × 100% = 55.56%

（2）应剔除企业应提未提折旧对房屋、机器设备等固定资产真实状况的影响；要注意不同折旧方法、不同生产经营周期对固定资产成新率的影响。

3. （1）2016 年销售增长率 = (750 − 500)/500 × 100% = 50%

2017 年销售增长率 = (800 − 750)/750 × 100% = 6.67%

2018 年销售增长率 = (700 − 800)/800 × 100% = −12.5%

（2）2016 年处于成长期，2017 年处于成熟期，2018 年处于衰退期。

4. （1）2017 年销售增长率 = (5 974 − 5 800)/5 800 × 100% = 3%

2018 年销售增长率 = (6 272.7 − 5 974)/5 974 × 100% = 5%

2019 年销售增长率 = (6 649.1 − 6 272.7)/6 272.7 × 100% = 6%

（2）该公司 2017—2019 年的销售增长率均大于 0，且逐年增长，说明公司销售状况良好，产销对路。行业数据显示，该公司销售增长率高于行业销售增长率，且增长速度高于行业增长速度，进一步说明该公司销售状况良好。

➡ 项目九　综合财务分析

一、单项选择题

1. C　2. C　3. D　4. A　5. D　6. C　7. B　8. B　9. A　10. C
11. C　12. A　13. D

参考文献

1. 吴革.财务报告粉饰手法的识别与防范.北京：对外经济贸易大学出版社,2003.
2. 张新民.企业财务报表分析案例点评.杭州：浙江人民出版社,2006.
3. 鲁爱民.财务分析(第3版).北京：机械工业出版社,2015.
4. 王淑萍,王蓉.财务报告分析(第4版).北京：清华大学出版社,2016.
5. 企业会计准则编审委员会.企业会计准则案例讲解2017年版.上海：立信会计出版社,2017.
6. 李昕,孙艳萍.财务报表分析.大连：东北财经大学出版社,2017.
7. 张先治.财务分析(第9版).大连：东北财经大学出版社,2019.
8. 东方财富网 http://www.eastmoney.com/.
9. 中证网 http://www.cs.com.cn/.